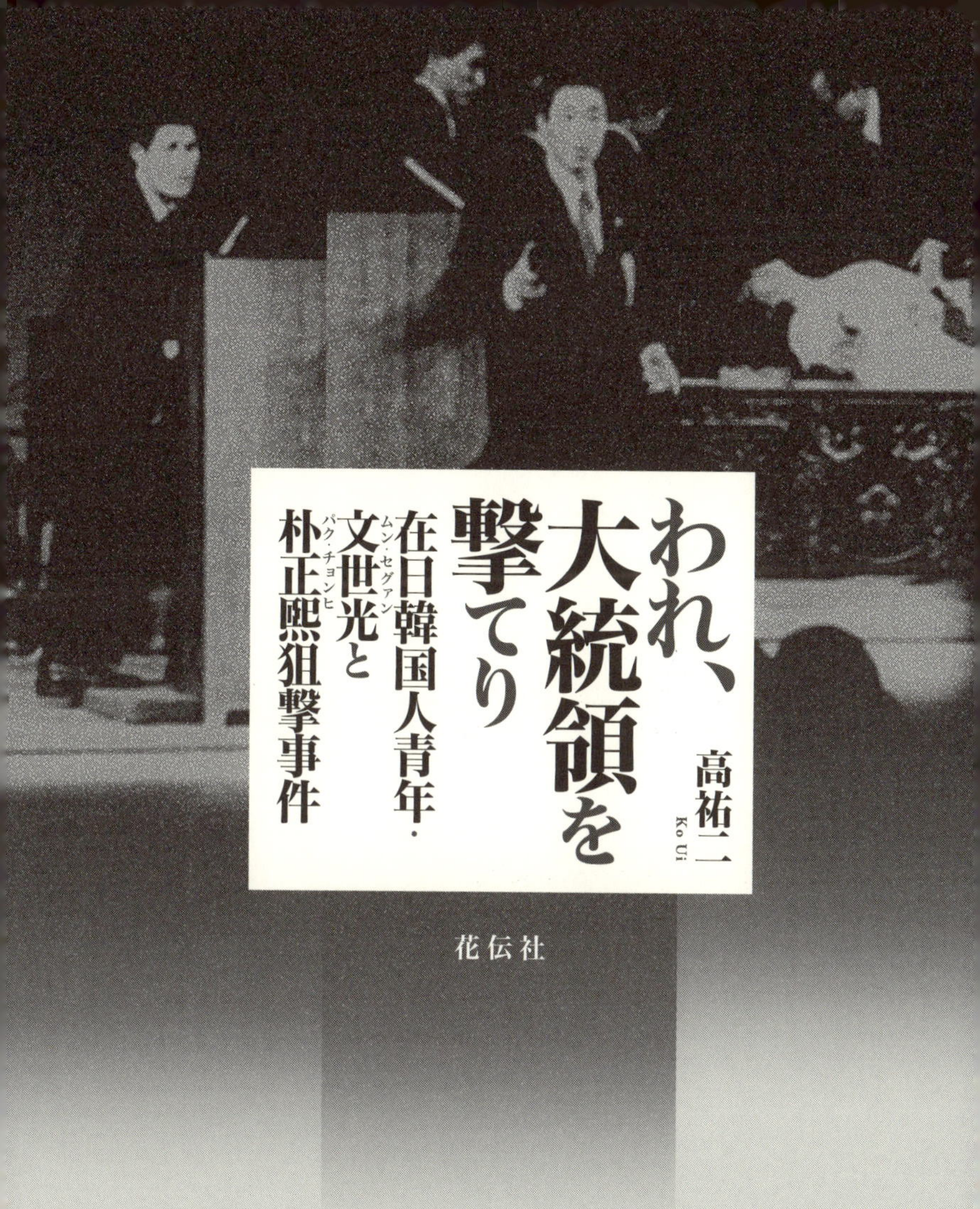

われ、大統領を撃てり

在日韓国人青年・文世光《ムン・セグァン》と朴正煕《パク・チョンヒ》狙撃事件

高祐二
Ko Ui

花伝社

われ、大統領を撃てり――在日韓国人青年・文世光と朴正煕狙撃事件◆目次

序章　三つの前触れ

その一　入院した男

一九七四年二月一一日、東京都足立区の赤不動病院に、男から「胃が痛むので入院したい」と電話がかかってきた。翌一二日に病院にやってきた男は、東京都台東区東上野に住所を有する川上勇治と名乗り、そのまま入院した。男は胃カメラをはじめ諸検査を受けたが、特に異常はなかった。医師より神経性の病変と診断され、精神療法を受けた後、三月一一日に退院した。後に病院の院長は写真を見て、「確かにあの男だった」と断言した。

「あの男」とは、入院から六カ月後に日本と韓国を騒然とさせた「朴正熙《パクチョンヒ》韓国大統領狙撃事件」を引き起こした犯人、文世光《ムンゼグァン》（二二歳）であり、大阪に居住する在日韓国人であった。

その二　拳銃盗難

一九七四年七月一八日未明、大阪府警南署の高津派出所で警官四人が仮眠中、枕元の拳銃保管庫からピストル二丁が盗まれた。

事件を捜査した大阪府警の南署捜査本部は、七月二二日、派出所裏の溝から犯人の遺留品とみられる神戸市兵庫区内にある売店のレシートを発見した。これ以外にも神戸市生田区（現在は中央区）にある神戸大学医学部近くの喫茶店「S」と喫茶店「N」のマッチのほか、神戸市内で売られていたタバコの「ホープ」、同市内に配達、駅売りされた七月一四日付の新聞朝刊等も見つかったことから、捜査本部は犯人が神戸に何らかの形で生活圏がある人物と断定した。そして捜査本部は神戸市兵庫区を中心に聞き込み捜査を行った。

しかし、事件から四日経って証拠物が見つかるのは不自然であり、結局この遺留品は重要な証拠とはならなかった。捜査によって派出所から多数の足跡や指紋が検出されたことから、複数犯として過激派グループや暴力団関係者等による計画的かつ組織的な犯行、あるいは警察に恨みを持つ者の仕業とみられた。

拳銃盗難事件から一カ月後、大阪府警を震撼させる大事件が起こる。それは韓国の首都ソウルで起きた朴大統領狙撃事件で、犯人の文世光が使用した凶器こそが、南署から盗まれた拳銃であった。警察の推理とは裏腹に、文世光とその周辺に拳銃盗難に関する捜査の手が及ぶことはなかった。

その三　金大中拉致事件、捜査打ち切りの通告

一九七四年八月一四日、その一年前の一九七三年八月に東京のホテルグランドパレスにおいて引き起こされた金大中《キムデヂュン》拉致事件について、韓国政府は捜査打ち切りを通告してきた。在日韓国大使館の一等書記官であった金東雲《キムドンウン》の指紋が拉致現場に残されていたことから、日本政府は身柄引き渡しを韓国政府に要求していた。

事件を計画・実行したのは韓国中央情報部（ＫＣＩＡ）であることが明らかとなったが、一九七三年一一月に韓国首相である金鍾泌《キムヂョンピル》が朴大統領の親書を携えて訪日し謝罪することで日韓両政府間の政治決着となり、事件そのものについては一応の幕引きがなされた。

しかし、白昼堂々と日本の首都において外国の情報機関が暗躍し、大統領候補であった人物が拉致されたことは日本の主権が侵害されたことを意味し、日本の警察は引き続き捜査を行っていた。その矢先、一方的に韓国側から捜査打ち切りが告げられたことから、日本の警察は面子を潰された格好となった。こうした韓国側の動きに日本は抗議を含めて対応することは必至であったが、その翌日、日本政府・警察の機先を制する大事件が起こった。

タブーを打ち破って

一九七四年の真夏、日本と韓国を揺るがせた韓国大統領狙撃事件は、三つの前触れが一つとなることで引き起こされ、文世光という一人の在日韓国人青年を軸に展開していった。その背景には、狙撃犯である文世光の在日韓国人としての境遇や日本と韓国の国家間の軋轢、そして朝鮮半島の南北分断が影を落としていた。

狙撃事件から四〇年以上を経たが、今もってその謎は解明されていない。最大の疑問である文世光の背後にいた人物、あるいは組織は何であるのか。そもそも大統領狙撃事件は、なぜ起こったのか。筆者はその疑問を前にして狙撃事件を調べ始めたが、核心に近づけば近づくほど、永遠にたどり着くことのできない闇が広がっているように思えた。筆者一人の取り組みでは、到底たどり着けない厚い壁が立ちふさがっているように感じた。

韓国は「北朝鮮の指示を受けた文世光による単独犯行」を公式見解とし、日本政府もそれを追認してきた。それがこれまでの狙撃事件に対する解釈の根底にあり、通念にもなった。「テロリスト」というレッテルが文世光に張り付けられ、韓国大統領に対するテロ行為が世間から指弾された。

しかしながら、狙撃事件を「テロ」だけで論じていいのか、これが筆者の疑問であった。だからと言って、文世光を独裁者を処断しようとした「英雄」扱いする、あるいは擁護するといったつもりはさらさらない。「テロリスト」か「英雄」かという二元論ではなく、二二歳の在日韓国人青年が凶行に走った動機から狙撃事件に向き合いたい――これが本書執筆のきっかけである。

これまで狙撃事件の検証において、事件にかかわった人々の位置付けは、「善」か「悪」かという捉え方に終始し、文世光の人間像にまで立ち入ることはなかった。従来からの狙撃事件の解釈に従えば、多分に国家間の思惑や朝鮮半島の南北分断というイデオロギー的思考が反映されるのは致し方ないことであった。

それに対し本書は、可能な限り文世光やその周囲の人々の人となりを通して、狙撃事件を追ってみることにした。その過程を通じて、日本と朝鮮半島の間に横たわる闇を凝視し、文世光が狙撃に至った背景に近づこうとした次第である。

韓国大統領狙撃事件に触れることは、長きにわたって「タブー」とされた。その「タブー」を打ち破ることで、日本と朝鮮半島の新たな時代が生み出されるのではないか。本書がそうしたきっかけとなれば、望外の喜びである。

第１章　事件発生

１　狙撃の瞬間

ソウル到着

在日韓国人・文世光《ムンセグァン》は、大阪の韓国総領事館で入手した「尾崎稔」名義の観光ビザを手にして、大阪空港発大韓航空２０２便に搭乗し、一九七四年八月六日午後一時、金浦《キムポ》空港に降り立った。韓国到着時、文の旅装は重さ一二キロのカバンを一つ携えただけのいでたちで、所持金は一二〇〇米ドルと日本円二万円であった。空港からまっすぐソウルの超一流ホテルである朝鮮《チョソン》ホテルにチェックインすると、フロントで旅券を提示して「尾崎稔」の名前を宿泊名簿に記載し、八月一〇日までの滞在でツインルームを予約、料金は前金で一括で支払った。八月一〇日にさらに一六日まで宿泊を延長した。

滞在期間中は部屋に閉じこもったままで、食事もルームサービスを取ることが多かったが、市内観光も行っていた。狙撃事件の前日である一四日までの間、デパートやウォーカーヒル（ソウルにある有名なカジノで、地名は初代駐韓米八軍の司令官であったウォーカー将軍の名に由来）の繁華街、昌徳宮《チャンドククン》、景福宮《キョンボククン》（ともにソウル市内にある李氏朝鮮時代の王宮の一部）等の旧跡、ソウル近郊にある遊園地まで遠出したり、果てはＫＣＩＡ（韓国中央情報部）の本部がある南山《ナムサン》まで物見遊山する余裕を見せた。

朝鮮ホテルでは女性との「交際」まで行っていた。狙撃事件のあった八月一五日午後三時半、韓国の捜査陣は文と接触があったとして、赤いスカーフを身に着けた二五歳ぐらいの女性を事件関係者として連行した。

狙撃決行

八月一五日午前八時三三分、文世光は宿泊先の朝鮮ホテルを出る際、ホテル専用の高級ハイヤーの運転手に五千ウォン札二枚を渡し、「記念式典へ行くのだが、貴賓のように扱ってくれ」と頼み、一九七〇年型フォード20Ｍの車中でふんぞり返り、式場に向かった。ハイヤーが国立劇場正面向かって右側の車寄せに着くと、運転手がドアを開け深々と頭を下げた。警備担当者は、文が胸に招待客を表すリボンを付けていなかったがＶＩＰであると判断し、ノーチェックのまま会場入りさせた。

文は劇場の階段を上り、三つある入り口のうち中央のＶＩＰ専用入り口から入場した。この間の距離は五七メートルで、ロビー右手のソファに腰かけた。午前九時四〇分、文はロビーを真横に横切り、今度は左側のソファに座った。ここで警備中の崔《チェ》中部署情報課長が文に職務質問をしたが、「日本大使館の者で、丸紅の友人を待っている」と答えたことから、それ以上問い質すことはなかった。後日、文の隣には大統領警護室に所属する要員が座っていたことが明らかになる。

文は当初の計画では、朴正熙《パクチョンヒ》大統領が式場に着いたときにロビーで狙撃しようと、人混みに交じって発砲の機会を待っていた。しかし、式場付近の警備が厳重で断念し、式場内での決行に変更した。

八月一五日のこの日、ソウル市中区奨忠洞《チャンチュンドン》の南山《ナムザン》東斜面にあるオープンして一年足らずの東洋一と呼ばれた国立劇場では、日本の植民地支配からの解放二九周年記念光復節式典が行われていた。「光復」とは、「失った国権を取り戻す」という意味で、韓国の祝日の中で最も大切な日とされた。

会場となった国立劇場の客席は計一五〇〇席で、一階には九七〇席配置されていた。観客の座席は全て、事前に付けることになっていたリボンによって指定されていた。文は左側出入り口から劇場内に入り、リボンのないまま、なぜか独立功労者七六〇人分の座席のうち、演台から約二五メートル離れた一席にまぎれ込むことができた。文が着席したのは、全部で五列あるうちの左側二列目で、最後尾のB列二一四番席であった。この列の右端には警備の巡査が座っていた。

午前一〇時、式典が始まり、朴大統領は陸英修《ユクヨンス》夫人とともに入場、国民儀礼により式典は厳かに開幕した。朴大統領は演壇に立ち、大統領夫人はひな壇の中央正面に着席し、その後ろの席には大法院長、大統領秘書室長、大統領官邸秘書官、そして朴鐘圭《パクヂョンギュ》大統領警護室長と丁一権《チョンイルクォン》国会議長が座った。

午前一〇時二三分、朴大統領が「南北平和統一三原則」のくだりを演説中、会場の前から三列目にいた黒っぽい服装で眼鏡をかけた文世光が、「ヤー」と大きなかけ声を発しながら壇上めがけて飛び出した。文は檀上前のオーケストラボックス付近で朴大統領めがけて拳銃を取り出そうとした

ソウル国立劇場で行われた光復節式典で発生した朴正熙韓国大統領狙撃直後の様子。朴大統領は演壇に身を隠したが、銃弾は陸大統領夫人に命中した。中央で銃を構えるのが、朴鐘圭大統領警護室長　出典：『ヤクザと妓生が作った大韓民国　日韓戦後裏面史』（菅沼光弘著、ビジネス社、2015年）

が誤発させ、自分の左太腿に貫通傷を負った。

銃声が式場内に響き渡るや、ひな壇上の朴警護室長がただ一人演壇と中央席の間に割って突進した。文は右端の金《キム》巡査の前を通り、B・C列間の通路に出てそこから五メートル前進、二発目を発射した。大統領は一瞬体をかがめ演壇背後に身を隠したため、弾丸は演説台の右側に命中、大統領は無事であった。

続いて文はさらに一七メートル前進したが、この間大統領の背後に座っていた丁国会議長が駆け寄って大統領の前にふさがり、陸夫人と朴警護室長を除く全員が身を伏せた。そして文は三発目を発射し、それが陸夫人の頭部に着弾したとされた。その瞬間、朴警護室長が血相を変えて大統領に駆け寄り銃を抜いて応射したが、わずかに文が発射した四発目の方が早く、これは演壇上をかすめ背後の太極旗の向かって左側を貫通した。

その後、護衛らが次々と舞台に上がり応戦を始めようとしたが、大統領は「聴衆を撃つな」と叫んだ。式場内に配置されていたボディガードが次々と拳銃を発射した男のもとに駆け寄り、もみ合いとなった。大統領は狙撃された時、側近に「何事だ」と問い質し、泰然としていた。

約一分後、一人の警護員がロイヤルボックスの陸夫人を抱え上げたが、陸夫人の右前額部と後頭部から出血が確認された。また、合唱団席からは女子高生の悲鳴が聞こえ、女子高生の一人が被弾したことが会場内に知れわたった。

会場にいた約一〇〇〇人は皆呆然自失で、大統領が狙撃されたことを認めるや騒然となった。式典の模様はテレビ中継されていたが、銃声音とともに放送は中断した。会場を録音したテープには一五秒後、「静粛に」「捕まったか」「はっ」「奥さま……」との声が聞こえ、二二秒目には警備側の一発目の銃声が聞こえ、そこでテープは中断した。

警備側が応射したのは計三発。一発は威嚇射撃でひな壇から向かって左側背後に発射され、二発目は合唱団員でソウル城東《ソンドン》女子高校の二年生に命中し、女子高生は死亡した。そして三発目が文世光に当たったと、狙撃直後はみられていた。

陸英修大統領夫人の被弾

頭から血を流した陸夫人が運び出された後、退場していた朴大統領が演壇に戻り、三分後に演説を再開した。朴大統領は少し上気した表情であったが、場内から沸き起こった拍手と「朴大統領万歳」との声に応え、健在であることを示した。光復節の演説は予定よりやや遅れ、一〇時三五分に終わった。

陸夫人は直ちにソウル大学付属病院に運ばれ応急措置を受けたが、一五日午後七時、頭蓋骨複雑骨折等の診断で死亡が確認された。

狙撃の瞬間、文世光が飛び出すと、これに呼応して二カ所からも男が飛び出す気配が見えたが、会場の最前列に陣取っていた警備の係官によって文は取り押さえられた。文は自分が撃った銃弾で太腿を貫通する傷を負い、午前一一時一〇分頃ソウル市内の国立医療院で治療を受けた。レントゲン検査の結果、手術が必要なほどの重症ではないことから、午後二時四五分ごろ身柄はＫＣＩＡに引き渡された。

２　韓国捜査本部の発表

早々に朝鮮総連関与を示唆

八月一五日深夜、韓国捜査本部の金一斗《キムイルドゥ》本部長が会見、「犯人は文世光という二二歳の在日韓国人であり、南條世光という日本名を持っている」と、初めて犯人名を公表した。「犯行に使われた拳銃は、トランジスタラジオの中身を抜いてその中に入れて韓国内に持ち込んだ。弾丸は五発あったが、四発が発射された」として、「文が式場にどうして入ったかについては捜査段階であるが、文は入場に必要なリボンを付けずに入場できたと自供している。入場リボンは式典を主催した文化公報省とソウル市が入場者の名前を控えながら発行したが、名簿には文の名前は載っていなかった」と語った。さらに、「文の単独犯と即断はできない。背後に在日本朝鮮人総連合会（朝鮮総連）の作用があるかどうかを調べている」と、事件初日の捜査初期段階で早々に朝鮮総連の関与があることをほのめかした。

韓国特捜部の事件概要発表

発生以来、狙撃事件を追及してきたソウル地検捜査本部は、八月一七日午後一一時、異例ともいえる深夜の記者会見を行った。本部長の金一斗は、「大統領狙撃犯・文世光の背後には北朝鮮と朝鮮総連があり、文に暗殺を指示し支援したのは朝鮮総連大阪府本部生野西支部政治部長の全英男《チョンヨンナム》（仮名、四〇歳）である」と発表し、以下の如く捜査経過を述べた。

・文世光と愛人関係にあった尾崎令子（二三歳、仮名）は全英男の連絡員でもあり、文世光は令子の案内で一九七四年五月五日、大阪港に入港した北朝鮮の万景峰《マンギョンボン》号に全英男とともに乗り込んだ。船内の食堂にいた四〇歳ほどの額の広い痩せ型の北朝鮮工作員から、「八月一五日の光復節記念式場で朴大統領を狙撃せよ」と金日成《キムイルソン》の指令を受けた。また、狙撃事件の最高責任者は北朝鮮の政権中枢近くの人物である。

・文世光は一九七二年九月五日頃から全英男に包摂され、韓国における共産革命完遂のため指導、教唆された。

・文世光は一九七三年一月初旬、全英男から一九七四年三月一日の「三・一節《サミルチョル》」（一九一九年三月一

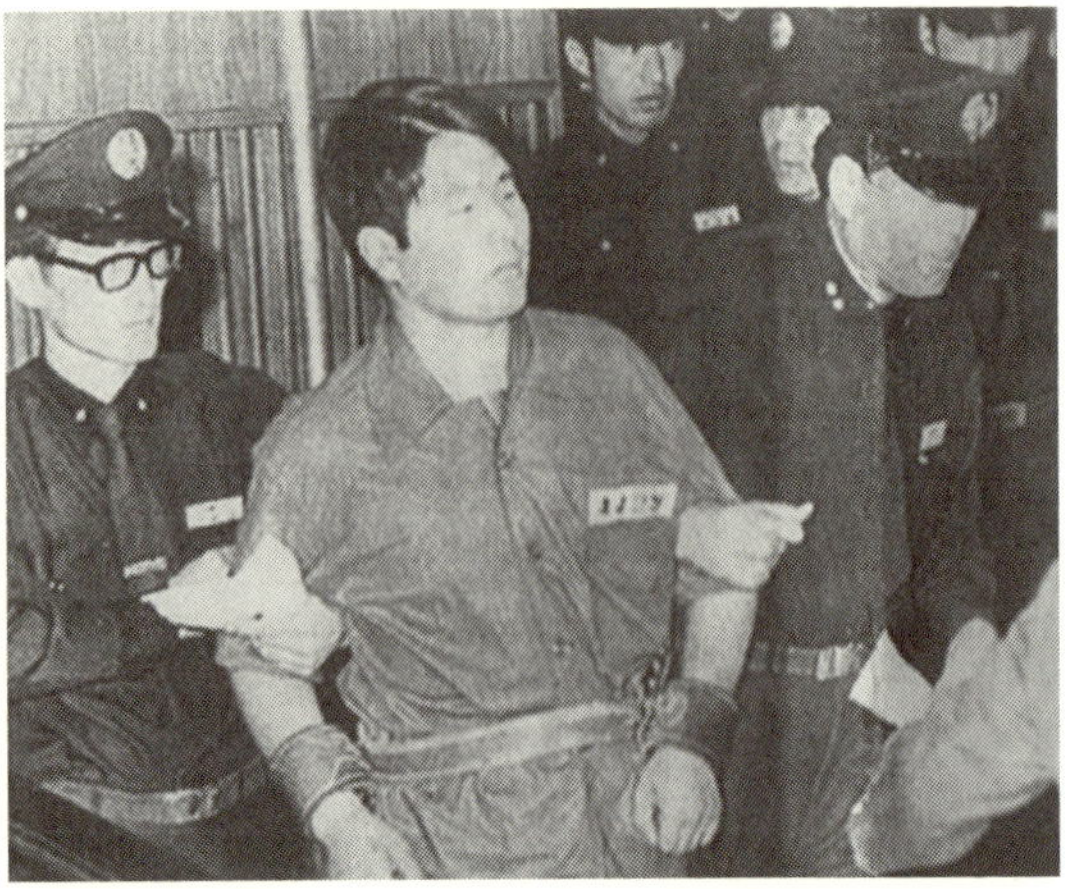

厳重な警備の中、初公判の法廷に入る文世光。自殺防止のため眼鏡は外され、革製の手錠でつながれている（74年10月7日ソウル刑事地裁大法廷）　出典：「民団新聞」2014年8月15日

日に起こった日本の植民地支配からの独立を訴える朝鮮半島全域で行われた運動で、韓国では三月一日を三・一節として祝日としている）行事の際に朴大統領を暗殺せよとの指令を受けた。そして、計画遂行のための武器を香港の闇市場から入手せよとの指示を受け、購入資金として一九七三年一一月一五日頃、全から日本円五〇万円を受け取った。

・全英男からの指令を受け取った文世光は、全の指令によって動いている尾崎令子と夫婦を装い、令子の夫である「尾崎稔」名義の旅券で一九七三年一一月二六日から三日間の香港旅行に行った。しかし、武器の購入は思うようにいかなかったので、三・一節には決行できなかった。

・文世光は計画実行のための武器を入手しようとして、一九七四年七月一八日大阪府警の派出所に侵入し、拳銃二丁を盗み出すことに成功した。

・一九七四年七月二四日午後八時頃、文世光は自宅に訪ねてきた全英男から決行資金として日本円八〇万円を受け取ると同時に、韓国入国を八月六日とし、入国方法は尾崎夫婦の援助を受けるようにせよとの指示を受けた。

・文世光は受け取った工作資金八〇万円の中から四〇万円は妻の李美姫《イミヒ》（二六歳、仮名）との最後の国内観光旅行に使い、残りの四〇万円は韓国行きの費用として一二〇〇米ドルに交換した。

・文世光の旅券は全英男の指示通り、「尾崎稔」名義で交付を受け、予定通り八月六日韓国に入国した。

・文世光は韓国に入国すると、計画通り八月一五日記念式場で暗殺計画を実行した。

・文世光は尾崎令子から協力を受けたことについて、夫の稔もその内情を知っていたと自供した。

・万景峰号には文世光に指令を下した工作員の他に、もっと上位の人物がいると予測される。

韓国の捜査本部が狙撃事件の首謀者を「朝鮮総連大阪府本部生野西支部政治部長全英男」と発表したことについて、朝鮮総連大阪府本部は同日、「生野西支部政治部長として同様の名前の人物はいるが、この事件とは何ら関係はない」と述べた。韓国捜査本部から名指しされた当の全英男は一七日の夕方から夫人と知人宅に出かけ、自宅は留守であった。

ソウル地検が発表した「万景峰号船内で金日成の指示を伝えた四〇歳ほどの額の広い痩せ型の北朝鮮工作員」は、朝鮮労働党情報総局対外工作課長の李《イ》ジェヨンであると後に韓国当局から発表されることになる。

3　北朝鮮・朝鮮総連の反論

北朝鮮の反駁声明

狙撃事件に対する北朝鮮の反応は、八月一六日に朝鮮中央通信社が事実を短く伝えただけで、論評等は一切加えなかった。

八月一七日に韓国特捜本部が朴大統領狙撃事件に関して「捜査発表」を行ったことに対し、北朝鮮は平壌放送を通じて国営朝鮮通信による声明を発表した。この中で、「狙撃事件を我が共和国と結びつけようとする南朝鮮統治集団の発表は、彼らが危機に瀕するたびに常套的に用いる今一つの最も悪辣な最も恥知らずな政治的謀略である」と非難した。声明はさらに以下のように述べていた。

①今回の朴正熙に対する狙撃事件の直後、南朝鮮当局者は逮捕した犯人が「尾崎稔」だと発表し、その後でさらに「尾崎稔」という日本人旅券を携えて南朝鮮入りした「韓国」籍保有の民団系在日僑胞文世光であると発表した。これはすでに「犯人」なる者が我が方とは何の関係もない人間であることを実証したものである。

②しかるに、南朝鮮統治集団はこの度の事件を我が方と無理やりに結びつけようと「その犯人が朝鮮総連活動家と接触した」だの、貿易取引と在日朝鮮同胞の祖国への帰国事業に従事している「万景峰号に乗船したことがある」だのと騒ぎたてている。しかしこれは、あまりにも見え透い

たでっち上げ芝居である。南朝鮮統治集団のこのでっち上げがいかに見え透いたものであるかということは、文世光が「指令」を受け取るために万景峰号に乗船したのがさる五月五日であると彼らは発表しているが、万景峰号は五月四日まで日本の大阪港に停泊し、五日の朝にはすでにそこを出港したため、誰とも接触したことがないという事実からしても明らかである。

③「犯人」が万景峰号に乗船経験があることについていうならば、我が方の万景峰号が日本の港に停泊するたび船にあれこれの人々が乗り降りするのはすべて日本警察当局の承認のもとに行われる。我々は万景峰号を参観するためその都度、多数の在日朝鮮同胞と日本の人々にこの船を開放している。したがって、我々が万景峰号に誰が訪れたかいちいち知らないし、南朝鮮の反動支配層が万景峰号に乗船したことがあるという文世光も我が船員たちは知らず、彼と会ったこともない。

④事件の真相はまさにこうであるにもかかわらず、南朝鮮反動がこの度の事件を我が方と結びつけようと見境なく策動しているのは、この事件を契機に狂気じみた「反共」騒動をより大々的に繰り広げて、現在南朝鮮人民に加えている自己の野蛮なファッショ暴圧行為から世界の耳目をそらし、破滅の危機に瀕した自己のファッショ・テロ統治の延命を策し、南北間対決を煽り立て緊張状態を激化させ、情勢を戦争瀬戸際に押し進めようとするためである。それはまた、日本反動との結託をもとに日本で朝鮮総連と在日朝鮮同胞を弾圧迫害し、今日、在日本大韓民国居留民団（民団）の人間でさえ日増しに高まっている反朴気勢を抑えつけるための不純な政治的陰謀策動の一環である。

全英南の反論

韓国特捜本部が文世光に朴大統領暗殺を指令したとして名前を挙げた朝鮮総連大阪府本部生野西支部の全英男政治部長は、八月一八日午後四時三〇分、生野西支部で反論の記者会見を行った。全はやや緊張した面持ちで、固く握りしめた右こぶしを机に置き、低い声で記者団の質問に答えた。以下、全の会見文を掲載する。

　文世光とは一九七二年の九月か一〇月かに知り合った。朝鮮総連の機関紙である朝鮮新報や朝鮮時報を支部管内の同胞に各戸配布している途中、文の自宅前で「新聞を欲しい」と言われたのがきっかけだ。それ以降二年間に計三回、彼の家で話をしたことがある。新聞配布の際、たまたま彼が玄関にいた時「家へ上がってお茶でも飲んで下さい」と誘ったからだが、話の内容は祖国の統一問題等についての一般的なことばかりで、とりたてて突っ込んだ話をしたことはない。

　最後に会ったのはこの七月中旬で、彼の家の玄関で立ち話をした。（「七月二四日に会ったとソウル地検は発表しているが」との問いに）いや、それより前だ。この時は民青学連事件（筆者注：一九七四年四月、緊急措置により全国民主青年学生総連盟（民青学連）の構成員を中心とする一八〇名がＫＣＩＡによって拘束され、非常軍法会議で起訴された事件。二〇〇四年韓国国家情報院の「過去の事件の真実究明を通じた発展委員会」が事件の真相究明の調査を開始し、「民青学連事件はＫＣＩＡによる捏造であった」とする調査結果を発表した）等の朴一味の暗黒裁判についてのパンフレットを渡し、現在の一般的な情勢等を簡単に話したが、彼は「ありがとう」と言って受け取った。

私が文世光に資金を渡したとの発表はとんでもないでたらめで、朴一味のでっち上げである。尾崎夫婦については全く知らない。尾崎稔氏が記者会見で言っている通りで、八月一八日の朝刊で初めて彼と結びつけられているのを知った。

文世光と接触した朝鮮総連の人間はたぶん私だけで、私の名が出てきたのはそのためだろう。彼はもともと民団の人間であり、その傘下の在日韓国青年同盟（韓青同）に属していたことも知っていたのでとりたてて親しくはしていないが、地区の同胞には所属の区別なく接触し民族意識を高めるのは私の任務である。

文世光の印象は一見したところ、善良な青年といった感じである。交際が深くないので詳しくは分からないが、無口でおとなしく言葉使いも丁寧だった。

大統領狙撃のニュースを聞いた瞬間、「実に馬鹿げた行為だ」と思った。

万景峰号は大阪に着くたび、よほどのことがない限り歓迎に出向いている。四月末の入港の時も初日に行き、船内見学をした。しかし船内では日本人はもちろん韓国籍の人とも会っていない。

日本の捜査当局が朴一味の要請で事情聴取を求めてきても、一切拒否する。任意出頭もしないし、捜査員が訪ねてきても会わない。私は正々堂々と闘うが、でっち上げに対しいちいち釈明する必要はないからだ。

私は一九五二年に大阪に来て以来、ずっと朝鮮総連の専従職員だ。生野西支部の政治部長は一九七二年以来で、地域同胞に対する教宣活動が任務である。
事件に対して、憤激に耐えない気持ちだ。朴正熙だけが平気でやりうるでっち上げだ。

朝鮮総連中央本部は八月一八日夕、副議長二人が記者会見し、中央常任委員会の名で正式声明を発表した。内容は、「事件は祖国統一に反対し、あくまで二つの国家に分裂させようとする朴一味のファッショ政権が自ら招いたもので、朝鮮総連は事件と全く関係ない」として、「朴一味が文世光の自供として発表した脚本は、常に白を黒と言いくるめ、捏造と謀略と殺人蛮行のみをこととする軍事ギャング一味でなくてはできないことである。朴正熙一味は朝鮮総連大阪生野西支部の活動家が関係しているかのように騒ぎたてているが、本人に事情を聴いたところ、『関係がない』とはっきり否定しているように、そういう事実は全くない。また、朝鮮総連の調査でも関係がないことが分かった。朝鮮民主主義人民共和国の貨客船万景峰号は帰国船または貿易船として共和国と日本の間を運航し、朝・日人民間の友好親善に寄与しており、今回の事件と全く関係はありえない」と全面的に反論するものであった。
また、日本の捜査機関が事件を捜査していることに対しては、「でっち上げ事件を日本の警察が軽々しく取り上げることはないと思う。韓国当局と一緒に行動するなら、不当なものと言わざるを得ない」と非難した。

韓国捜査当局の再反論

全英男の反論に対し、韓国特捜本部は八月一九日次のような見解を発表した。

「全英男が今度の事件に関連がないと日本で否定しているようだが、全はそれにもかかわらず、『文世光が朝鮮総連に接近したのは私を通じてやったのだ』という意味のことを言っている。彼が文の背後にいたことの端的な証明だ。全に対する捜査は日本捜査当局が誠実に進めていると思う。背後関係は日本で謀議されただけに、日本の捜査に期待するほかない」

ソウル地検特捜本部が文世光の自供内容を発表した八月一八日、韓国政府に極めて近い筋が事件当日の文の行動について新たに判明した内容を公表した。同筋によると、「文世光はこれまでの頑強な黙秘を一七日夕刻、にわかに翻し全面的に自供した。文は韓国語が話せず、日本語で自供した」と明らかにした。内容は以下の通りである。

文世光は韓国では重要人物（ＶＩＰ）しか使わないリムジンタイプの黒塗り外車で、八月一五日午前九時過ぎ国立劇場に乗りつけた。運転手が先に降り、ドアを開け恭しくお辞儀する中を文は悠々と車外に出て、直接中央玄関の階段から劇場に入った。文は若いにもかかわらず一見四〇歳ぐらいの年配の男に見え、誰も怪しまなかった。

劇場内のロビーの警備責任者であった忠武《チュンム》署の崔情報課長は、この時文世光に職務質問をした。文は「私は日本大使館員です」と答え、落ち着いた足取りで劇場一階観客席に入っていった。崔課長は相手が外交官を名乗ったことから疑いを持たず文を通したが、この時の責任を問われて事件後逮捕された。

文世光は招待客のリボンを付けないまま、中央通路に近い最前列より数列後方の空いている席に着席した。午前一〇時、式典が始まった。朴大統領が演壇に立ち演説を始めてから二〇分後の一〇時二三分、文は中央通路をまっすぐ進み、最前列に近い場所から朴大統領に狙いを定めて発砲した。

犯行当時に文世光が着ていた背広は他人名義の物で、左ポケット裏には「イソザキ」あるいは「イワサ」のネームが縫い込まれていた。これは身元を偽装するため、あるいは「大使館員か」と聞かれた際に見せるために用意していたと捜査当局は推測した。

また、同筋は「韓国内には青年が自由に立ち入り使用できる射撃場があるが、日本にはない」として、文世光が日本のどこで射撃訓練を受けたかを重要視していた。

八月一九日には韓国特捜本部は、「文は日本で射撃練習をしたことはなかったと言っている。狙撃は近接射撃をするよう指令されていたようだ」との捜査結果を明らかにした。

しかしそれとは全く反対の報道が同じ日に、韓国の有力民間ラジオ放送の「東洋放送」のニュースで報じられた。内容は、「文世光は一九七四年二月一八日から一カ月間、東京のある病院に入院し、全英男政治部長から拳銃の照準を合わせる方法や射撃の姿勢等の訓練を受けたと自白した」とのことであった。

狙撃事件の捜査当局者は八月二一日、「文世光は朴大統領暗殺が成功するしないにかかわらず、狙撃の後直ちに自殺せよと在日北朝鮮活動家から指令を受けていたと自供した」と語った。

続いて、ソウル地検特捜本部は八月二二日、次のような発表を行った。

「文世光と尾崎令子との香港旅行には、武器購入という目的のほか税関の通過手続き等海外旅行の経験を積んでおく目的もあった、文は朴大統領が解放記念式典に出席することを新聞報道で知るまで、ソウルの『五・一六広場』や八月一五日に開通式がある地下鉄等を調査していた」

4　日本警察の捜査状況

文世光宅への家宅捜査

狙撃事件の報に接した日本の警察庁は、犯人が日本のパスポートを所持していたことから、外務省の要請に基づいて大阪府警を中心に犯人の身元割り出しに着手した。そして八月一五日の夕方までに、犯人は大阪市生野区在住で、韓青同大阪本部生野北支部監査の文世光と分かった。

また文世光が所持していた旅券は、大阪府泉大津市在住で労働組合書記の尾崎稔（二三歳、仮名）の名義で、旅券には文の写真が貼り付けられていた。このため文は尾崎のパスポートを何らかの手段で入手し日本を出国したものとみて、警察庁は旅券法、入国管理令違反の疑いで捜査を進めるとした。

警察庁の調べでは、この旅券所有者は七月三〇日、大阪市内の韓国総領事館で「尾崎稔」名義の査証を取得、八月六日大阪国際空港から大韓航空202便で韓国へ出発したことが分かった。ところが名前を使われた尾崎は捜査当局の調べで日本にいることが分かり、尾崎の家族の話等から知人の文世光が浮上した。

八月一五日深夜、大阪府警警備部は大阪市生野区にある文世光の自宅を入国管理令二五条、旅券法二二三条を適用して四時間にわたって捜索、日本国内で謀議が行われたか等事件の背後関係の解明に着手した。

文の自宅玄関は約三平方メートルと生野の朝鮮人密集地の家としてはかなり広く、乳母車や三輪車、室内用ブランコがきれいに整理して置いてあった。食堂兼居間の一階には「自力更生」のはり紙があり、四人がけテーブルと応接セット、テレビ、子供用のベビー箪笥等が整然と置かれていた。六畳二間の二階は寝室と書斎で、二つある本棚には『毛沢東選集』、『金日成著作集』、朝鮮問題の書籍等をはじめ哲学、思想書がびっしりと並んでいた。

文の自宅からは使用済みの古い薬きょう、おもちゃの拳銃、名刺、封書三五通、住所録一一点、日記帳、そして韓国の現体制を批判するメモ類等計三四〇点が押収された。メモの中身には、朴大統領への批判や韓国現体制の不満が見られ、このことから捜査当局は文が金大中拉致事件以降の韓国政府の動向に反発、朴大統領狙撃に至ったとの見方を強めた。

警備部はまた、文の妻である李美姫《イミヒ》からも事情を聴取することにした。李は事件のあった八月一五日の朝、近所の人が「ご主人はどうしているのですか」と尋ねると「出張しています」と答えた。その日の午後、李は「旅先で主人が交通事故に遭った。ちょっと会いに行ってくる」と言い残し、子供を連れて家を出た。警備部は一五日夜、李が大阪市東住吉区の文世光の兄である文世相《ムンセサン》（二八歳、仮名）の自宅に居ることを突き止めたが、李は事件のショックで寝込んでいた。

当初李は「誰にも会いたくない」と兄夫婦を通じてシャットアウトの姿勢であったが、その後捜査員の事情聴取に応じた。李の供述によると、文は八月五日頃和歌山に一〇日ほど出張すると言って家を出たきりで、妻にも韓国入国は伏せていた。李はまた、文は韓青同のメンバーとはあまり交際がなかったようだとも語っていた。

文世光の家宅捜査に立ち会ったのは、兄の文世相であった。世相は拳銃は警察から盗まれたものと聞いて、「そんな馬鹿な、拳銃まで奪った計画的な犯行とは」と絶句した。そして、

「七月、母の家で父の法事をした。それ以後弟には会っていない。拳銃が盗まれたという七月一七日から一八日にかけての弟の行動については全く知らない。最近は韓国の政治のあり方について非常に関心を持っていたようで、新聞やテレビのニュースも注意して見聞きしていたようだ。しかし、以前から弟は私たち兄妹とは突っ込んだ話をしたがらないので弟の嫁の李美姫に聞くしかないが、そんな計画的で大それた犯行をするとは思えないが……」

と疲れ切った表情で語った。

一夜明けた一六日朝、近所の住人はニュースで事件を知ったはずであったが、話の輪もできず、ひっそりとしていた。近くの主婦は、「春ごろから最近まで毎日のように若い男が六、七人も来て夕方から深夜までいることが多かった。それほど収入があるとは思えないのに、二階にクーラーをつけ居間に絨毯を敷くなど暮らし向きはよかった。今から思えば不思議だ」と語った。また別の主婦は、「仕事に行くときに顔を合わせ挨拶をする程度だったが、おとなしく、穏やかで無口な人だった」と言葉少なに話した。文の日常は、毎日自家用の軽ライトバンで仕事に出かけ、明け方に帰宅する日もあったという。近隣住民は、通りがかりのように文の自宅をのぞき込む者の様子を覗いながらも、極力関わり合いを避けているようであった。

尾崎夫婦と文世光のかかわり

日付が変わった八月一六日午前〇時、大阪府警は文世光に旅券で名前を使われた大阪府泉大津市の尾崎稔方を、出入国管理令違反ほう助、旅券法違反容疑で捜索した。尾崎宅は六畳の間とダイニングキッチンの二間で、捜査員は机やタンスの引き出し、『金日成著作選集』や『現代朝鮮の基本問題』等の朝鮮関係の本がびっしり並んでいるスチール製本棚等を入念に調べた。そして一九七三年九月四日付の泉大津市発行の住民謄本、手帳、印鑑、それに文世光の名刺等一五点を押収した。

尾崎稔はテレビのニュースで自身名義の旅券を狙撃犯が所持していたことを知り、一五日午後六時頃、大阪府警で記者会見した。

「お盆なので、大阪市東成区の実家に顔を出した時、私が〝犯人〟になっていることを知った。他人の戸籍を使い、とても許せないと思った。私はこの七月に高松市役所から戸籍謄本を一通取った。私が職員として勤めている労働組合は大会がこの九月にあり、それが終われば海外旅行しようと思ったからだ。この謄本は自宅に保存されていると思う。妻の令子とは一九七二年に結婚し、現住所に移った。犯人だといわれる文世光は、令子の高校時代の友人にいたらしいことを間接的に今日知らされたが、私自身全く知らない」

「妻は去年春から今年春まで保母の仕事をしていたが、保母の資格を正式に取るため、最近戸籍謄本を取ったことがある。その際、高松市役所では四通交付したということだが、それを全部妻が入手したかどうかは私にはよくわからない。私自身大阪市東成区で生まれ育ったので韓国の友人は多いが、犯人グループにも心あたりがない」と語った。

一方、文世光の高校時代の友人とされる妻の令子は、一五日夜大阪府警本部で事情を聞かれた後、泉大津署で記者会見を開いた。

――なぜ文に戸籍謄本を渡したのか。

「ことしの春か夏、文と長いこと会っていないので消息をたずねようと電話した際、文から戸籍謄本を一通取ってほしいと頼まれた。理由は『サラリーマン金融で金を借りたいが、朝鮮名だったら貸してくれへん。日本人の戸籍謄本が欲しい』ということだった。三通取り寄せたのは、私自身が保母の試験を受けるのに必要なためだったのと、本籍を大阪に移そうと思ったから」

――パスポートの手続きで尾崎さん宅の電気や水道の代金領収書が添付されているが、渡したのか。

「まったく見当がつかない。私は電気や水道の料金を払えば領収書はゴミ箱に捨ててしまうので、そんなことができるはずがない」

――保育所宛に戸籍謄本が郵送されたのはなぜか。

「私は朝早くから夜遅くまで保育所にいることが多かったから」

――文と会ったのはいつか。

「戸籍謄本が郵送されてきたので、難波の喫茶店で彼と会い直接手渡したのが最後で、その後会っていない」

――ご主人の戸籍謄本が今度の事件に関係したことについてどう思うか。

「まさかこんなことになるとは思わなかった。迷惑です」

――文との関係は。

「文世光とは大阪阿倍野区にある女子高で三年の時、社会科学研究会の活動を通じて知り合った。当時文は高校二年生だったが、卒業後も大阪市内で開かれる公害反対や平和集会等の会場で時々会ったことがある。しかし、文は私の自宅は知らないし、夫とも全く面識がない」

尾崎令子は泉大津市で三人兄妹の末っ子として生まれた。同市内の小学校、中学校を卒業後、一九六七年に大阪市内の私立女子高へ入学した。在学中にクラブ活動で社会科学研究会に参加する頃から、朝鮮半島問題に関心を持つようになった。文化祭等で他校生と交流する中、文世光と知り合うようになり、文との友人以上の交際を通じて朝鮮問題や被差別部落問題についての活動にめり込むようになる。文世光については、年下でありながらも「ムンさん」と呼んで、親しげな仲であったという。

女子高卒業後は、泉北郡にある設計事務所等で働いていたが、高校時代に目覚めた社会運動についての興味は尽きることなく、「入管法阻止」や「金大中救出」等のデモや集会には積極的に参加していた。この頃同じ地域の町工場で働きながら労働運動に参加し、思想的にも共鳴した尾崎稔と知り合い一九七二年に結婚、長男が誕生した。

長男が誕生した頃、付近に公立保育園がないことから数人の親しい友人たちと民間アパートを借り、一〇人ほどの子供を預かる無認可の「乳児保育所」を立ち上げ、自身も二年間ほど保育の仕事をしていた。その間、「乳児保育所」への援助を要請するために町役場に押し掛け、交渉することもしばしばあったという。「年の割にはしっかりした奥さんだった」というのが近所の主婦の令子に対する評判であった。令子は結婚後も子連れで政治集会に参加するほどの熱誠者振りであった。

尾崎令子の逮捕

八月一六日午前、大阪府警警備部は尾崎令子に泉大津署への二度目の出頭を求め、事情聴取を始めた。そして令子は取調べ後、旅券法違反ほう助等の容疑で逮捕され、翌一七日から引き続き取調べを受けた。令子はこの日午前七時に起床し、朝食の後、午前九時半ごろまで再び留置場で朝寝するほどの余裕を見せた。取調べに対して令子は文世光に戸籍謄本等を渡したことは認めたが、共犯関係については否認した。

妻が逮捕されたことに対して夫の尾崎稔は八月一六日夜、「妻が逮捕された時点で心境を述べ、私自身の立場を明らかにしたい」との談話を発表した。

「私や妻の承認を得ず、無断で私名義の旅券を偽造し、反民主主義的なテロ行為を引き起こした文世光という人物に激しい怒りをもって抗議する。この事件は民主主義を愛する日韓両国民に対する挑戦であり、時代に逆行する反民主主義的な挑発行為である。不幸にも文世光という人物にだまされ、汚名を着せられた妻の逮捕は、被害者を被疑者に仕立てあげるという本末転倒の出来事であり、遺憾に耐えない。本来、わが国政府は汚名を着せられた私や妻のいわれのない虚実を晴らすのが当然だと思うが、それがなされていない現実が残念でならない。私は日本のすべての民主的な人たちとともに、不当なテロ行為を排撃し、正義と民主主義を守るため奮闘する決意です」

八月一七日ソウル特捜本部が、「犯人の文世光は、尾崎令子の夫である稔も狙撃について内情を知っていたと自供した」と発表したことに対して、名指しされた尾崎稔は八月一八日未明、知人宅にて次のように全面的に事件との関与を否定した。

「私は民主主義を破壊するようなテロ行為を認めていない。日朝友好運動を進めている私の言動が事件に結びつけられている可能性が高い」

こうした妻の無罪を信ずる夫の献身的な姿は、尾崎令子が文世光の旅券偽造における共犯者であり愛人であったという事実に、もろくも裏切られることになる。

偽造旅券の入手過程

その後の捜査で、尾崎令子による偽造旅券の入手方法が明らかとなった。令子は一九七三年一〇月初めの午後六時頃、文世光と大阪環状線天王寺駅コンコースで待ち合わせ、駅前の喫茶店で話をした。文は「韓国に行きたいが、自分の名前ではだめだ。君のご主人の名前で行きたい。旅券申請に必要な戸籍謄本、住民票等書類を整えてほしい。一緒に香港、韓国へ旅行しよう」と持ち掛けた。

令子はその翌日、夫の本籍地である高松市役所に自分と併せて二通の戸籍謄本を申請、夫に知られたくないため大阪市泉北郡の勤務先に送付を依頼した。住民票は自分で泉大津市役所に行き取得した。そして一〇月末頃、文に電話をして再び天王寺駅で待ち合わせ、謄本等の書類を手渡した。その後、文は大阪梅田のH交通社で海外渡航に必要な手続きを行った。一一月一八日、文と令子は大阪梅田のホテルに宿泊、翌一九日大阪空港から香港へと出発した。二人は一一月二二日まで香港のホテルに滞在し、市内観光をした後帰国した。

当初の計画では一一月二二日、香港から韓国に飛び、二五日までソウルの朝鮮ホテルに宿泊、韓国内を観光する予定であったが、香港で滞在費を使い果たしたので韓国行きを断念した。滞在費約二三万円は全額、文が支払った。

一九七四年五月末か六月初めの午後六時頃、大阪ミナミで逢引していた時、文は「戸籍謄本をまた貸してくれ。韓国人なのでサラ金の信用がない」と頼んだ。令子は不審に思ったが、文が何度も頼んだので引き受けた。二日後、高松市役所に再度戸籍謄本を申請、自宅に送付するよう依頼した。六月末頃文に電話を掛け、地下鉄淀屋橋駅で待ち合わせた。文は車で迎えに来て、南海本線難波駅近くの喫茶店で謄本を手渡した。

狙撃事件に使われた「尾崎稔」名義の旅券は七月二三日、香港旅行時に利用したH社の旅客営業部が大阪府外務課に代理申請したものであった。韓国への観光その他を目的とした一回限りの旅券発行を求めたもので、翌二四日に発行され、二七日に交付された。申請書に記載された出国、帰国予定日は八月六日から一五日の間であった。

申請時には申請書と尾崎の本籍地である高松市長発行による六月二一日付の戸籍謄本、泉大津市発行の尾崎の住民票、尾崎が支払った電気・水道代等の公共料金の領収書、旅券と控え書類に添付する写真二枚が外務課に提出された。外務課では旅券発行の条件を満たしていたため発行し、交付時には申請書の筆跡と受け取りに現れた人物にサインさせた受領書の筆跡を比較、旅券に貼られた写真と受け取りにきた人物の顔をチェックし、旅券を手渡した。

しかし、外務課の担当者は、「一九七〇年から実施された代理申請制度では旅券交付の際にしか本人が出頭しない場合、最初から別人の写真が提出されその別人が旅券の受け取りに現れると、写真での本人確認は不可能になる」として、旅券が偽造される可能性を示唆した。

尾崎夫婦をめぐる攻防

八月二四日、韓国特捜本部は文世光が韓国内では単独で行動し、韓国内の共犯者はいないと断定、「国内での捜査は打ち切る」と発表した。特捜本部の鄭致根《チョンチグン》部長検事によれば、文が韓国入りして以来宿泊していた朝鮮ホテル一〇三〇号室内にあったコーヒー茶碗、灰皿等から検出された指紋、唾液等を国立科学捜査研究所で調べた結果、文とホテルの従業員のものを除いては検出されなかったと発表した。また、部屋へは文と従業員以外は誰も出入りしなかったことが確認されたほか、韓国内で文が接触した約一〇〇人についても共犯の疑いは出なかったとした。さらに文の韓国内での足取りを調べた結果についても、全て観光目的であったことが立証されたとのことであった。

同時に特捜本部は、文世光が六月下旬昼頃、大阪府和泉大津市にある尾崎夫婦の自宅近くの喫茶店で三人で会い、朴大統領暗殺計画について打ち明け、「今度はぜひ決行しなければならない」と話したと発表した。しかし、尾崎稔が近々、日朝協会の青年訪朝団のメンバーとして北朝鮮を訪れることになっていたことから、文は「計画実行目的で韓国入りする必要があり、尾崎稔名義の旅券が必要だ。今年の訪朝は見合わせ、来年にしてほしい」と説得し、旅券取得に必要な尾崎稔の住民票と戸籍謄本等を依頼したと自供した。

また、万一犯行後に尾崎夫婦が疑われた場合は、夫婦はこの間の経緯を全く知らないことにし、文世光がサラ金から金を借りるため令子が住民票等を渡したことにしようと申し合わせをしたことも明らかにした。特捜本部は尾崎夫婦が事件に積極的に加担したとみて、日本の警察に夫婦のこれまでの足取りについて捜査を依頼した。

一方、日本の警察庁は八月二〇日までに韓国側から通報要請のあった文世光、尾崎稔と令子の夫婦、朝鮮総連生野西支部政治部長の全英男ら四人の本籍地、住所、生年月日、職業等の人定事項を国際刑事警察機構（ＩＣＰＯ）を通じて回答した。これについて警察庁は、全英男が狙撃事件に関係があったとみているのではなく、通常の捜査協力に過ぎないと弁明した。韓国側からは文世光の掌紋の写真が電送されており、大阪府警特捜部は拳銃盗難事件の際に高津派出所に残された、犯人のものと思われる掌紋一個との照合を急いだ。

第2章　凶器としての拳銃

1　拳銃盗難

狙撃事件と盗難拳銃

一九七四年七月一八日未明、大阪府警南署の高津派出所で警官四人が仮眠中、枕元の拳銃保管庫からピストル二丁が盗まれるという事件が発生した。

大阪府警は直ちに「南署拳銃盗難捜査本部」を立ち上げ、事件当日の七月一八日から捜査員七〇名態勢で捜査をスタートした。過激派による犯行との見方もあって警備部から十数人の捜査員も加わった。そしてVIPが国内旅行する際等、その周辺に怪しい人物が潜む可能性があるとして不審者のチェックをしらみつぶしに行っていた。

その最中、朴正煕狙撃事件で使用された拳銃が、七月一八日未明に大阪府警南署高津派出所から盗まれた二丁のうちの一丁と照合したことは、大阪府警に衝撃を与えた。盗難現場から三キロそこそこに住む文世光は、全くのノーマークであった。

当時の大阪府警警務部長は、「拳銃が二丁も一度に盗まれたことから、犯人グループは政治テロ等に使うつもりではないかとも心配し、捜査のウエイトをそちらにも置いてきた。世界でも警察の拳銃が大統領狙撃の凶器になった例はなかったし、まさかこんなことになるとは……」と動揺を隠しきれなかった。

拳銃の韓国持ち込みルート

文世光は八月六日午前一一時三〇分、大阪空港発の大韓航空202便で日本を出発したが、当日の同便には、文を含めて一四九人の乗客がいた。大韓航空大阪空港支店の調べでは、文の荷物は一個（一三キロ）で、手荷物ではなく貨物室に入れて運ぶチェックド・バゲージ（受託手荷物）にしており、機内に乗り込む際は手ぶらだった。大韓航空の話では、文はこの小荷物の中に、拳銃をしのばせたトランジスタラジオのケースを入れていたのではないかとみられた。

現在の厳重なセキュリティシステムでは想像もつかないが、一九七〇年代初めの身体検査・手荷物チェックは、極めてお寒い状況であった。当時の大阪国際空港では、国際線の出入国には旧型の金属探知機が対応しており、感度が悪くほとんど役に立っていなかった。そのため警備員によるボディタッチと手荷物の直接検査が頼りで、いちいちラジオの裏蓋を開けてまで調べることはなかった。また受託手荷物について検査していたのは、当時のキャセイ航空一社だけという有様で、カメラやラジオ等を受託手荷物として預けたとなると、凶器のピストルはノーチェックのフリーパスで韓国に運ばれる可能性が高かった。

その一方で、入国審査は南北対立状況にあった韓国では日本以上に厳しく、金属探知機を導入していた韓国の税関で、拳銃の入ったラジオを易々と通すことなど可能かという疑問が残った。拳銃は韓国内で入手したという説もあり、そうすると文の単独犯行ではなく、韓国内で拳銃を手渡すという複数名の関与が疑われた。

盗難拳銃の検証

八月一六日未明、韓国捜査当局から大阪府警に、「凶器は大阪で盗んだ拳銃のうちの一丁で、S&W三八口径チーフスナンバー四〇二五〇八号」との情報が入り、一六日午前の「拳銃一致」の連絡に府警幹部は青ざめた。狙撃事件の捜査は、文の身柄を確保した韓国捜査当局が終始リードした形で、拳銃を盗まれた日本警察が負い目を感じながら捜査に協力していくことになる。

八月一六日の朝になると、韓国捜査当局から警察庁にICPOを通じて、「S&W四〇二五〇八」拳銃が日本で盗難にあった事実があるかどうかの照会が、四点の写真を添付してなされた。また、文世光が「七月一八日大阪市南区にある高津派出所から拳銃二丁を盗み、そのうち一丁は大阪港に投棄したが、一丁は韓国に持ち込んだ」と自供したことも併せて通報してきた。大阪港に捨てたとされるもう一丁の拳銃は、ニューナンブ三八口径ナンバー六九三六五三号で、いずれも銃弾が五発装填されたままで盗まれたものであった。

韓国警察からの照会を受け警察庁が調べたところ、拳銃のナンバーは七月一八日に高津派出所で城山幸三巡査（二九歳、仮名）が仮眠中に盗まれたS&W三八口径チーフスペシャル拳銃（実弾五発入り）の製造ナンバーと一致したことが分かった。このため警察庁は、狙撃事件において日本で盗ま

大阪南署高津派出所から盗まれ、狙撃事件で使用されたものと同型のS&W38口径の拳銃（左）。右は同時に盗まれたものと同型のニューナンブ38口径　出典：「朝日新聞」1974年8月16日

れた警察官所持の拳銃が凶器として使われたと断定したが、この拳銃が実際に狙撃に使われたかどうかはこの時点では確認できておらず、警察庁は引き続き拳銃の条痕等同一性を裏付ける物証の送付を韓国特捜本部に依頼した。

また、韓国政府から提供された指紋について、大阪府警特捜本部は家宅捜査した文世光の家から採取した四五個の指紋と照合した。結果、一階応接間のサイドボードに入れてあった洋酒のビンから採取した指紋三個が、韓国から送られてきた文の右手中指と薬指、親指の指紋と合致した。さらに同じ応接間のソファの背の部分から採取した指紋二個が、文の左手中指、親指と合致した。大阪府警特捜本部はこの結果について、警察庁を通じて韓国側に連絡した。

文世光宅の家宅捜査

八月一七日午前八時、大阪府警南署拳銃盗難捜査本部は、大阪市生野区にある文世光の自宅を窃盗容疑で捜索した。前日は出入国管理令及び旅券法違反容疑での捜索で、二日連続の家宅捜査となった。

警察官の不注意が原因の拳銃盗難が、こともあろうに外国の大統領狙撃、そして大統領夫人の射殺という最悪の国際事件に発展したこともあって、捜索は書類、メモ類等にとどまった前日とは打って変わって緊迫した雰囲気に包まれていた。捜査員は家具を動かし、部屋に敷き詰められていたカーペットをはがし、畳を上げ、その下のクギを抜いて床下まで覗き込んだ。そして二階の天井板をはがし屋根裏に捜査員が入り込んだところ、黒ビニール製書類カバンの中からニューナンブ三八口径の拳銃が発見された。拳銃はハンカチ、油紙、メガネ拭きのシリコン布で三重に包まれ、実弾五発は一発も使用されないまま同じカバンの中に油紙で包まれてあった。

警察庁はこの旨をＩＣＰＯを通じ、韓国へ連絡した。この拳銃については文世光が「大阪港に捨てた」と自供していたことから、警察庁は韓国側に大阪港の地図等を送付、投棄地点の確認を急ぐ予定であった。

2　盗難拳銃の疑問

二丁の拳銃

大阪府警特捜本部は盗んだ拳銃のうち、文世光が「大阪港に捨てた」とするニューナンブが文の自宅二階の屋根裏から発見されたことに疑問を持った。一つは、なぜ文が「海に捨てた」という虚偽の自白をしたのかということと、捕まれば当然家宅捜査されるはずなのになぜ自宅という発見されやすい場所に拳銃を隠したのかということであった。

回収されたニューナンブは油で磨かれハンカチや油紙で三重に梱包され、装填されていた弾丸は抜き取られ別の油紙にくるまれてあった。「銃の扱いに慣れた者の正しい手入れの仕方と保管方法だ」というのが捜査本部の見解であったが、文が銃の取り扱いに精通していたという証言は出てこなかった。

文世光が自宅にもう一丁の拳銃を隠した理由として浮上したのが、第二の犯行説であった。文の自宅には狙撃事件の一年前から夜間に数人の青年がしばしば出入りしていた。ニューナンブが文の自宅に残されたのは、誰かが次の犯行のために備えていたからではないかという推測であった。そうなると実行犯の文以外に、複数のグループが存在することになる。しかしそうであれば、文がすぐに偽造と分かる旅券を何故所持していたのかという疑問が残った。身元が分かれば直ちに共犯者が割り出されるという捜査手法を文が知らないとすれば、あまりにも稚拙な犯行と言えた。その一方、堂々と厳重な警戒の式典会場に乗り込んで、ためらわずに大統領を狙撃するという大胆な行動から、計画的な犯行というよりは直情的な強い動機が考えられた。

一〇〇分の一の確率

警察庁装備課や科学警察研究所の拳銃専門家は朴大統領狙撃事件について、大統領自身が無事だったのは奇跡にも近かったと胸をなで下ろした。八月一八日の時点で警察庁が入手した外務省や外電を通じて得た情報によると、文世光が式典会場の最前列付近から朴大統領に狙いを定めて発射した一発目は不発であった。銃撃音に気付いた朴大統領はすばやく演台の陰に身を隠し、二発目三発目を避けることが出来た。

犯行に使われたS&Wチーフス型は、第一線に立つ警察官のうち一割程度が保持していた。このチーフス型は試射実験で米国製の弾丸だと一〇〇パーセントの確率で拳銃から弾丸が発射されるほど激発力が高いのに、日本製の弾丸であると一〇〇発に一発の割合で不発が出ていた。警察庁装備課や科学警察研究所ではその原因を研究中であったが、「米国製の拳銃と日本製の弾丸は、不思議と馴染まないとしか言いようがない」と説明に窮していた。今回の事件ではその「馴染まない」ことが幸いして、大統領に命中しなかったというのであった。

S&Wチーフス型拳銃の利点は、回転式で構造が簡単、故障が少なく、殺傷力に優れていたことで、短所は拳銃のうちでは大型で発射時の衝撃は大きく、扱いなれた警官ですらなかなか的を絞れないことにあった。韓国の捜査当局発表によると、文は約二五メートル離れた座席から朴大統領に向けて拳銃を構え、立て続けに四発発射した。当日会場は満席で、文の前後左右は招待客で埋め尽くされていた。さらに、多数の警備陣が警戒する韓国における最重要な光復節式典会場での犯行は、「初めて拳銃を手にした素人にはとてもできない芸当だ」と捜査関係者の多くが指摘した。

一方で、八月一六日未明に行われた最初の家宅捜査で、文世光の自宅からおもちゃの拳銃と紙火薬が見つかった。「文は一年前から計画を練り、拳銃をじっくり研究し、ひそかに人目につきにくい山中にこもり、試射を行っていたのではないか」と見る向きもあった。しかし、現実に拳銃で狙撃するとなると、より慎重に計画的にターゲットを狙い撃つ必要があり、文にそれが一人でできたかどうかは疑問が残った。

しかし実際、犯行時の文世光と朴大統領との距離は約一〇メートルに過ぎなかった。素人が発射しても当たらないという保証は、何もなかった。文は、盗んだ拳銃を分解してトランジスタラジオに隠し機内に運び、滞在先のホテルで自ら組み立てたという点から、警察庁は拳銃についてかなり詳しい知識があったとみていた。したがって、拳銃と弾丸の「馴染まない」ことによる不発がなければ、大統領暗殺という最悪事態になったことが予想された。

歴史に〝Ｉｆ〟という語は当てはまらないが、文世光が盗んだ二丁のうち日本製のニューナンブ三八口径を使用していたら、不発はなかった公算が強かった。結果的に朴大統領の命が救われたのは、二重三重の偶然が重なった結果によることが大きかったともいえた。

最後の家族旅行

大阪府警南署の拳銃盗難事件捜査本部は八月一八日、文世光の妻である李美姫から南署高津派出所で拳銃二丁が盗まれた七月一八日前後の文の行動を中心に事情を聞いた。

美姫は「特に変わった様子はなかった。夫は無断外泊したことはなく、自宅に拳銃一丁が隠してあったことにも気づかなかった」と話した。しかし、「時々知らない人から電話がかかり、夫が緊張していた。気になって義兄のところへ相談に行ったこともある」と述べ、「単独犯行」を自供している文の背後には、電話でやり取りしていた男の存在があることをほのめかした。美姫は狙撃事件直後、「（拳銃盗難事件のあった）七月一七日夜、主人は家にいた」と語っていた。しかし八月一九日午後になって、「七月一七日夜は帰宅しなかったように思う」と供述を変えた。

また、韓国の捜査当局が文の供述として公表した「妻との国内旅行」については、「はっきりした日は忘れたが、六月から七月初めにかけて夫や親戚の人と一緒に長野県方面へ旅行した」と語った。尾崎令子については、令子が結婚する前に文から紹介されたことはあったが、一九七一年以降は会っていないと話した。

大阪府警捜査本部等の調べによると文は七月二六日、妻と長男とともに大阪を出発、国鉄中央本線等を乗り継いで長野県に入り、三泊四日にわたって長野県内を見物したという。妻はこの旅行を、単なる家族ぐるみのレジャーと受け取っていた。しかし、捜査当局は、文が家族には死を覚悟していることを隠したまま、最後の水盃の旅をしたものとみていた。

文は帰宅後の七月三〇日に大阪総領事館で旅券を受け取り、八月三日に外国人登録証を更新、このあと八月六日に大阪空港発の大韓航空機で韓国に入国し、八月一五日、大統領を狙撃した。

拳銃盗難前後のアリバイ

拳銃盗難事件を調べている大阪府警南署捜査本部は八月一九日、文世光が八月末まで勤めていた大阪市港区の港湾運送会社の文のロッカーを窃盗の疑いで家宅捜査する一方、会社関係者から文の勤務状態について事情を聞いた。

調べによると文世光は一九七四年三月二八日、新聞の求人広告を通じ、「湯浅武（二八歳）」と偽って会社を訪れ、港湾の荷役作業に従事した。履歴書には文が実際に居住していた大阪市生野区の住所を記載し、通称名の「南條」方に同居していると記載していた。

勤務時間は午前八時から午後五時までで、四月から六月までは真面目に出勤しており、六月は二〇日間の勤務で給料一一万七千円を受け取っていた。七月に入ってからは休みがちになり、拳銃盗難事件が発生した七月一八日前後の勤務状況をみると、一七日は午前七時二六分に出社、午後五時に退社し、当日の一八日は無断欠勤していた。拳銃盗難事件は七月一八日午前三時から午前七時までの間に発生していることから、文は一七日の勤務を終えた後、高津警察署に出向き一八日朝方にかけて拳銃を窃盗し、そのまま一八日は拳銃を隠匿するために仕事を無断欠勤したと捜査本部はみていた。その後、一九日は平常通り出勤していたが、翌二〇日から四日間休みの後二四日と二五日は出社していた。そして二六日から再び欠勤し、三一日夕方に七月分給料（一〇日分）四万七千円を受け取りに来てから姿を見せなくなった。

白いライトバンの行方

捜査本部は拳銃盗難事件があった時期に文が個人経営していた「中央ビルサービス商会」という会社所有の清掃車である白いパブリカ・ライトバンの行方を追っていた。事件のあった七月一七日から一八日にかけて派出所近辺で目撃された車は約六〇台。これらは全て所有者が判明し、シロだと断定された。このため捜査本部は捜査範囲を広げ、文が所有していたライトバンについての聞き込みを行った。

この文が所有していた白いライトバンの行方は、あっさりとつかめた。八月一九日夕、大阪府警特捜本部に「文世光が使っていた車を借りていた」と韓青同の呉淳大《オスンデ》（二五歳、仮名）が届け出たのであった。呉は八月一九日朝新聞で、自分が使っている車が拳銃盗難事件で文が犯行に使った疑いが強いと警察が捜査していることを知り、すぐに韓青同大阪本部に事情を話した。そして韓青同の幹部と弁護士に付き添われて、捜査本部に出向いたのであった。

捜査本部の調べで、呉淳大が文から借りていた車は拳銃盗難の際に使用したとされる白いライトバンであると判明したが、呉は事件とは関係がないとされた。しかし捜査本部は車を文から借りたいきさつについて、引き続き呉から事情を聞くことにした。

呉淳大の話によると、文世光が車を貸してくれたのは文が韓国に出国する前日の八月五日のことであった。文はこの日の午前一一時頃、大阪市北区の韓青同大阪府本部事務所に電話をかけてきた。たまたま居合わせた呉が電話に出たところ、文は「淀川区西中島のマージャン店に来てほしい」と話した。呉がマージャン店に行くと、文は近くの新御堂筋高架下に呉を連れ出した。そして止めてあった白いライトバンを指さして、「使わなくなったので、貸してやる」と言った。文は呉に車のクセを教えた後、急ぎ足でその場から立ち去った。この間約一〇分、その時の印象を呉はこう回想した。

「文は何か急いでいるようだった。自分に車を貸すのは変だと思ったが、文は一度言い出したら自分からは引かないタイプなので、そのまま借りることにした」

大阪府警特捜本部は八月二二日、一九七三年一〇月一〇日頃、文世光が軽自動車で大阪市東成区の中古車センターを訪れたことを明らかにした。「車が古くなったので買い替えたい」と話して、展示してあった白いパブリカ・ライトバンを契約した。中古車センターは一〇月一七日、大阪陸運局に車を登録した。文は一〇月二〇日頃再び車で中古車センターを訪れ、手数料や自動車税込で約二四万円を即金で支払った。そして乗りつけた車から清掃道具箱をパブリカ・ライトバンに移し替えて帰っていったという。

文世光は車を買い替えた一カ月後には、尾崎令子と夫婦を装って香港旅行に出かけ、計二三万円を出費した。一九七三年秋に妻と二人で「中央ビルサービス商会」を立ち上げ、ビル清掃の下請けを行っていたが、仕事は一週間に一度だけという時もあり、月収は一〇万円に満たなかった。

特捜本部は、生活が楽ではなかった文が一九七三年秋以降に出所不明の五〇万円をいかに用立てしたのか、狙撃事件の資金ルート解明に向けた捜査に着手した。

謎が残る犯人断定

大阪府警南署捜査本部は八月二一日、韓国捜査当局から入手した文世光の掌紋と拳銃盗難のあった高津派出所の遺留掌紋を照合したが一致しなかったと発表した。さらに派出所に残された足跡と指紋は、いずれも文のものとは一致しないことが分かった。

高津派出所に残された指紋と掌紋、足跡が文世光のものと一致しないにもかかわらず、大阪府警南署捜査本部は八月二二日夜、文が拳銃窃盗の犯人だと断定した。その根拠は、文が渡韓直前まで使っていた白いパブリカ・ライトバンの後部座席下から見つかったタイヤレンチとプライヤーの傷跡と高津派出所のドアに残された円筒錠の破壊痕を照合した結果、二つの傷跡が一致したからであった。発見されたタイヤレンチはタイヤ交換に使う工具で、長さは約四〇センチ、タイヤのボルトを締めるためコの字型で先端部分がとがっている。プライヤーは長さ二七センチ、針金を曲げる

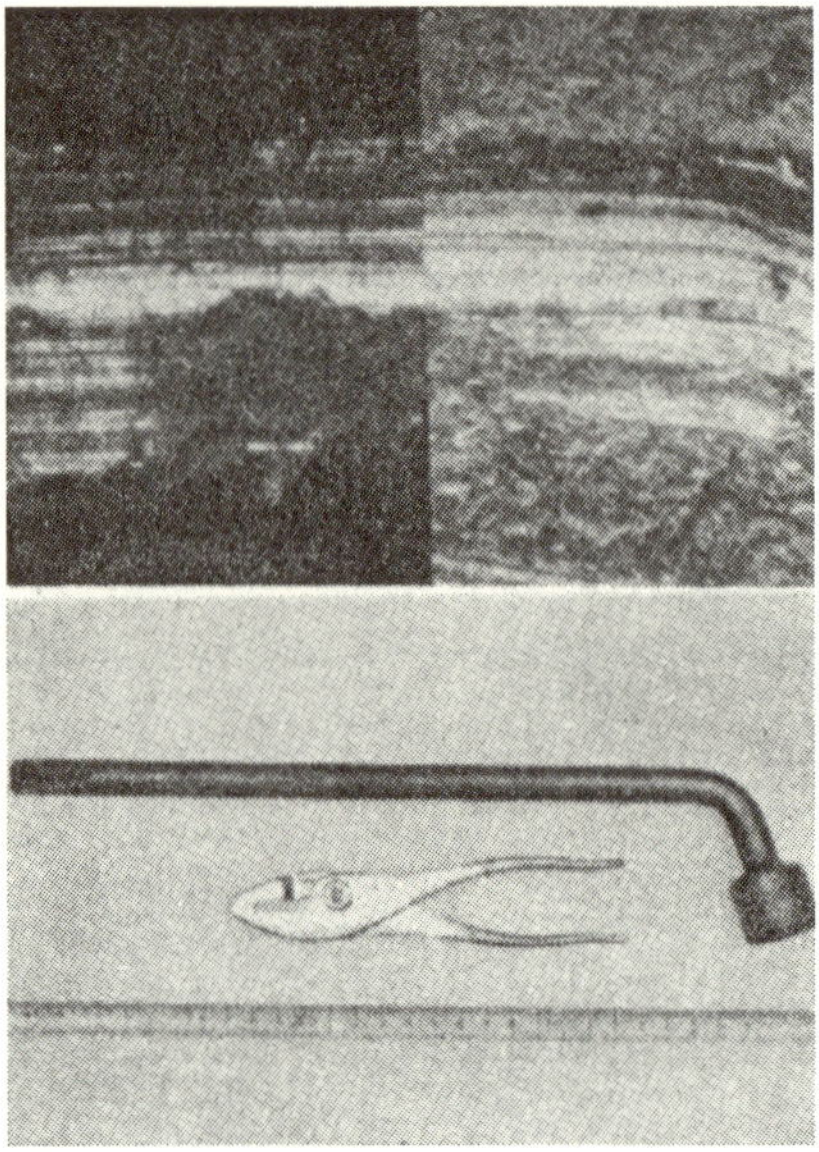

写真㊤は高津派出所の拳銃盗難現場の錠に残されていた傷跡。右はタイヤレンチを使って実験した傷跡。写真㊦は文世光の所有していたライトバンから押収した工具類　出典：「神戸新聞」1974年8月23日

のに使われている。

捜査本部はこの二つの工具に新しい傷跡がついていることに着目、大阪府警科学捜査研究所で照合・鑑定した結果、派出所西側出入り口ドアの円筒錠と真ちゅう製側板に残された工具痕とタイヤレンチの先端部分の傷跡が一致したこと、東側出入り口ドアの真ちゅう製円筒錠の取っ手に残された工具痕とプライヤー握り部分の傷跡が一致したことを明らかにした。捜査本部では、派出所にあった二カ所の侵入跡から、最初犯人は拳銃の置いてあった仮眠室東側のドアに狙いをつけプライヤーを使ってシリンダー錠をこじ開けようとしたが、錠が固く失敗し、西側ドアに向かった。ここは道路から死角になっており、タイヤレンチでシリンダー錠を座金ごと壊して侵入し、寝ていた二人の警官の枕元にあった実弾五発入りの拳銃を帯革ごと持ち去ったと推定した。

3　日韓捜査の食い違い

日本側捜査当局の対応

狙撃事件から約一週間の捜査で日本の捜査本部は、尾崎令子が夫の尾崎稔を称する人物とともに、大阪港に入港していた万景峰号を訪れていたことを訪船名簿からつかんでいた。しかし、「文世光」の名は見つからず、日付についても五月三日であり、韓国捜査本部が発表した五月五日とは異なることから、日本の捜査本部は八月一八日、尾崎稔に出頭を求めて事情を聞くことにした。そこで捜査本部は万景峰号に乗船したのは尾崎稔本人なのか、それとも尾崎稔を騙った文世光なのかを確認する方針であった。

また日本の捜査では、文世光と尾崎令子の一連の行動から「北朝鮮からの暗殺指令」や「謀議」等について、何ら証明するものが出てこなかった。さらに令子は文との香港旅行についても「観光が目的」と証言しており、韓国側の言う「武器の調達」とする供述は取れなかった。旅行の日時についても尾崎令子は一一月一九日から二二日までと証言していることに対し、韓国側は一一月二六日から三日間としており、ズレが生じていた。

拳銃盗難についても韓国側の通報からは、文が大阪府警南署高津派出所からどのようにして拳銃を盗んだのか、共犯の有無等、日本側が緊急に必要とする捜査情報は提供されておらず、文を拳銃盗難事件の犯人とする決め手に欠いていた。狙撃に使われなかったもう一丁の拳銃であるニューナンブ三八口径の行方についても、韓国側からは大阪港第三埠頭から海中に遺棄したとされたが、実際には文の自宅二階屋根裏から発見されていた。

その他、文世光の妻の証言から七月末の三泊四日にわたる長野方面への家族旅行は事実であるが、その費用として全英男から手渡された工作資金八〇万円うちの四〇万円を使ったという文の供述の裏付けは取れなかった。

このように日韓の捜査結果には食い違う点があったものの、日本が北朝鮮工作員による対韓工作活動の拠点であることは公然の事実であること、一九七四年六月に警視庁が逮捕した北朝鮮工作員も文世光と同じく他人名義で取得した旅券で香港や韓国に渡航していた事実があることから、韓国側の捜査内容もあながち間違いではないとして、日本側はさらに詳しい捜査資料の提供を韓国側に要請した。

これ以外に捜査員の相互派遣の必要も検討されていたが、金大中拉致事件以来、韓国の捜査員が日本で捜査することには反発が予想され、政治レベルでの対応になるとみられた。さらに、韓国側から事件関係者の逮捕要請が来ることも予想されたが、韓国とは当時、逃亡犯引き渡し条約は結んでおらず難しい状況にあった。事件発生以来、韓国捜査当局とのやりとりは外交ルートとＩＣＰＯの二本立てであったが、警察庁としては事件の政治性が強まってきたことから、今後はルートの運用についても検討を始めることになった。これと関連して大阪府警捜査本部は八月一八日午後、「韓国の捜査資料が指摘している朝鮮総連幹部とは、捜査当局はこれまで一切接触していない」との見解を明らかにした。

韓国特捜本部は八月二一日の合同通信を通じ、日本側が「捜査の食い違い」を指摘したことに対して、「両国捜査の相違点のみを指摘し、協力よりも難癖をつける姿勢である」と非難した。それによると、日本側は韓国の九回にわたる要請の結果、やっと中間報告を通報してきたが、その内容は文世光の自供内容と日本側の裏付け捜査の検証を中心としており、韓国側は「日本が韓国捜査陣の未熟さを指摘しているつもりか」と不満を示すものであった。

さらに韓国側は、「文が万景峰号に乗船した五月五日には既に出港していたというが、多少の日付の食い違いは文の記憶のあいまいさとも考えられ、些細なことである。文と尾崎令子の香港旅行については、日本側の『単なる観光という令子の供述が正しく、武器購入が目的だという文の自供が嘘である』という論理は成り立たない」等と反論し、日本の捜査こそ独善的であると主張した。

日本側捜査の法的根拠

狙撃事件で日本警察が適用した容疑及び罪名は、文世光の拳銃盗難事件の窃盗と、文世光に旅券や戸籍謄本を渡した尾崎令子の旅券法、出入国管理令違反であった。これらの容疑について共犯者が日本国内にいる限り、裏付けが固まれば、日本の裁判所に対して逮捕、起訴の手続きが可能となる。しかし、日本人容疑者の韓国側からの身柄引渡し要請があったとしても、自国民不引渡しの原則という国際的慣習により、犯人の身柄は日本が確保し日本の刑法で裁かれることになる。

また共犯の日本人容疑者を逮捕する場合には、文の供述だけでなく、日本国内で捜査した結果としての証拠が必要とされる。万一それが収集されない時には、外交ルートを通じた文の供述書の

「公電」があれば、裁判所は逮捕状を出すことになる。しかし起訴となれば、日本側検察官による文の供述書が必要とされ、これは外交折衝による処理という段階を踏まねばならなかった。

在日外国人が共犯者の場合、状況は一段と複雑となる。刑法第三条の国外犯の適用は、外国人に及ばないからだ。外国人が国内で罪を犯した場合は国内法で処罰されるが、犯罪発生地が外国、容疑者が国内在住の外国人の時には適用法規は存在しない。もしＩＣＰＯを通じ韓国側から指名手配がなされても、日本の捜査当局には捜査権限はない。ＩＣＰＯはもともと強制捜査権や逮捕権はなく、国際的な刑事警察の情報や資料の交換、捜査協力だけを目的としているためである。さらに、刑法第三条の「国外犯」には殺人罪が含まれないうえ、殺人の「共犯」として日本国内で捜査するのは困難だと日本の捜査当局は韓国側に伝えていた。

こうした日韓の刑法、刑事訴訟法の違いを指摘したところで、韓国側には「日本は本気で捜査する気があるのか」という苛立ちにつながり、韓国紙は法曹界の支配的見解として、「殺人の共犯か、少なくとも殺人教唆として処罰できる」との反論を掲載した。

一九七三年の金大中拉致事件の際は、金東雲《キムドンウン》元在日韓国大使館一等書記官が容疑者として浮上し、日本側は出頭を要求したが、韓国側は金元書記官が帰国したことと外交官という身分を楯に出頭を拒否した経緯がある。この時、日本側は国際慣習に従い金元書記官の出頭を断念し、韓国側に捜査依頼をするにとどまった。結果、最終的に韓国側は金元書記官をシロだと発表した。

今回の狙撃事件は金大中拉致事件とは全く逆の様相を呈しているが、在日外国人が容疑者とされた場合、日本の捜査権が及ばないことに大きな違いがある。それゆえ共犯者が在日外国人の場合は、日本側としては所在確認や韓国側への情報提供にとどまるとみられていた。もちろん、韓国側の官警が日本に来て強制捜査を行使することは日本の主権侵害となるため許されるはずがなく、日本側は容疑者に対し間接的に監視する以外に術はなかった。

狙撃事件で明るみとなった日韓両国間での適用法令に関しても、大きな相違があったことが本格的な捜査を困難にした。日本では、文世光は在日韓国人であり、外国人が外国で起こした犯罪には日本の刑法は適用できないというのが法曹界の主な考え方となっていた。したがって主犯の文に刑法が適用されなければ、日本にたとえ協力者がいても教唆やほう助罪は成立しない。一方、韓国は国内、国外法の区別はなく、自国の法律が世界中に住む韓国籍の人たちに適用できると解釈していた。日韓間では犯人引き渡し条約がないため、共犯者が日本人の場合は拒否できるが、在日韓国人の場合は問題が生じかねなかった。まして韓国籍でない、朝鮮籍の人たちに関しては、韓国の要求は何ら意味を持ち得ないのが当時の状況であった。

4　送検

文世光の送検

韓国特捜本部は八月二四日午後四時四〇分、文世光を殺人および殺人未遂、国家保安法、銃砲火薬類取締法、出入国管理法違反の容疑でソウル地検に送検した。韓国の刑事訴訟法によれば、容疑者は拘束から一〇日以内に送検しなければならないと定められており、この日が文の現行犯逮捕か

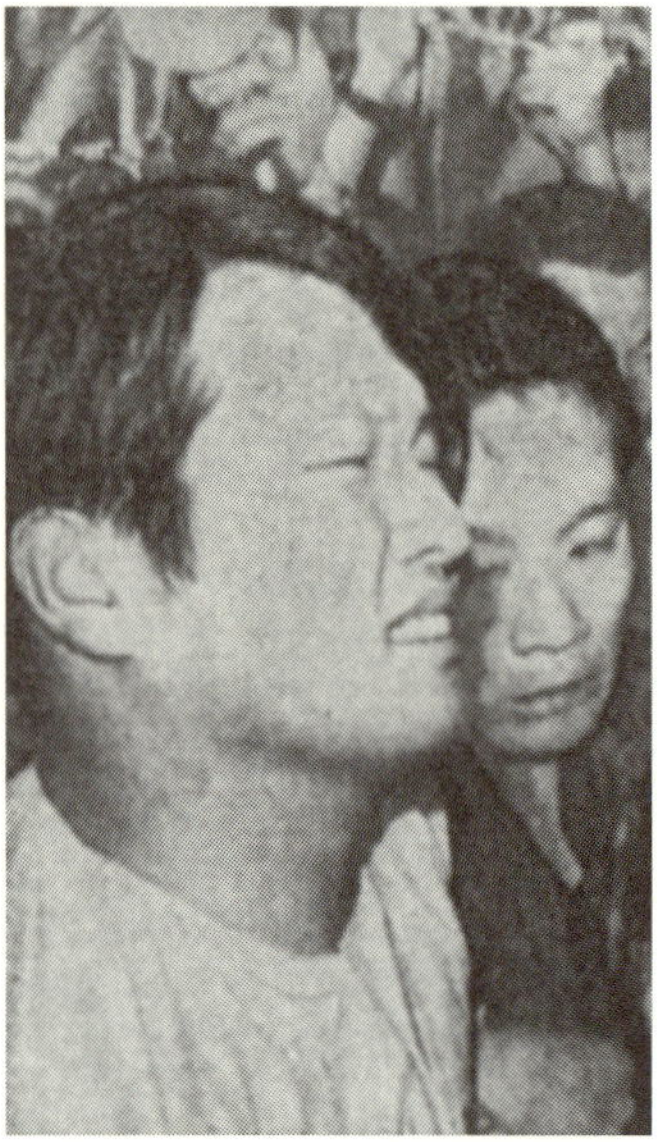

特捜本部からソウル地検に移送される文世光（74年8月24日） 出典：「朝日新聞」1974年8月25日

ら一〇日目にあたっていた。逮捕時、韓国紙によれば文の容疑は暗殺罪と暗殺未遂罪とされていたが、送検の段階では内乱目的の殺人罪や反共法等に切り替えられており、完全な政治犯罪として立件された。

特捜本部はまた、尾崎夫婦と朝鮮総連大阪生野西支部の全英男政治部長の三人を、文世光の共同正犯として同じ容疑で、「起訴中止」の意見書を添付したうえソウル地検に書類送検した。

この「起訴中止」とは、本来起訴すべきである被疑者が死亡したり、国外にいるため起訴できない場合の韓国検察庁の処分のことを指していた。日本と韓国の間には当時犯人引渡し協定がなかったため、韓国側は三人の引き渡しを要求できず、韓国特捜本部としては「起訴中止」の意見書を付けて書類だけを送検したのであった。

捜査本部は文世光の身柄送検に先立ち、文がソウル入りした際に所持していた茶色の中型カバン一個、灰色書類カバン一個、黒の雨傘一本等の証拠品と文の自供調書等関係書類をソウル地検に送った。文の送検は憲兵、警官らによるものものしい警戒の中で行われ、文を乗せた黒塗りの車は四台の白バイに警護されながらソウル市内を突っ切った。

この日、文世光は事件現場のソウル市奨忠洞の国立劇場で逮捕されて以来初めて、地検前で待ち構えていた約五〇人の報道陣の前に姿を現せた。文は被弾した右足の治療を受けたメディカルセンターの黄色い病衣を着用し、足には黒いゴム靴を履き、腕には縄、そして手首には手錠がかけられていた。少しやつれていたものの健康そうで、顔を紅潮させ、グッと天をにらんで大股に歩いて登場、右足が不自由なためか警備の係官に支えられながら検察庁総合庁舎の西門をくぐっていった。報道カメラのフラッシュを一斉に浴びせかけられると、文は一瞬顔をひきつらせ、ほどんど視力がないといわれる左目を細めて、カメラマンを睨み返した。

ソウル地検五一五号室に入った文は捜査本部の鄭致根《チョンチグン》部長検事、金栄秀《キムヨンス》検事の二人から通訳付きで取調べを受けた。文の答えは日本語ではきはきしていたという。取調べに立ち会った関係者は、「文の右足の怪我は完治に近く、歩くのに支障はないようだ」と話した。

共犯をめぐる攻防

韓国捜査本部が八月二四日発表した「尾崎稔が日朝協会青年訪朝団の一員として北朝鮮を訪れる予定であった」という文世光の自供について、日朝協会は同日、「発表は事実無根」として次のような声明を出した。

「日朝協会として日朝協会青年訪朝団派遣の予定はなかったし、いわんや尾崎稔氏は同協会の会員ではない。この発表は朝鮮総連や日朝協会が狙撃事件と何らかの関わりがあったかのように描くことによって、南朝鮮で反日感情をあおり、朴政権に対する批判をそらそうとするものに他ならない。

協会はこのような事実無根の発表をしている朴政権を厳しく糾弾するとともに、この事件にいささかの関わりもないことを明らかにする」

また共犯として名指しされた尾崎稔も八月二四日夜に岸和田市で記者会見し、「あまりにも不当なことだ。事実無根のでっち上げに激しい憤りを感じる」として、次のように語った。

「韓国の捜査当局は私と令子の二人が自宅近くの喫茶店で文世光と会ったと言っているが、これまで話しているように私は文を知らないし、ましてや喫茶店で会ったこともない。日朝友好運動をやっている以上、いろんな人と付き合い、自宅近くの喫茶店にも出入りはしたが、そういう一つ一つのことを結びつけようとしていることが明らかだ。日朝協会の件についても、私の関わっている友好市民団体とは何の関係もなく、北朝鮮を訪れる予定もなかった。これは日朝協会に問い合わせればはっきりすることだ」

会見の途中で韓国捜査当局が尾崎夫婦らを書類送検したと聞かされた尾崎稔は、「えっ、本当ですか。開いた口が塞がらない」と驚きを隠せなかった。そして、「だけどそんなことが出来るのですか。恐ろしいところだな」と苦笑した。

文世光に狙撃指令を出した共同正犯として送検された朝鮮総連生野西支部の全英男政治部長は八月二六日朝、大阪市東淀川区の朝鮮総連大阪府本部で記者会見を行った。全英男は、「狙撃指令も尾崎夫妻のことも全くのでっち上げである。私を事件に結びつけ、朝鮮総連弾圧を図る政治的陰謀だ」と語り、韓国捜査当局の発表を改めて否定した。また、「全政治部長が狙撃事件の共犯者である」と発表されて以来、全をはじめ朝鮮総連幹部が日本の警察当局に尾行され監視されていると指摘、「これは全く我慢ならないことだ」と強い口調で非難した。

日本の警察庁は、韓国捜査当局が日本に居住する三名を送検したことについて、「韓国捜査当局は韓国の法律に基づいて送検したのであって、日本の警察としては関与できない。日本としては日本の国内法の範囲内で今後も捜査協力は続ける」としながら、「これまでの調べでは、尾崎稔と全英男を文の共犯とするような事実はつかんでいない」と断定した。

北朝鮮の「指令」をめぐる攻防

八月二六日、ソウル地検は文世光が八月二五日の第二回取調べで、「朝鮮総連の韓徳銖《ハンドクス》議長から一九七三年と一九七四年の一月一日、朝鮮総連生野西支部の全英男政治部長を通じ、人参酒、果実酒、年賀状等を受け取った。これには『激励の意味』との伝言が付け加えられていたと自供した」と発表した。

また五月四日には大阪港に停泊中の北朝鮮の万景峰号船上で、北朝鮮工作員から「金日成主席のお土産だから、朴大統領暗殺計画を成功させよ」と激励され、北朝鮮の菓子一箱を受け取った。文は万景峰号が接岸していた大阪港中央突堤付近の地図や船内の見取図を書きながら自供し、乗船名簿については「本名ではなく適当な名を記したが、その名前は忘れた」と供述したとのことであった。

この文世光の「朝鮮総連の韓徳銖議長や北朝鮮工作員から菓子等をもらい激励された」という自供に対し、朝鮮総連中央の尹相哲《ユンサンチョル》国際局長は八月二七日、次のような談話を発表した。

「朴正熙狙撃事件に朝鮮民主主義人民共和国と朝鮮総連を何とか結びつけようとする南朝鮮の軍事

ファシスト一味の謀略策動は、日を追ってますます悪辣になっている。事件直後まだ具体的な捜査が始まる前から『朝鮮総連との関係』を云々してきた朴正煕一味は、その後自分たちの筋書きに従って文世光の自供なるものをでっち上げて、共和国や朝鮮総連の関係者があたかも事件とかかわりがあるかのように騒ぎたてている。そしてついには朝鮮総連の議長まで名指して、誹謗中傷するという恥知らずな暴挙を敢えて行っている。我々が度重ねて明らかにしているように、朝鮮民主主義人民共和国と朝鮮総連はこの事件に全く関係がなく、また関係があろうはずもない。このことは客観的な事実によって、はっきりと立証されている」

文世光の心境

八月二四日、韓国の捜査本部筋は文世光の一〇日間にわたる取調べの状況について明らかにした。これによると、「逮捕後、文は犯行直後はおかゆばかり食べていたが次第に食欲を見せ、現在は韓国料理も口にしている。取調べには素直に応じているが、たびたび供述を覆している。拳銃の発射訓練については自宅で握力計を使って行っていたが、実弾発射は弾が惜しくてしていなかった。朴大統領には二〇メートル以内近づいたのに、命中しなかった」等の新たな供述も発表された。文の自供の概要は以下の通り。

「一九七三年一一月、尾崎令子と香港に旅行した目的は、海外旅行に慣れる、偽造旅券のチェックがどのように行われるかテストする、空港での拳銃の検査態勢を知る、の三点であった。この香港旅行の帰途、二人はソウルに立ち寄ろうとしたが、金が無くなって断念した。二人で旅行したことは夫の稔も知っていたが、尾崎夫婦は二人とも共産主義者で理念が通じ合う間柄であった。令子には妻以上の愛情を感じていた。万景峰号を訪れたことや東京の病院に入院したことも二人には話してある。朝鮮総連生野西支部の全英男政治部長と令子が親しい関係にあることは、稔も知っているはずだ」

捜査官が「後悔していないか」と問いかけたのに対して、文は「心境に変化はない」と答えた。韓国の有力民間放送「東洋放送」が八月二六日午前、韓国捜査本部の話として報じたところによると、文世光は陸大統領夫人が死去した事実をいまだ知らされておらず、犯行現場で逮捕を免れた場合は駐韓フランス大使館に亡命するつもりであったとのことであった。

ソウルの新聞、放送は八月二六日、朴大統領狙撃事件の捜査本部が犯人の文世光を逮捕後どのようにして自供に追い込んだかについて、一斉に報道した。それによると文は一五日犯行現場で逮捕された当初は取調べに応じようとせず、「死にたい、死にたい」と繰り返し、ハンガーストライキに入った。しかし犯行後一昼夜を過ぎた一六日午後、牛乳に手を付けてからはハンストを諦め、韓国式の食事をとり始めた。捜査本部筋によると、取調官が事件背後の人物として全英男の名前を挙げたところ、イモづる式に自供したという。この間、文は記憶を頼りに、五月四日夜大阪港に停泊中の万景峰号をひそかに訪問したときの状況見取り図や船内食堂の模様を詳しく図示し、その中に「講師」と呼ばれる頭の禿げた北朝鮮工作指導員が食堂で座っていた位置等を書き込んだ。

犯行当時の拳銃発射について、文世光は朴大統領ただ一人を狙ったと自供した。それによると、初弾が逸れ、第二弾も朴大統領のネクタイを狙って撃ったが演壇に当たってしまったという。このため、あわてて拳銃の回転弾倉のセット前に第三弾の引き金を引いたが、これは不発に終わった。捜査本部も文の弾射技術は優秀だったが、実弾を撃ったことがないためか命中率はよくないとしており、陸英修女史も逸れ弾の犠牲になった模様だと述べた。

捜査報告書の発表

八月二七日、ソウル地検特捜本部は文世光の自供を中心とする十数ページにわたる捜査報告書をまとめ、その内容を明らかにした。特捜本部は同時に、文の供述で作成した朝鮮総連工作員のモンタージュを公表し、これも日本側へ手渡し捜査協力を依頼した。モンタージュの主は、文を大阪港に停泊中の万景峰号に案内した人物だとのことであった。報告書の主な内容は次の通り。

〈万景峰号乗船〉

五月三日夜、全英男から万景峰号大阪寄港のニュースを聞き、翌四日に乗船することになった。しかし五月四日午後八時頃、全から「風邪をひいていけなくなったので、他の人に案内させる」と電話がかかり、しばらくして年齢三〇歳くらいの朝鮮総連生野西支部員を名乗る男が訪ねてきた。身長一七三センチ、あごは四角の丸顔で、文は一九七二年九月の民団・朝鮮総連合同大会で顔を見た記憶があるとしていた。

この男が運転する灰色のクラウンで午後八時半頃、大阪港中央埠頭に到着、左側の倉庫前で三〇分間待った。この間、案内の男が出入国管理事務所に行き、乗船手続きをとった。案内員はその時届出カードに、「崔○奉」（○の字は文の記憶にない）と書いた。それが案内員の名前なのか、文につけた偽名なのかは文にも分からなかった。そして右側の倉庫を回ってマイクロバスの近くで再び停車し、バスの中の所属不明の公務員らしき人物から乗船用パスを受け取って、九時頃乗船した。

約一時間、船のキャビンで待ち、女性の案内で階上の食堂に行くと、北朝鮮の工作指導員という男が待っており、約四〇分間会った。この指導員は四〇歳ぐらいで、身長一六三センチ、痩せ型で額が禿げ上がり、紺色上下の服を着ていた。

工作指導員は文の経歴、暗殺計画を熟知しており、人参酒と食事を勧めながら、「南朝鮮に人民民主主義革命を起こすためには、社会を混乱させ、朴大統領を暗殺するほかない。これは金日成主席の直接指示による革命的任務である」と語り、文は金主席のために命を捧げると誓った。文は午後一〇時四〇分に下船した。

〈文世光の接触範囲〉

一九七四年二月上旬、全英男は文世光に「韓青同等の一切の組織と手を切り、金日成主席の主体思想を学習せよ」と指示した。学習専念のため文は東京都足立区の赤不動病院に「川上勇治」の偽名で入院を申し込んだところ、院長はすでに事情を知っており、二階隅の病室に入院した。病名は十二指腸潰瘍であった。

入院中に文は金日成の著作や演説等のほか、トロツキーの『共産主義とテロリズム』『コミンテルン軍事教範　武装蜂起』等を読んだ。全英男から土曜日ごとに学習結果を確認する電話での連絡が入り、留守中の生活費等計一三万円が送金された。

入院中に文世光が会った人物は二月一五日頃の韓青同中央本部総務次長、三月七日の韓青同大阪本部副委員長、三月八日の民団自主守護委員会事務次長で、日韓両政府を誹謗する対話を交わした。また二月一六日と一七日、三月二日と三日の二回にわたり無断で大阪の自宅に帰ったが、この件で全英男に叱責された。この間、自分の車を新大阪駅の有料駐車場に預けていたが、大阪府警十三署に不法駐車のステッカーを張られた。妻とは毎日電話で話をした。

三月六日、全から退院せよとの電話連絡が入り、文は三月一一日頃退院した。入院費は全から一五万円送金され、不足分の一万円は帰宅後の一五日に全に話して送金させた。

全英男は五月初めに文の自宅を訪問し、「革命家は自ら武器を入手するものだ」と指示し、拳銃の射撃について「安重根義士《アンジュングン》が伊藤博文を暗殺するために一メートルにまで接近して狙撃した」ことを話し、「標的に一メートルまで接近すれば一〇〇パーセント命中する。引き金は暗闇に霜が降りるように静かに引かねばならない」と射撃のコツを教えた。

（拳銃）

文世光は一九七四年五月下旬、全英男に会い、日本の警察から拳銃を盗みだすことを決意したと報告した。その理由は、日本の警察に意趣返しをする、事件が北朝鮮の指令を受けたものでなく日本人が介在しているように見せかけるの二つで、これにより日韓関係が悪化することも狙った。

七月中旬頃から大阪、神戸、奈良、京都の各都市を回ったが、派出所のほとんどが二階建になっていることから敬遠し、一階に詰所のある大阪府警南署高津派出所が侵入に容易だと判断してここに決めた。文は六回下見をした結果、警官が熟睡する午前四時頃が犯行に最も都合がよいと確認した。

七月一八日未明、派出所に侵入する前に自分の所有するパブリカバンを派出所裏側の空き地に駐車させ、警官がパトロールから帰って消灯、就寝したのを見定めて、午前四時三〇分裏門をパイプレンチで開け宿直室に入り込み、まず用意してあったマッチ箱二つを床に捨てた。そして寝ている警官らの間に置いてあった拳銃二丁、実弾一〇発、拳銃ケース二個、手錠二個、革バンド二個、警棒一本を盗んだ。これらは来ていたジャンパーに包んで脱出したという。

文は警察を混乱させるため神戸にある喫茶店に行き、マッチ箱二個、神戸市内版が掲載された朝日新聞、唾液のついていない吸殻等を調達して現場に残した。盗んだ物のうち拳銃一丁（S&W三八口径、五連発）と実弾五発を朴大統領狙撃用に当て、残りの拳銃一丁は自宅の二階床下に隠した。その他の盗品は同じ日の午後六時頃、青いビニール袋に入れて奈良近辺の川に橋のたもとから投げ捨てた。

（全英男政治部長との関係）

文世光が全英男と知り合ったのは一九七二年九月三日、大阪市内のフェスティバルホールで、文が所属していた民団反主流派と朝鮮総連が共同大会を開催した時のことであった。文と全がそれぞれ組織を代表してあいさつを行い、それがきっかけで知り合いになった。二日後の九月五日、全が文の自宅を訪ね、「政治理念を超えて時々会おう」と話し、接触が始まった。文と全は月二回程度接触する中でしばしば意見の衝突もあったが、約一年間の付き合いで全が北朝鮮の人民民主主義革命路線を教え、文が北朝鮮の路線に完全同調するようになった。

一九七三年九月、全が人民民主主義革命を起こすため朴大統領を暗殺し、人民蜂起の口火とするしかないと力説し、文はそれに同意する。七月二一日、暗殺計画を全に伝え決行資金として八〇万円の調達を要請し、七月二五日に全から自宅前の路地で黄色い封筒に入った一万円札八〇枚を受け取った。文はその後何度か動揺するが、偽造旅券を取得したり、資金をもらった弱みから後には引けなくなった。全と最後に会ったのは七月二七日午後六時頃で、文は八月六日に大阪を出発しソウル入りし、ソウルのホテルを予約したことを伝えた。そして共謀の事実を警察に知られないよう、今後会うことはないと約束した。

(香港旅行)

一九七三年一一月一五日頃、全英男が文世光の自宅で現金五〇万円を渡し、香港へ行って武器を調達するよう指示した。一一月一九日から二二日まで尾崎令子と香港へ旅行に出かけ、泥棒市場を回って拳銃を手に入れようとしたが失敗、正規の銃砲店にも行ったが許可証がなく販売を断られた。その際、令子はホテルで待機していた。

(尾崎夫妻との関係)

一九六八年頃の高校時代、尾崎令子は生徒会役員として、他校の自治会副会長をしていた文世光と社会科学研究セミナーを通じて知り合った。一九七四年一月末の某日正午頃、泉大津市内で文は尾崎稔と会い、「名義を借りて奥さんと香港旅行に行きましたが、事前了解なしですまないことをした」と謝罪すると、稔は「妻から聞いている」と答えた。六月末に尾崎夫婦は文と再び会ったが、稔は「八月三日に日朝協会青年訪問団の一員として北朝鮮に行くことになった。正式に旅券申請すると、警察に偽造旅券に名前を貸したことが分かってしまう。しかし組織の援助による訪問なので、どうしても行かねばならない」と語った。この時に文はもはや全部話して了解を得るしかないと判断して、「八月一五日に暗殺計画を実行する」と打ち明け、「北朝鮮へは来年も行けるのだから我慢してほしい」と訴え、稔の了承を得た。また文は、「稔は狙撃計画について何も知らないことにし、令子は金融機関から融資の手続きを受ける文の便宜を図ったことにしよう」と提案し、犯罪隠避を申し合わせた。

警察庁の山本警備局長は八月二七日午後記者会見し、「韓国側から通報のあった捜査報告書の内容は、日本側の捜査で裏付けが進んでいない部分もあるが、文世光と朝鮮総連生野西支部の全英男政治部長との接触状況等、文の供述は自然な形でなされている」とした。そして「事件の輪郭は次第に分かってきたが、韓国側の捜査報告書はあくまで参考」とし、「日本側は国内法の範囲内で捜査するという従来の基本方針に変化はない」と語った。

5　起訴

文世光の拘置期間延長

九月二日のソウル放送によると、韓国検察当局は文世光に関して背後関係、射撃訓練方法等の捜査が九月二日現在で終わっていないため、拘置期間を一〇日延長することとし、拘置期間延長申請書を裁判所に提出した。ソウル地裁は同じ日の二日、文の拘置期間の一〇日延長を認めた。検察当局によると、延長の理由は日本での文の背後関係の捜査が足踏み状態にあるためで、韓国での取調べ自体はほぼ一段落していた。

ソウル版の韓国日報が九月五日に報じたところによると、韓国検察当局は四日、文世光に対する捜査を事実上終了し、再拘置期限が満了する九月一二日まで日本側の捜査結果の通報を待つ方針とのことであった。

検察当局によると八月二四日、検察庁に送致された文は、二十余回にわたる検事の直接尋問に対し、警察での捜査内容について全て認めたが、背後関係については捜査で明らかになった以上について供述することはなかった。そのため検察は、朝鮮総連生野西支部全英男政治部長に対する日本側の捜査結果を待って、補充尋問を行うことにした。

文世光の起訴

ソウル地検公安部は九月一二日、文世光を殺人罪、殺人未遂罪、銃砲火薬取締法違反、出入国管理法違反、国家保安法違反等一三の罪名で起訴することを決定した。韓国刑事訴訟法では「逮捕後三〇日以内に起訴する必要」があることから、拘留期限切れを見据えて起訴され、今後は起訴後六カ月以内に行われる一審判決に向けて、公判が執り行われることになった。

一方、文世光と共同正犯とみなされている朝鮮総連生野西支部の全英男政治部長と尾崎夫婦の三人については、日本からの身柄引き渡しがないため、起訴中止の措置をとる方針であった。ソウル地検は文の起訴状を公表しなかったが、これは日韓関係が微妙な段階にきていることを配慮したためとされた。

文世光は八月二四日に送検されて以来、ソウル拘置所の特別独房に収容されていたが、この独房はイスラエル政府が捕えたナチスの生き残りであるアイヒマンが収監されたものに匹敵し、自殺防止のため内部の壁一面にスポンジが張りめぐらされ、テレビカメラで看守が二四時間厳重に監視を続けていた。文は「事件後すぐ自殺するように」との指示を受けたと自供したが、自殺をする様子はなく仲間が自分を奪還に来ることを待っているとのことであった。

拘置所内で文世光には面会や差し入れは全て禁じられてきたが、肉入りのスープや卵等の特別食が与えられ、全部平らげていた。起訴後、文は初公判に向けて準備をしていたが、反省する素振りは全くなく、「外では暴動やデモは起こっていないか」と担当検事に尋ねる始末であった。

文が裁判の手本にしていたのが、一九七二年にイスラエルのテルアビブ空港で機関銃を乱射したテロ事件を起こした岡本公三であった。文の供述は岡本と似かよっている面があり、強いヒロイズムに酔いしれていた。文は全く話せなかった韓国語を少しずつ勉強し、簡単な会話なら看守と言葉を交わせるようになっていった。

第3章　揺れる日韓関係

1　田中首相訪韓

田中首相の訪韓決定

八月一六日正午過ぎ、二階堂官房長官は、田中首相が八月一九日にソウルで行われる陸英修大統領夫人の国民葬に出席するため、韓国を訪問すると発表した。これは一六日に首相官邸で木村外相を含めて開かれた政府・与党連絡会で協議のうえ決定したもので、田中首相は国民葬に出席するほか朴大統領ら韓国政府首脳と会談し、当面の両国間の懸案について意見交換することになる見通しであることを明らかにした。

狙撃事件当日の八月一五日の時点では政府特使の派遣が検討されたが、首相自ら大統領夫人の国民葬に出席するということ自体異例であった。しかも葬儀参列は、田中首相自らのツルの一声で決定した。田中首相は連絡会議の席上、「韓国は隣国でもあり、自分が行くのがよいと思う。金大中拉致事件以来、こじれている日韓関係を何とか方向転換したい」との意向を表明し、出席者全員がこの発言を支持した。また、外務省幹部も、「最も近い友好国である韓国との関係が今のままで続くのは、日韓双方にとってプラスでない」との立場で、狙撃事件を契機にさらに悪化が予想される両国間の緊張を何とか和らげたい思惑が見てとれた。

八月一七日、日本の外務省は、朴大統領夫人の国民葬に参列するため一九日に韓国に出発する田中首相が、大統領官邸に朴大統領を訪ね、直接弔意を表すことになったと発表した。外務省は、韓国の習慣で朴大統領が一九日の夫人の国民葬には出席しないため、朴大統領の意向により、大統領官邸で弔意を受けることになったとの経緯を明らかにした。しかし、単なる弔意だけではなく、狙撃事件の対応を含めた両国間の懸案事項が山積していることから、実質的には田中首相就任以来初の日韓首脳会談になるとみられていた。

田中首相訪韓をめぐる思惑

田中首相の訪韓が決定したものの、大統領自身の葬儀であれば首相が出席することもありうるが、大統領夫人の葬儀に一国の首相が赴くということは前例がなかった。また日本政府内部にも首相自らの国民葬出席を危惧する声があった。それは独裁体制を強めて国内外から孤立する朴政権に対して、日本が対韓政策を改めて重視していることの表れと取られ、「日韓癒着」と非難された両国の関係を改めて浮き彫りすることが予測された。

また首相国民葬出席の決定には、外務省当局も困惑を隠せなかった。それは葬儀が国葬ではないという点に加えて狙撃事件発生の前日の八月一四日に金大中拉致事件の一方的な捜査打ち切りが通告された点等、韓国側の強硬姿勢に日本側は苛立ちを感じていたからであった。

外務省は狙撃事件について、「日本政府に道義的、法律的責任はない」との立場を取り続けていた。しかし八月一六日朝、犯人が使用した拳銃が大阪府警の派出所から盗まれたことが分かり、さらに日本人に偽装した旅券が発給されたことから、日本側としても「責任はない」と突っぱねることが困難となった。

特に日本の警察が所持していた拳銃が凶器として使われたことは政府首脳に衝撃を与え、町村国家公安委員長は、「警察当局として誠に遺憾」と陳謝を表明した。こうした経緯が、首相に訪韓を決意させる背景となったのであった。しかし、野党からは「日本人が犯人でないことがはっきりしている以上、首相が国民葬に出席する必要はないのではないか」という声が上がる等、首相訪韓をめぐっては以降議論が紛糾することになる。

こうした日本国内の首相訪韓を懸念した動きを牽制するかのように二階堂官房長官は、「首相訪韓の日程はあくまで葬儀に参列し、心から哀悼の意を表することであり、韓国首脳との会談は予定していない」と釘を刺した。また、八月一七日には韓国捜査本部が「事件の背後には北朝鮮と朝鮮総連がある」とする全容を発表、日本側の対応を求めることを示唆したが、日本政府筋は「韓国側の捜査当局の新発表によって、首相訪韓に新たな政治的重荷が加わるとは思わない」と述べ、事件については責任の有無を取り合わない姿勢を貫いた。

2　大統領夫人国民葬

国民葬実施の決定

韓国政府は八月一六日、銃撃により死亡した陸英修夫人の葬儀を「国民葬」とすることに決定した。すべての官公庁は八月一六日から一九日まで弔意を示す半旗を掲げることになり、陸夫人はソウル市冠岳区《カナック》の国立墓地に埋葬されることになった。

大統領官邸は八月一六日、官邸新館に記帳台を設け、一般国民の弔問を受け付けた。市民が青瓦台《チョンワデ》と呼ばれる大統領官邸に出入りできるのは一〇年ぶりとのことで、弔問客の列は午前一〇時過ぎからひきもきらず、午後五時の閉門までに約二万人を超えることになった。

官邸本館では朴大統領と二〇一三年に大統領となる長女の朴槿恵《パククネ》（二二歳）が、陸女史の棺を前にして外交使節の弔問を受けた。この他、民主化運動の指導者である金寿煥《キムスファン》枢機卿や一九七三年の金大中拉致事件の際に東京の事件現場に居合わせた梁一東《ヤンイルドン》民主統一党党首らも弔意に訪れた。

狙撃事件から一夜が明けて、韓国の各新聞社は一斉に社説でこの惨劇を取り上げた。内容は各誌とも陸夫人の死を殉教として称え、暴力は民主主義の敵だとする論調であった。その中でも京郷《キョンヒャン》新聞は、「七九年前、日本帝国主義の凶刃で倒れた閔妃《ミンヒ》（筆者注：李氏朝鮮の第二六代王・高宗《コジョン》の妃。親族を登用した勢道政治により不正・腐敗が進み、政局が混乱した。南下政策を推し進めるロシアに接近したことで日本政府の反感を買い、一八九五年一〇月に公使であった三浦悟楼や大陸浪人らによって王宮内で虐殺された）に次ぐ二度目の死であるが、今度もまた玄界灘を渡ってきた黒い手出しであった」と述べ、「我々は一層複雑な心情を抑えきれず、日本政府の態度を注視したい」と日本側の非を問う姿勢を示していた。

青瓦台からの別れ

陸英修夫人の遺体は、一九六三年一二月以来約一一年間住み慣れた大統領官邸を午前九時四〇分に出発し、国民葬の式場に向かった。朴大統領は遺体に最後の別れをした後、長男の志晩《チマン》（一五歳）、長女の槿恵、次女の槿瑛《クニョン》（一九歳）を伴って官邸から約一〇〇メートル離れた青瓦台裏門まで見送った。朴大統領は終始うつむき涙をこらえながら、子供たちと一緒に遺体を乗せた特別車の後からゆっくりと進んだ。

車は門の前でいったん止まり、朴大統領は一人で車の後に手をかけ肩を落とした後、思い直したように子供たちの方を振り向いて「もう下がりなさい」と声をかけた。子供たちが下がった後も朴大統領は車の後ろに両手をついて、じっともの思いにふけるかのような姿であった。しばらくすると、ズボンのポケットから白いハンカチを取り出し、目をぬぐった。朴大統領はおもむろに車の右側面を撫でるかのように四回、五回と手を触れると、意を決したように合図し、車は静かに動き出した。

韓国の慣例に従って朴大統領は国民葬に出席することはなく、青瓦台の裏門で夫人と永遠の別れをした。大統領は門の右側に立ち尽くし、夫人を乗せた車をじっと見送っていた。朴大統領は夫人の死亡後、親戚筋に当たる金鐘秘《キムヂョンピル》首相の家で四時間泣いたと言われ、柩を見送った後も玄関で大声で泣き出したという。

陸英修夫人の国民葬は国葬に準ずるとして、官公庁は八月一九日を休日とするよう通達が出されていたが、一般企業も休みとしたところが多かった。ソウル市内の官公庁、学校、そして一般家庭でも大統領夫人を追悼していっせいに黒いリボンを付けた半旗を掲げた。市内を歩く人々のほとんどが左胸に小さな黒いリボンを付け、弔意を表した。商店街の多くがこの日は店仕舞いしており、韓国民の多くが朝からテレビを通じて葬儀の進行を見守った。

国民葬の日、学校は臨時公休となり、高校生は朝早くからバスや徒歩で所定の場所に集まり始めた。午前七時頃からソウル市民六〇〇万人のうち三分の一の二〇〇万人以上が街頭に繰り出し、交通規制のされた葬送パレードの道筋は白衣の装いの人々で埋め尽くされた。

田中首相の訪韓

田中首相は八月一九日午前六時五分に日航特別機で羽田を出発し、午前八時一〇分ソウル金浦空港に到着した。日本の首相の訪韓は、一九七一年に佐藤首相が朴大統領の就任式に出席して以来三年ぶりのことであった。朴大統領夫人の国民葬に参列した各国の外交使節のうち、首相が出席したのは日本だけであった。

特別機から降りた田中首相は到着声明を出すことなく直ぐに車に乗り込み、後宮駐韓大使公邸へと急いだ。パトカーと一〇台の白バイに先導され、時速八〇キロのスピードで市内を走り抜けた。後続の二五台の車も半数は治安当局員の乗る護衛車で、さらにその後には警官隊を乗せたバス一台が続くという物々しさであった。さらに首相一行が辿ったコースは市の中心部に進入するのを避け、漢江《ハンガン》べりを大きく東へ迂回した。沿道には約三〇メートルごとにカービン銃を携え制帽のあご紐を締めた制服警官が立ち、要所要所では私服警官が警戒に当たった。狙撃事件直後から出されていた甲号非常警戒令がまだ解除されない中での大掛かりな警備は、一九七三年のキッシンジャー、ロジャースの二人の米国務長官が訪韓した時にも見られなかった厳重なものであった。

韓国国民の怒りの矛先は、特捜本部発表の狙撃を指令した北朝鮮と、凶器となる拳銃の出どころとなり、そして犯人が生まれ育った日本へと向けられていた。国民葬の日の朝、ある在留邦人を乗せた中年のタクシー運転手は、「北のやつらは決まって日本から上がってくる」と吐き捨てるように語り、「田中がどんな気持ちで来るのかは知らないが、日本人も少し反省してくれ」とくぎを刺したという。事件後の報道とも相まって韓国人は、「事件の責任は日本が負う必要がある」とみなしていることが改めて明らかとなった。

陸夫人の国民葬

陸英修大統領夫人の国民葬は午前一〇時から中央庁正面広場で行われ、約二九〇〇人が参列した。正面の祭壇に飾られた大統領夫人の遺影は、花に埋もれて微笑みを絶やさない表情であった。中央庁玄関から正門までの表広場が葬儀式場で、内玄関までの階段最上階に大焼香台が置かれ、参列者は晴天の下、広場一杯に並べられた椅子に着席した。

国民葬は中央庁に半旗が掲揚され、国歌演奏と黙祷で始まった。四八歳の若さで凶弾に倒れた大統領夫人を悼み、葬儀委員長の金首相は最前列中央から数歩前に歩み寄って追悼演説を行った。金首相は、「非道にも夫人は恐るべき共産主義の凶弾に倒れた。貴い殉国である。悲劇の意味を決して我々は忘れない」と弔辞を述べた。

　同じく最前列中央に座っていた田中首相はこの間じっと目を閉じ、うつむいたままであった。金首相の弔辞がスピーカーで式場外に流されるのを、中央庁から世宗路《セジョンノ》交差点までを埋め尽くした市民がじっと耳を傾けていた。遺族席の向かって右端に着席したのが長男の志晩で、父親の朴大統領よりも長身であった。彼は黒縁のメガネから時折鋭い視線を投げ掛けていた。遺族席中央にいたのがソウル音楽大学二年生であった次女の槿瑛で、うつむき加減のためか長い黒髪に顔が埋もれていた。左端にいた長女の槿恵は、大写しになった母の遺影を抱え涙をこぼしていた。

ソウルの中央庁前に掲げられた故陸英修韓国大統領夫人の遺影とアーチ（74年8月19日）　出典；「朝日新聞」1974年8月20日

　午前一一時、大統領夫人の生前の声が葬儀場に流された。「大統領である夫はベトナム派兵を決める時、一週間も寝ずに考え込み、タバコを一日四箱もふかし続けた」という時局問題で感想を述べた記者会見の模様と、彼女が立ち上げた社会福祉事業団体「陽地会《ヤンヂフェ》」の抱負を述べた時のものであった。

　中央政庁前の告別式は約一時間半で終わり、白菊、黄菊で飾りたてられた柩を乗せた乗用車は市中へと進み、軍楽隊と儀礼兵に先導され国立墓地に向かった。葬列パレードの沿道からは、人垣に交じって「アイゴー（哀号）」の悲痛な声やすすり泣きが聞かれた。

田中首相の大統領弔問

国民葬に参列した後、田中首相はシャワーを浴びたかのように汗びっしょりで駐韓大使公邸に戻ってきた。秘書官を通じての話では、田中首相は「国民葬は荘厳な感じだった。特に夫人の肉声が六場面にもわたって式場に流されたのには感銘を受けた。せっかちなオレにしてみれば、この荘厳な国民葬の取り運びは大いに参考になった」との感想を述べた。

首相に対する警備は、韓国警備当局が大使公邸を中心に警官二千人を動員するという大掛かりなものであった。首相は金浦空港到着以来、ソウル市民の表情が意外に冷静であったことから、国民葬終了後はホッとした表情を見せた。緊張から解放されたせいか、午後一時から朴大統領への弔問まで、大使公邸で昼寝をとる余裕を見せた。

田中首相は八月一九日午後五時、大統領官邸に朴大統領を訪ねた。この日の会談は当初の予定より約一〇分延長され、両首脳はほとんど通訳抜きの日本語で打ち解けた雰囲気で話し合った。

朴大統領は官邸の玄関近くの廊下まで田中首相を出迎え、首相は大統領の差し出した手を両手で握りしめた。冒頭、田中首相は陸大統領夫人の国民葬に列席した感想を交えながら、「不幸な事件で最愛の夫人を亡くされた心中はいかばかりかとお察しする」と朴大統領にお悔やみの言葉を述べ

朴大統領（右）をソウルの官邸に訪ね、弔意を述べる田中首相（74年8月19日）　出典：「朝日新聞」1974年8月20日

た。これに対し朴大統領は、「今回のような暴力事件をなくすことを希望したい」と述べるとともに、日本側の事件に対する協力について感謝の意を表した。田中首相は「引き続き捜査には協力し、違反があれば日本の法律に従い取り締まる」と約束した。

ソウルからの報道によると朴大統領と田中首相の会談の途中、金東祚外相が口をはさみ、田中首相に「犯人は北の指令を受けていた。我が方からすでに捜査資料を出しているので協力をお願いしたい」と話した。これに対し田中首相は、「日本の国内法は民主的なもので、証拠主義に立脚している。治安維持法的なものもなく、証拠の裏付けなしに一方的にはいかない。出入国管理法を制定しようとしてもなかなか国会を通らない。捜査にはできるだけ協力するが、制約があり難しい点もある」と述べた。

田中首相は首脳会談後、「非常によかった」と述べ、会談が有意義だったことを強調した。日韓両首脳の会談に同席した後宮駐韓大使は、「全く儀礼的なもので、首相は狙撃事件について陳謝の類を意味する発言は一切避け、悔みの言葉に留めた」と話した。

後に朴大統領が明かしたところによると、弔問に訪れた田中首相は朴大統領に「えらい目にあわされましたね」と言いながら無礼な身振りをしたという。以来、朴大統領は私的な席で「傲慢な奴だ」と吐きすてるほど、田中首相のことを嫌っていた。

3 悪化する日韓関係

田中訪韓後も悪化する日韓関係

田中首相が陸大統領夫人の国民葬に出席した八月一九日、韓国政府首脳に最も近い当局者の談話をソウルの夕刊紙が伝えた。その中身は、日本の外務省筋の「日本は朴大統領狙撃事件に対し、政治的、道義的に責任がない」という見解を非難し、「こうした態度が日本政府部内にあるのなら、田中首相訪韓が日韓関係改善に対して持った意味を半減させる」と述べたものであった。

このニュースは各紙がそろって伝えたが、それによると日本外務省消息筋は、「狙撃犯人が在日韓国人である点は遺憾だが、日本政府は法律的、道義的に直接の責任はない。反朴政権運動に日本政府が介入することはできない」と語ったとされた。韓国側の当局者は、「韓国は日本に道義的責任があると思っているが、たとえ責任があってもなくてもこうした見解を国民葬当日に発表することは、韓国民の反日感情の火に油を注ぐものである」と批判した。

八月二一日午前、韓国与党の維新会は議員総会を開き、「日本政府は日本国内で韓国政府の転覆を謀る反平和的暴力集団を根絶せよ」等五項目の決議を採択した。決議ではまた、「狙撃事件の捜査に日本政府が誠意ある協力をするよう要請し、我々は結果を注視する」と述べていた。

　こうした韓国側の反発に対して日本の外務省筋は八月二一日夜、「狙撃事件に関連しての韓国側の受け取り方は残念だ。日本側が全く知らぬ存ぜぬで通そうとしているわけではない。旅券法違反や凶器の盗難が日本で行われたことは事実のようであり、こうした犯行の準備が我が国で行われたことについては胸の痛みを感じており、遺憾と言わざるを得ない」と、これまでの「狙撃事件に対しては責任はない」という立場から、初めて「遺憾の意」を表明した。さらに「誠意を持って日本の国内法違反の捜査を進めるとともに、韓国からの捜査協力要請に応えなければならない」と事件捜査への協力も積極的に努力する方針を打ち出した。

　八月二四日午前一〇時過ぎ、東京に帰任した金永善《キムヨンソン》駐日大使は首相官邸に田中首相を訪ね、金鍾秘韓国首相からの親書を手渡すとともに、今後の日韓について意見を交換した。約二〇分間の会談では田中首相が日韓関係の重要性を強調する一方、金大使は狙撃事件の捜査で引き続き日本政府の協力を求めた。

　田中首相は金大使に対し、日本側が事件捜査に引き続き協力していく考えを述べるとともに、「日韓両国の友好関係が壊されるようなことがあっては困る。そのため、日韓関係の改善については日本側も努力するが韓国も十分努力してもらいたい、隣国同士ではしばしばエキサイトすることがあるが、今後はそうしたことがないよう配慮すべきだ」という点を特に強調した。

狙撃事件における日本の責任

　韓国国会は八月二六日、金東祚外相が出席する中で外務委員会を行った。狙撃事件について与党議員は、「日本には道義的責任ばかりでなく、国際法上からも法的責任がある。日本に居住する共同犯人の身柄引渡しを要求すべきだ」と日本政府に対する対応を追及した。これに対して金外相は、「捜査の進展に伴って対処する。現在、各在外公館に訓令する中でこの問題に関する国際慣例を収集しており、日本政府に提出する法律的根拠に関わる資料も準備中である」と答弁した。外相のこの発言は、日本側との政治折衝において、朝鮮総連生野西支部の全英男政治部長らの身柄を韓国側へ引き渡すよう要求することもあり得ると示唆したものであった。

また朝鮮総連と韓青同にも非難が集中し、「朝鮮総連と韓青同に日本の破防法を適用し、全面解体するよう日本政府に要求する用意はないか」といった過激な意見も飛び出した。これに対して金外相は、「政府は狙撃事件発生前の五月二八日、日本が朝鮮総連の対南工作基地とならないよう応分の措置を日本政府に要請した」と述べた。

与党維政会の議員からは、「友好国の元首とその夫人を狙撃しても責任がないというのは、かつての日本が李王朝末期の閔妃を殺害しておいて責任がないと言い張ったのと同じである。日本政府から謝罪を受けているのか」と問い詰める場面も見られた。

八月二七日、韓国外務省は日本大使館に電話を掛け、「八月二九日と三〇日にソウルで開かれる予定の日韓貿易会談は現在の情勢に鑑み、延期のやむなきに至った。このことを日本政府に伝えてほしい」と通告してきた。

同じ日の夕方、日本の外務省首脳は「韓国が国内世論を考慮して事務レベルの会議でさえ開かれないのだから、日韓定期閣僚会議の開催を韓国側が提案するのは難しいのではないか」と述べた。

そして日韓貿易会議延期の理由を、韓国側が「反日デモが高まっている現在の情勢に鑑み」という点を挙げていることに、外務省当局は「純粋に事務的な会議が対日不信の渦の中に巻き込まれた」と困惑した。

韓国の強硬姿勢

韓国の李《イ》法相は八月二七日に開かれた韓国国会の司法委員会で、狙撃事件に関する日韓協力問題に触れた。その中で李法相は、「自国民は引き渡さないとの原則によってその引渡しを日本に要請するのは困難であるが、韓国人共犯者に対しては引渡しを要請できるので、全英男ら背後関係者については引渡しを日本に要求すべきだと思う」と言明した。

韓国国会外務委員会は八月二八日、政府に対日強硬策をとるよう要求する五項目の決議を採択し、三日間にわたる対政府質疑を終えた。韓国内の新聞はこれを「対日警告文」と名付けて大きく報道した。採択された決議文の内容は、次の通り。

一、狙撃事件に対する日本政府の道義的な責任と政治的ならびに国際法上の国家的責任は明らかであり、政府は日本政府から公式謝罪をとりつけ、その責任を厳しく追及すること。

一、政府は日本政府に対し共犯である尾崎夫婦、全英男らの朝鮮総連幹部、韓青同幹部らに対する強制捜査を行って、事件背後の全容を究明することに積極協力するよう強く促すこと。

一、政府は朝鮮総連とその前衛部隊である韓青同を直ちに解体すること、このほか日本国内での反韓国的活動を制度的に規制することを日本政府に強く促すこと。
一、政府は日本の一部言論人による無責任、かつ内政干渉的、悪意に満ちた対韓偏向報道の姿勢が韓日間の国民感情を悪化させる要因になっていることを想起させ、日本政府は適切な措置を取るよう要求すること。
一、万一、法的、道義的な責任に対する日本側の措置が納得のいくものでなく、日本の非協力的な捜査姿勢によって最後まで事件の背後関係の全容が明かされない場合は、韓国に対する態度が非友好的だと断定し、政府は日本に対し外交の凍結もしくは国交断行等を含む強力な外交措置をとること。

この日の外務委員会で無所属の議員が「狙撃事件を機会に韓国は日本を本当の友好国とみなすか、それでなければ間接的な敵性国とみるべきか」と質問したことに対し、金東祚外相は「韓日間には基本条約があるけれども、今後の両国関係がどうなるかは日本が今回の事件の重要性を認識して、韓国だけでなく全世界友邦が納得できるようにこの事件を解決するかどうかにかかっている」と答弁した。

米国の憂慮

米国務省筋は九月三日、翌日に宣誓を終えて韓国に赴任するスナイダー駐韓米大使が、フォード大統領から朴大統領に宛てた親書を携行すると明らかにした。親書の内容は明らかにされなかったものの、狙撃事件以来緊張しつつあった日韓関係について憂慮を表明するとともに、韓国の国内体制に対して批判が強まっている米世論の動向に注意を喚起して、間接的に韓国の自制を求める内容とみられた。

米政府当局者は韓国の内政、日韓関係の現状について、公式の論評を加えることは控えながらも、金大中拉致事件・朴大統領狙撃事件以降の事態について懸念の色を隠さなかった。米国は日韓両国を極東における米戦略の要として重視し、日韓の離反を警戒していた。このため、日韓関係の緊張に対しても両国のいずれかの肩を持つのではなく、「両国とも高度に洗練された国」であり、自らの問題は自らで処理できるだろうと静観する構えであった。従って、国務省は米国が圧力をかけたり、影響力を行使しているという印象を極力与えないよう配慮を見せたが、韓国の厳しい独裁体制に苛立ちと不快感を持っていたことは事実であった。朴大統領が狙撃事件の一段落後、大統領緊急措置を一部緩和したことを米国は歓迎したが、基本的には今後の情勢に対して楽観視することはなかった。

また、新しい東アジア太平洋問題担当の米国務次官補に起用されたハビブ前駐韓米大使は九月一一日、任命審査のために開かれた上院外交委員会で証言し、「米国は日韓両国の緊張した関係が一日も早く解決することを望んでいる」と述べた。狙撃事件後、悪化した日韓関係に沈黙を守ってきたアメリカの高官が、初めて公式に関係改善の希望を表明したことは、米国が同盟国同士の対立をこれ以上黙視できないとする表れであった。

ハビブは韓国人の国民性として「ダイナミズム」と「感情の激しさ」をあげ、そうした性向が韓国の内外政策にも反映しているとして、暗にエスカレートする反日運動の背景についても言及した。また、北朝鮮が韓国に重大な脅威を与えているのは事実としながらも、朴大統領の反対勢力は共産主義とは関係なく、多くは韓国内の合法的なグループだと述べ、韓国政府の主張を否定する発言をした。ハビブが韓国政府の「共産主義勢力陰謀説」を退けたことは、間接的に韓国内の弾圧政策の口実を突き崩すもので、朴政権にはかなりの打撃となった。

韓国の要求を突っぱねた日本側捜査

朝日新聞は九月六日の社説で、「尾崎令子が文世光の旅券不正取得に手助けをした点を除いては、朝鮮総連生野西支部の全英男政治部長と尾崎夫婦の三人が文の共同正犯である証拠は、日本側の捜査で立証できていない」と主張した。そして、「日本の刑訴法は、事実の認定は証拠によることを鉄則としている。有力な証拠もなく、見込みだけで刑事責任を問うことは、日本の法制では厳かに禁じられていることである。（中略）具体的な違法行為もないのに、ただその言動が政府の意に沿わぬというだけで個人に罰を加えたり、団体に規制を加えることは、国法上許されない」と韓国政府の捜査要求を牽制した。

衆院外務委員会は九月五日午後、開会中の審査会を開き、狙撃事件について集中審議を行った。この中で木村外相は、近く田中首相が金鐘泌韓国首相に親書を送り、韓国側が日本側に強く求めている捜査協力について、日本側の立場を伝えることを明らかにした。これについて外務省筋は、「これは先に金首相から田中首相に送られた親書の返書という形のものであり、近日中に送られることになろう」と語った。

外務省筋は、「親書の内容はそれほど具体的なものになるまい」としていたが、朝鮮総連の解体等を含めて日本国内における反朴運動の取締まりを要求している韓国側に対し、日本の法制を説明し、「国内法の範囲内での捜査協力」について理解を得たいというのが最大の狙いであった。

また石原慎太郎議員が「日本における北朝鮮の対韓工作の有無」を質したのに対し、警察庁の半田警備局参事官は、「一九五〇年以来、日本国内で北朝鮮スパイが三四件、五七人が摘発されており、その大部分が対韓工作をやっていたことは明らかだ。日本が対韓工作の場として利用されていることは事実だ」と答えた。これに関連して木村外相は、「それが明らかに日本の国益に反する場合、北朝鮮に迷惑であると表明することは差し支えない」と述べた。このことは警察当局が日本で暗躍する北朝鮮工作員の動向を把握していたことを示すもので、韓国側に対する譲歩の姿勢でもあった。しかし狙撃事件に関して、韓国側の言い分を鵜呑みにして捜査するまでは言い切っておらず、双方の事件への認識における齟齬は解消されないままであった。

狙撃事件をめぐり、日本側の責任を追及する韓国と極力責任を回避しようとする日本との間の溝は深く、両国間の政治問題化へと拡大する傾向を見せた。アメリカはこの時点ではできるだけ介入を控えようとしていたが、日韓両国の関係はその思惑を越えて、最悪の事態を迎えようとしていた。

第4章　在日としての文世光

1　在日韓国青年同盟

文世光と韓青同

文世光《ムンセグァン》の本籍は韓国慶尚南道晋陽郡《キョンサンナムドチニャングン》であり、大阪市生野区に居住する在日韓国人であった。文は在日韓国人青年同盟（韓青同）生野北支部の副委員長を務めていたが、一九七三年九月からは同支部の監査に就任していた。

韓青同は元来、韓国系の在日本大韓民国居留民団（民団、現在は在日本大韓民国民団に名称変更）内の青年組織であったことから、北朝鮮系の在日本朝鮮人総連合会（朝鮮総連）とは対立関係にあった。しかし、韓青同は一九七〇年代初頭、民団内の反主流派であった民団自主守護委員会（自主委）に接近し、朝鮮総連傘下の在日本朝鮮青年同盟（朝青同）と共同事業を開催する等、急速に左傾化を示すようになった。文世光が韓青同で活動したのがまさにこの時期で、一九七二年七月に韓青同は民団から傘下団体認定を取り消された。

文世光が韓青同の活動に参加していた一九七三年夏、金大中拉致事件が発生し、以後韓青同は反朴運動の先頭に立ち、金大中救出、韓国民主化支援の闘いを進めていった。韓青同は主に韓国籍を持つ一七歳から三五歳の青年で構成され、中央本部を東京に置いたほか、東京、神奈川、大阪、兵庫等全国に一三支部を設置していた。韓青同の日常活動としては、週ごとに母国語の学習会や朝鮮半島の歴史の勉強会、そして韓国の歌や踊りの民族芸能の文化活動を行う在日韓国人青年を対象とした大衆組織であった。

文世光の経歴

文世光は一九五一年一二月、大阪で五人兄妹の三男として生まれた。文の父親は日本による朝鮮植民地統治期に徴用で日本に渡ってきたことから、文は在日二世であった。文は大阪市立の中学校を卒業後、大阪市内の私立高校普通科に入学した。その時は、「南條世光」の通称名を使用していた。当時の校長は、「文はその頃起こり始めた学園紛争に興味を持っていたが、学内でやることはできず、学外の団体に入っていたようだ。二年生になった一九六八年の秋の体育大会の翌日に学外者とともに高校を封鎖する計画を立てたが、その日が代休で失敗、間もなく退学した」と語った。

文は高校時代から韓青同の活動に加わっていた。一八歳で結婚したが職を転々とし、生活が苦しく韓青同の専従活動家にはならなかった。しかし民団大阪府本部生野支部東分団の事務員として仕事をしていた時期はあった。

文をよく知る在日二世の青年に聞くと、文は韓青同内でかなり知られる存在だった。それは韓青同が民団と紛糾したとき、相手が繰り出してきた体育会系関係者らに正面からぶつかっていったり、デモの行く手を横切る車の前に立ちはだかって止めたりと、とかく行動的だったからと言われた。話し合いでも口数の多い方ではないが、言う時はずばり発言して相手に一目置かせた。ものの考え方や文章も、若いのにしっかりしていたという。韓青同が一九七〇年の「四・一九学生革命」（一九六〇年四月一九日、韓国で行われた李承晩独裁政権の退陣を要求する学生デモ。鎮圧した警官の発砲により一八九名の学生らが死亡した。学生デモに呼応した市民によりデモは拡大、李承晩は四月二六日下野し、ハワイに亡命した）を記念して出版した機関紙「若人」一〇号には「女性盟員の『造反』に歓呼を送る」という論文の他に、「四・一九の再燃」と題して、次のような文章を書いていた。

同志諸君！　耳を近づけよ、聞こえるだろう。歴史の歯車の回転の音が、「出入国管理令改悪（筆者注：当時の政府は在日コリアンの運動や活動を制限するため、韓国への退去強制事由を拡大する出入国管理令の改悪を企図していた）粉砕！」「最後まで闘うぞ！」

韓国学園の弟たちよ！　我々は闘う。決して君たちを闘わせないように。われわれは二度と負けない。

父・母の青春を取り戻すためにも最後まで闘う。

文は一九七一年二月、第六回生野支部臨時大会で韓青同大阪府本部生野北支部を設立し、メンバー九人で活動を開始した。自らは副委員長に就任したが、一九七三年九月に辞任している。理由は韓青同が一九七二年に朝鮮総連系の朝青同と七・四南北共同声明支持の集会を合同で開催したことにあり、当時文は自己の信念と韓青同の運動方針が食い違ったと話していた。文は韓青同大阪府本部の了解を得ないまま勝手に「生野委員会」の名で「武装蜂起」を呼びかける独自のビラを印刷、配布した。この件をめぐって文と韓青同大阪府本部の幹部が大立ち回りを演じ、結果、文は辞表を叩きつけた。文は組織を離れることになり、韓青同脱退直前友人に「韓青同は生ぬるいので付き合いきれない」ともらしていた。

文世光が辞めた韓青同生野北支部も一九七三年末で事務所を閉鎖し、大阪府本部の幹部は「一九七四年初めから本部の事務所に顔を見せなくなり、文がこの半年間何をしていたのか知らない」と答えるのみであった。大阪府本部の副委員長は「確かに活動的で非常に正義感が強かった。しかし朴政権の打倒は唱えても、暗殺を考えるような素振りは全く見られなかった。ただアクの強い男ではあったが……」と語った。

文の妻の李美姫《イミヒ》は狙撃事件後、大阪府警捜査三課南署捜査本部の事情聴取で、自宅へ友人の出入りが激しかったことについて、「一九七三年夏まで韓青同生野北支部を自宅に置いていたためで、支部の移転後は友人らの出入りはなかった」と証言した。また、「文が韓青同を離れ始めた頃から跳ね上がった態度を見せるようになり、これまでつきあってきた友人とは違う人たちからの電話がかかるようになった」と語った。

狙撃計画への思想遍歴

文世光と共に活動した韓青同のメンバーは、文の人となりについて「独善的で思いつめるタイプ」「徹底した反共主義者だった」と語った。朝青同との共同集会に批判的だったのもこうした考えかもしれなかったが、文は高校時代に学園紛争を経験し、新左翼思想にも共鳴していた。また家宅捜査では、『金日成全集』や『毛沢東全集』が押収されていたことから、文は表面的には反共主義者を装っていた節があった。「高校時代の活動は知らなかった」と韓青同のメンバーが語るように、文世光は韓青同の同志にも見せることのない裏の顔があったように思われた。

その後文世光は自主委の派閥に属し、一九七三年に発生した金大中拉致事件後に結成された「金大中先生救出対策委員会」の「大阪府委員会事務次長」として活動し、朴政権の大統領緊急措置発動や軍法会議による独裁体制強化に反対する急先鋒としてその名を知られていた。文は大阪韓国領事館に電話をかけ、「領事館建物を爆破する」と脅迫したことがあると噂されていた。また、金大中が日本に滞在した際には、金大中の講演を十数回も聞いて回っていた。しかしその自主委も給料が安いという理由で、結局数カ月で辞めてしまった。

文世光が韓国政府から反政府派とみなされている金大中の支持組織に属していたことから、ソウル市内の金大中の自宅には事件後「殺してやる」等の匿名の脅迫電話が相次いで掛けられた。脅迫電話をかけたうちの一人は、「自分は当局にそそのかされてやっているのではない」と語った。金大中自身は、「文世光という人は知らない」と狙撃事件との関係を否定した。これに関連して韓国の特捜本部は八月一九日夕、「文世光は『金大中氏を救う会』大阪事務次長だったことは事実だが、金大中氏は今度の事件に何の関係もない」との捜査結果を明らかにした。

文世光の日本の友人たちは文が狙撃事件の犯人だと聞いて、いずれも「信じられない」と口をそろえた。「文が光復節で韓国に渡る費用はまずないだろうし、文の韓青同での活動は広く知られており、座席まで指定される式典の会場に入れるはずがない」と信じかねている様子であった。

韓国捜査当局が発表した文世光の人物像

八月一六日午前、韓国ソウル地方検察庁の金一斗《キムイルドゥ》捜査班部長は、文世光に関する取調べ結果について、「文は共産主義者で金大中氏を支持してきた反政府活動家だった」として次のように語った。

・文世光は高校時代から共産主義書籍と『金日成選集』『毛沢東語録』等の本を多く読んできて、共産主義思想を信奉してきた。文の自宅には金日成、毛沢東らの写真が飾られており、写真の下には「人民戦争の勝利者」という自筆の説明文が書かれている。
・一九六八年一二月には韓青同大阪府本部に加入して反政府活動をつづけ、一九七二年七月から七三年七月まで十数回にわたって金大中後援会の会合に出席し、七三年七月には「金大中氏救出委員会大阪本部事務次長」に就任する等、反政府活動をしてきたと自白している。
・文世光は高校中退後、民団大阪生野支部の団員になり団費を集める集金員として活動した。その後、大阪市内の化学工場の従業員やキャバレーのボーイ、港湾労働者等をして生計を維持していたが、一九七四年七月二日仕事を辞め、狙撃事件当時は無職であった。
・文の父親はマッチ工場を経営していたが、六九年六月に肺病で死亡した。現在の家族構成は母親と民族学校の教師である長兄、物産会社に勤める次兄、中学生の妹の四人家族で、二六歳の妻は一時大阪市内の民団本部に勤務したことがあった。子供は一人で、二歳になる長男がいる。

韓国ソウル地検の発表は、文世光の自白に基づくもので、日本の捜査結果とは一部食い違う面があった。そのことが事件の謎を生み、日韓間の軋轢の原因ともなった。

文世光と反朴運動

このソウルの検察発表に対して、金大中救出対策大阪委員会の金《キム》委員長は、「文世光を事務次長等という役職に任命したことはないし、そうした役職は委員会にない」と否定した。金委員長は談話を通して、「文は一九七三年一〇月頃、お手伝いしたいと事務所に現れ、一九七四年初めまで雑用をしていた。しかし二月一四日、十二指腸潰瘍で入院するからといって救出運動から手を引いた。その間、自分で勝手に事務次長の名刺を使っていたようだ。付き合いはそれだけのことで、現在私達とは全然関係のない人物である。今度の事件全体をみると多くの疑問点があるのに、ことさら私たちの組織や運動に結びつけようとしているのは、この事件を日本での韓国民主化運動弾圧に利用しようとしているのではないかと疑わざるを得ない。我々はあくまで民主的平和的大衆運動を基本的に考えており、暴力否定の立場から個人的テロには反対で、文の行動は我々とは何の関係もない」との立場を表明した。

さらに金大中救出対策委員会は、文が韓青同を脱退した人物であることから、「その彼を事務局次長という主要な役職に任命するはずもないし、そういう事実はない」と無関係を装った。しかし、文が一九七三年秋頃「金大中先生救出対策大阪委員会事務次長」「民団自主守護委員会」の名刺を持って金大中救出運動の集会等に加わっていたことは事実であり、反朴組織との関連が疑われているのは間違いなかった。この名刺は、八月一六日未明に行われた尾崎稔方への家宅捜査の際に発見されたものであった。

文世光は韓青同脱退後も金大中救出委に属し、狙撃事件の動機として、金大中拉致事件に憤慨していたことが明らかとなる。文世光には終始、金大中という存在があり、拉致された金大中を救出するため大阪の韓国領事館に立てこもり、職員を人質に取り金大中と交換を考えるほど心酔していた。何が文世光をして、金大中に惹きつけられたのか。

金大中は朴大統領に比べ若く、彗星のごとく韓国政界に現れ、民主化運動の旗手となった。一〇年に及ぶ独裁体制のくびきから韓国を脱却させ、変革させるエネルギーを感じ取った人々は韓国民だけでなく、在日韓国人も同じように共鳴していた。何よりも金大中はそれまでタブーとされていた「北朝鮮との統一論議の実施」を公然と主張していたことに、在日青年たちは新鮮さと希望を感じていた。さらにこれまでの韓国の歴代政権は、在日韓国人を「いずれ日本に帰化する運命」であり、「安くつく移民」として、本国から顧みられることない「愚民・棄民」として扱ってきた。それに対して金大中は一九七一年の大統領選挙の公約で、「在日韓国人の法的地位改善」や「民族教育の強化」を打ち出し、在日にとっての救世主として崇められるようになった。

金大中は一九七三年病気療養で日本に立ち寄った際、韓青同の冬期講習会で日本全国から結集した在日青年を前にして、「民主化されたら、韓国に帰るべきだ」と断言した。金大中だけが在日青年に手を差し伸べたとして、文世光が彼を慕うことはまったく無理な話ではなかった。

韓青同での民族的覚醒

韓青同に参加する在日韓国人青年のほとんどが日本の公立学校に通い、それまで朝鮮半島の歴史やハングルを勉強することは皆無であった。すなわちコリアンとして生まれながらも民族的覚醒を得る機会はなく、ただ在日として差別される存在としてしか「民族」を感じることはなかった。その「民族」とは、貧しく近代化から遅れて日本の植民地となった「憐れな」祖国の民であり、誇りに思えることはなかった。朝鮮総連の民族学校に通う児童・生徒を除いて、日本社会で在日として生きていく上で「民族」は重荷であり、卑屈に感じるという否定的な感情が支配していたのだ。そこから逃れる術は、日本人に帰化するか、己の出自を隠し通す以外にあり得なかった。

そうした自己の民族的アイデンティティを忌避し続けていた在日青年にとって韓青同という存在は、前向きに民族的に生きることを覚醒させる「第二の誕生」の場ともいうべき存在であった。韓青同では同じ境遇の在日青年が集い、朝鮮半島の歴史を学び、言葉を習得することが可能であった。そこでは日本による朝鮮植民地支配に対しいかに民衆が抵抗したのかという、これまでの学校教育では知り得なかった歴史を先輩から教えてもらえた。さらに韓国語やチャンゴ等の楽器を学ぶことで、それまで触れることのできなかった民族の文化を体得することが出来た。何よりも隠し続けていた本名で互いを呼び合うことで、本当の同胞の友人と巡り会うことが出来たのであった。

韓青同では、韓国の情勢についても学習・論議を行っていた。当時は、日本の与党と韓国独裁政権の「黒い癒着」が問題視され、金大中拉致事件にみられる如く、日本におけるKCIAの暗躍に対して日本政府は見て見ぬふりをして、半ば公然と工作活動が行われていた。韓国独裁政権は自国の経済成長が第一で、日本からの投資を積極的に募り、そのリベートとして多額の裏金が日韓の執権層の懐に収まった。また日本企業進出のため韓国内の労働運動は徹底して弾圧され、貧しい女性は身売りし妓生観光の餌食となった。当時、韓青同の盟員で韓国を訪問した青年は手記にこう記している。

「故郷での悲惨な、想像することもなかった貧困で、どん底の生活。ソウルのホテルのエレベーターの中で、未だ一八にもならない少女の身を震えさせながら夜の慰めものに興ぜられる、その光景。かつてこのような悲しみと義憤を味わったことがあったであろうか。生まれて初めて心の底から怒りがこみ上げ、その怒りを抑えることができなかった」

二一世紀の現在、日本から韓国への旅行はグルメや買い物、韓流スターの追っかけ等女性層が中心であるが、一九七〇年代当時は圧倒的に男主体の妓生観光が主軸であった。朴政権は外貨獲得の目玉として日本人観光団体を国家ぐるみで受け入れ、一般の韓国人が外出できない夜間外出禁止時間でも、もろ手を挙げて妓生パーティーに誘致した。こうした日本人の慰みものになったのは、貧しい農村出身で年老いた父母や幼い姉弟を養うことに自らを捧げた年端もいかぬ多数の少女であった。

韓青同内では、日韓執権層の一致した利害関係により韓国民衆と在日韓国人の苦しみが生み出され、それを青年の力で打破していこうと連日討論が行われていた。「在日に行われる差別そのものが、日韓両政府の癒着した悪しき政策によって作り出された」という認識が韓青同に集う青年らによって共有され、とりわけ大統領でありながら在日に何ら手を差し伸べない朴正熙への憎しみは増幅された。また韓国独裁政権に追従する民団中央と韓国大使館、在日ＫＣＩＡにも怒りの矛先は向けられた。

文世光と同時期に韓青同に参加した盟員は次のように記している。

「韓青同を知るまでの自分には、全くの無縁なものだった祖国の自主独立と民族の解放のために闘った愛国人士と抵抗の歴史を学ぶことにより強い感銘を受け、そこから学んだ教訓を把握しながら、壮絶な歴史に参与し、果敢に闘い抜き、たくましく前進することを終生の指針とすることを決定付けました」

文世光は大統領への狙撃という手法で自らの意思を示したが、その底辺には在日コリアン青年に共通する鬱屈した思いが満ちあふれていた。

狙撃事件に対する在日の反応

在阪の関係者によると、文世光が所属していた韓青同大阪府本部は、全国の韓青同の中でも穏健的とされていた。東京の韓青同が学生出身者が多く理念的であるのに比べて、大阪は勤労青年が多く、約一〇人の専従者も昼間家族を養うために働き夜間に活動する青年がほとんどであった。そのため韓青同の本部方針が末端の支部の隅々にまで行き渡っていたとは言えないが、誰もが「組織としてテロ行為を生み出す余地は全くない」と口をそろえた。ただ、文世光自身は韓青同の活発な活動家でありながら、アナーキーな傾向も有していた。

朴大統領狙撃事件の犯人が、「大阪市在住の在日韓国人青年」と報じられると、文世光の地元の大阪市生野区は一気に緊迫した空気に包まれた。八月一五日は、韓民統や韓青同大阪本部等の反朴勢力が、東京有楽町の読売ホールで開かれた「第二九回光復節《クァンボクチョル》記念、朴軍事政権打倒在日韓国人中央大会」にこぞって参加していたため、事務所はどこも不在であった。

この「中央大会」には全国から約一千人の在日韓国人が集まったが、話題はもっぱら朴大統領狙撃事件に集中した。「大統領狙撃」の一報が伝わると、「いつかは誰かがやるとは思っていた」という声が聞かれ、中には歓声を上げる者もいた。しかし事件の詳細が徐々に伝わり、「狙撃犯は文世光」と発表されると一気に重苦しい沈黙に襲われた。

そうした中、「ＫＣＩＡのでっち上げではないか」「朴政権の自作自演ではないか」という疑惑の声が出る一方、「朴正熙は狙撃されるまで追い詰められており、この事件をきっかけにまた一段と強い弾圧が行われるのではないか」と危惧する意見も述べられた。韓民統の裵東湖《ペドンホ》顧問は、「光復節の式典に招かれるのは朴政権が選んだ者ばかりで、しかも入場の際には厳しいボディチェックが行われているはずだ。にもかかわらず、このような事件が起こるということは、朴政権の支持者たちの中にも今の『維新体制』に不信を抱くものが増えていることを示すものだ」と政権内部での暗闘説をほのめかした。

戦闘宣言

大阪府警の朴大統領狙撃事件特別捜査本部は八月一七日朝までの調べで、文世光の自宅から押収したメモ帳から朴大統領狙撃の決意を述べた「戦闘宣言」と題した手紙を発見したと発表した。武装闘争を呼びかけたこの「戦闘宣言」は、四〇〇字詰め原稿用紙九枚にぎっしりと黒インクの横書きで綴られ、朴体制への批判と行動蜂起が激しい調子で主張されていた。主な内容を以下に記す。

一、いまや愛国愛族の道は革命戦争に勝利することの中で解決されることであり、神への祈りの時は過ぎ去った。戦争へ戦士として自らを準備しなければならないだろう。祖国からの近代革命の完遂は我々の世代で決着をつけなければならない。

一、一九七四年決戦に革命的英雄主義と近代革命思想の戦士として私は行軍を開始する。八月一日を迎えるにおいて約一年間の準備は朴討伐の五〇%を完遂して、必ずや光復節を真に人民のものとする時が来るであろう。すべての同胞は救国戦士として準備しよう。未来は銃口の上に保障されている。死か勝利か我々は前進する。韓国革命万歳。祖国統一万歳。

一九七四年八月一日、愛族の一救国戦士　文世光

特捜本部の調べによると、文の筆跡は角ばった文字で、狙撃事件直前ともあって書き方からも張りつめた気負った様子がうかがえた。特捜本部ではこの「戦闘宣言」が、文の背後組織追及の重要

な手掛かりとなるとして引き続き捜査する方針であった。

2 狙撃事件に対する日本の捜査

尾崎令子の拘置理由開示

旅券法、出入国管理令違反のほう助容疑で逮捕、拘置された尾崎令子に対する拘置理由開示が、八月二三日午後一時過ぎから大阪地裁で行われた。担当弁護士は、「逮捕そのものが行き過ぎであり、拘置は容疑事実に対する取調べよりも、背後関係や犯意の自白を強要するためのもので、政治性が強く違法だ。拘置の必要性はどこにあるのか」と問い質した。

これに対し拘置を許可した裁判官は、「主犯の文世光は不正な旅券で出国し、あのような事件を起こした。尾崎令子についての供述はあいまいで、単に法律違反の外形的事実だけでなく、原因、動機、事情をどこまで知っていたかを調べる必要がある。文との関連が絡んでくると軽いものとは言えない」と拘置理由を説明した。裁判官は続いて、「この事犯は単に旅券法に違反したというだけではない。それが済まないのに釈放すれば、近類者らと口裏を合わせて証拠を隠滅、真相をゆがめられる恐れがあると判断した」と述べた。

このような拘置理由に対して弁護士側は、「形式犯であり、本人が自白しているのに拘置を続けているのは、長期間抑留し容疑事実以上のことを自白させるための別件拘置というべきで違法だ。証拠隠滅の恐れがあるというが、隠滅するような証拠は何もない。在宅でも十分取り調べは可能だ」と反論意見を述べ、拘置の取り消しを求めた。

尾崎令子の夫である稔も八月二四日朝、「狙撃事件は日韓友好と民主化運動を破壊するための陰謀だ。妻は文世光にだまされ、事件に巻き込まれた被害者で、すぐに釈放されるべきだ」と話した。また、文世光が朴大統領狙撃計画について尾崎夫婦と相談したという自供に対して、「そんな事実はない」としながら、「全くでたらめな話だ。私と狙撃事件を何とか結びつけようとする意図的なものだ。文とは面識がなく、文が本当にそう話したのかも疑わしい。自供が具体的に分かれば、私自身の当時の行動等事実に基づいて立証していく」と語った。

韓国側捜査報告書に対する日本警察の見解

警察庁は八月二七日、狙撃事件に関し後宮駐韓大使に託して韓国捜査当局が通報してきた捜査報告書を検討した結果、これまで謎であった拳銃盗難事件、全英男朝鮮総連生野西支部政治部長と尾崎夫婦とのかかわりの二点を含む事件の輪郭がほぼ明らかになったと発表した。

報告書の中で特に重視されたのは、文世光が日本警察の拳銃を犯行に使用した理由として、「韓国現体制と日本の離反が目的だった。朴政権を倒して韓国内に混乱を起こし、新しい韓国を建設したかった」と自供したことであった。報告書では文は一九七三年九月頃から朴大統領の狙撃を計画したが、香港旅行では拳銃が入手できなかった。一九七四年五月四日、北朝鮮船籍の万景峰号を訪れた時、全英男政治部長から「拳銃は自ら調達するのが革命家の任務」と指示され、自分自身で手に入れる決意を固めた。

報告書に記された犯人グループの名前として、文世光と共同正犯の全英男政治部長、そして尾崎夫婦以外には個人名は記されていなかった。韓国側はこの資料を一応の最終捜査資料と位置付けており、今後新たな事実が判明しない限り日本への捜査通報はしないと但し書きがなされていた。警察庁ではこの捜査報告書を検討した結果、これまで日本側が捜査した内容と拳銃盗難の状況にほとんど矛盾がなかったことから、日本警察単独で事件の解明ができるとした。また、尾崎夫婦や全英男政治部長の事件へのかかわりについても、「三人は事前に事件を知っていた可能性が強いので、裏付け捜査を進めてほしい」と犯行に加担した共犯者より、共同正犯的な見方に韓国側がトーンダウンしたことが明らかになった。

山本警察庁警備局長は、「韓国側の捜査報告書はこれまで謎であった点に具体的に触れている面が強く、捜査はやりやすくなった。我が国の捜査は国内法に沿って証拠を重点的に積み重ねるのが基本姿勢で、韓国側の自供中心の捜査とは根本的に違う面がある。両国では国民感情や捜査方法が違うので、必ずしも相手国が満足するものではないかもしれないが、相互捜査は順調に進んでいる」と語った。

尾崎令子の起訴

大阪地検は八月二八日午後一一時前、尾崎令子を免状等不実記載ほう助罪（刑法一五七条二項）、同行使ほう助、出入国管理令違反ほう助で起訴した。大阪地検は、大阪府警から送検された令子について拘置期限切れを前に八月二八日、一〇日間の拘置延長を大阪地裁に請求した。しかし、大阪地裁は二八日午後、「延長の必要はない」と棄却し、地検側は「今、尾崎令子を釈放すると、関係者と口裏を合わせる等証拠隠滅される。また犯行の及ぼした社会的影響は大きなものがある」として、刑訴法で認められた最後の対抗手段である保釈取り消しの準抗告に踏み切った。

しかし、同日午後一〇時すぎ再度棄却が決定した。決定理由署による棄却内容の大要は次の通り。

「容疑の外形的な事実は本人も認めているし、客観的証拠によっても固まっている。しかし、この容疑事実で引き起こされた狙撃事件は重大であり、尾崎令子の犯行目的、動機、それに事情を知りながら戸籍謄本を文世光に渡したかどうか等の点についての捜査は重要である。しかも尾崎の供述に前後の一貫性がなく、渡韓に使われるかもしれないと考えていた『未必の故意』をうかがわせるふしもあり、捜査をさらに続ける必要がある。ところが、これらの解明されていない点を裏付けるのに必要と思われる文の具体的供述が入手し難いため、捜査に限界がある。文以外の関係者の調べはすでに十分行われているので、このまま身柄を拘束して調べても成果は期待できない」

このため地検は深夜に急きょ起訴するという異例の措置をとり、尾崎令子の身柄を引き続き拘置することになった。弁護側は不当な起訴であるとして、八月二九日中に保釈を申請することにした。

地検のこれまでの調べで、令子が六月に文世光に戸籍謄本を渡したのは、「一九七三年の香港行きのケースと同様に戸籍謄本を韓国出国に使うと思い、深くは問い質さなかった」との供述を得ており、文が旅券取得のために戸籍謄本を必要としていた事情が分かっていたとみていた。

これに関して竿山大阪地検次席検事は、「大阪地裁の決定は極めて遺憾だ。拘置延長して背後関係を調べたかったが、決定が出た以上はやむを得ない。起訴に踏み切った」と話した。

尾崎令子、保釈

尾崎令子の弁護団は八月二九日午後、大阪地裁に「拘置の理由がない」と保釈申請し、保釈金四〇万円で保釈が認められた。これに対し大阪地検公安部はただちに証拠隠滅を理由に大阪地裁に準抗告し、執行停止の申し立てを行った。しかし大阪地裁は、「主犯の文世光が韓国にいる等証拠を隠滅できる余地は少なく、する心配もほとんどない」と執行停止についてはこれを認めなかった。

尾崎令子の弁護人は「大阪地検の拘置延長請求が却下され準抗告も棄却された後、急いで行われた起訴は身柄拘束を目的としたものとしか考えられず、保釈決定は当然だ。地検の準抗告は韓国への政治的な配慮だ」と非難し、八月三〇日午前一一時前、大阪地裁に保釈金四〇万円を納めた。令子と面会した弁護士は、「起訴までの取調べがかなり長時間にわたっていたらしく、少し疲れた様子だった。起訴後の拘置なので強制取調べはできないし、任意の参考人聴取にも応じる必要はない等の説明をした」と話した。大阪地裁の決定に伴い、大阪地検は令子の釈放指揮書を大阪拘置所に送付した。

そして尾崎令子は八月三〇日午後二時半、保釈された。令子が拘置されていた大阪拘置所には、夫の稔や弁護人の法律事務所関係者ら数人が出迎えた。令子は関係者らに笑顔を見せつつも、顔色は青白かった。連日わたる取調べは、早くても午後八時、遅い時は午後一一時半まで続けられたことから、さすがに疲労の色は隠せなかった。令子の服装はグリーンの縁どりをしたスポーティーなシャツにジーンズで、逮捕時と同じ姿であった。

保釈された尾崎令子は夫の稔や弁護士らに付き添われて、八月三〇日午後三時から大阪高裁で記者会見した。

——保釈の感想は。

「うれしい。だけど複雑な気持ちです」

——戸籍謄本が文世光の渡韓に使われるのを知っていたか。犯罪に使われたのをどう思うか。

「その点については、答えたくない」

——戸籍謄本を貸したことについては。

「主人に迷惑をかけたと思う」

——狙撃事件をどう思うか。

「ちょっと考えが混乱していて、分からない」

——韓国側は、文との香港旅行は武器調達と発表しているが。

「それは観光旅行です。そんなことはなかった」

——文についてどう思っているか。

「分からない。何と表現していいか、分かりません」

会見は約一〇分で終了し、最後に「これから家に帰り、気になっていた子供の世話をします」と言い残し、帰途についた。

身柄引き渡しをめぐる攻防

八月二九日から開かれた参議院外務委員会では、狙撃事件等で冷却化している日韓両国の諸問題が集中的に審議された。

この中で、謎の一つとされてきた尾崎夫婦が五月三日に万景峰号を訪れた時の状況について法務省当局は、午後三時六分から六時五六分まで泉大津日朝研究会のメンバー九人が乗船したが、その中に「尾崎稔」と「〇〇令子」の名前があったとした。また、九人のうち韓国人の名が二人あり、そのうちの一人は朝鮮総連生野西支部委員長であったことを確認した等の点を明らかにした。そして韓国側が主張している全英男と尾崎夫婦の身柄引き渡しについて警察庁の山本警備局長は、「仮に引き渡し要請があっても自国民不引渡しの原則があるので、尾崎夫婦については引き渡すことはあり得ない」との考えを表明した。

同じ八月二九日、韓国の京郷《キョンヒャン》新聞は、文世光に指示を与えたとする全英男政治部長を共同正犯として韓国に引き渡すよう、外交ルートを通じて日本側へ正式に申し入れると伝えた。

韓国特捜部は、①日韓間には犯人引き渡し協定はないが、諸外国には引き渡し協定がなくとも犯人を引き渡した先例がある、②韓国内の刑法第三〇条には「二人以上が共同で罪を犯した時は、犯人それぞれを正犯として処罰する」と規定している、③金政治部長は「韓国人」であり、韓国内で韓国人を狙撃した犯罪が日本で計画されたとしても、韓国で処罰されなければならないのは当然だ、と主張した。

尾崎令子に対する裁判

文世光の不法出国を手助けしたとして免状等不実記載、同行使、出入国管理令違反の各ほう助罪で八月二八日に起訴された尾崎令子に対する初公判が、一二月一八日午前一〇時一〇分から大阪地裁刑事四部（石田裁判長）で開かれた。

文世光に関連する日本で初の公判とあって、傍聴席には韓国の報道関係者一〇人をはじめ、民団系の婦人ら約八〇人が姿をみせた。一方、尾崎令子を支援する学生の排除に備え、機動隊が待機する等厳重な警備態勢が敷かれた。令子は幾分青ざめた表情で弁護人らに付き添われて入廷したが、人定尋問にははきはきと答えた。また、被告の夫である稔や父親ら家族四人も傍聴席の前列でじっと聞き入った。

午前一〇時一〇分過ぎに始まった法廷は、人定質問に続き、検察側が起訴状を読み上げた。この後、被告の罪状認否に入り、文世光の不法出国の事情を知っていたかどうか等について尾崎令子は「一九七三年一〇月、一回目の香港旅行の時は文の不法出国を知っていたが、渡した戸籍謄本等を旅券の申請に使うとは知らなかった。一九七四年六月、二回目は文が不法出国することも旅券申請に使うことも知らず、サラリーマン金融から借金するのに使うものと思っていた」と述べた。主任弁護人は「文が渡韓することについては被告にまったく認識がなく、ほう助罪は成立しないばかりか二回とも文の犯行と被告の行為とはかけ離れており、ほう助罪には当たらない。ほう助罪は無限定、無定型ではないはずで、この程度の行為では被告は無罪である」と強く反論した。

これに対し、検察側は「香港旅行の時、被告は最初戸籍抄本を高松市役所に申請したが、旅券には戸籍謄本がいること知って申請し直し、文と一緒に旅券申請書の写真を撮ったり、書類を作成している。渡韓の際は、文がサラリーマン金融から借金するのに、『自分は反朴活動をしているので、旅券が出ない。稔さん名義で申請したいので、戸籍謄本や住民票を取ってくれ』と頼まれた。被告はまた旅券を取るのに使うのではないかと疑問を持ち文に質したが、文がはっきり返事をしないので疑問を持ったまま戸籍抄本等をとり寄せて手渡した。被告は文が渡韓に使うと感づいていたはずだ」と意見を述べた。この後、起訴事実を立証する証拠、証人の申請を行い、弁護側と採否をめぐって激しいやりとりがくり広げられた。

一方、韓国の捜査当局は、「文世光の取調べで尾崎夫妻が朴大統領暗殺計画を知って、渡韓を手助けした」と発表、尾崎夫婦を文の共同正犯としてソウル地検に書類送検（起訴中止）した。これに対し、尾崎夫婦は韓国の発表を「事実無根」と否定し、日本の捜査当局の調べでも韓国発表のような共犯関係はないとみられていた。

日本側捜査による文世光の足取り

大阪府警特捜部は九月四日、文世光が出国直前に大阪空港内の銀行で現金約四七万円を「尾崎」名義で交換していたことをつかんだ。調べによると、文が両替したのは大阪空港内にある銀行の空港支店で、八月六日開店早々の午前一〇時頃に来店し、行員に「尾崎」と名乗り、「韓国へ観光旅行のため、日本円をドルに交換したい」と申し出た。銀行はパスポートの提示と交換のための支払い承認申請書の記入を求めたところ、文は「大阪府泉大津市　尾崎稔」名義のパスポートを示し、申請書の氏名欄にも「尾崎」と記入した。そして約四七万円の日本円を差し出し、約一五〇〇ドルを受け取った。銀行の話では、手続きに来たのは文一人で、荷物は持参していなかったとのことであった。

特捜部では、狙撃事件前の文の月収は一〇万円前後で、生活はかなり苦しかったことから、両替した四七万円が文世光を支援した背後組織からの資金とみて、文の足取りを改めて追及する方針を固めた。

大阪府警南署の拳銃盗難事件捜査本部は、文世光の車と同じナンバーの車が神戸市内の神戸大学付属病院駐車場に停まっていたとみられたことから、文の神戸市内での足取りを調査していたが、九月一〇日までの調べで文の車とは無関係であったことが分かった。

このため捜査本部では、犯行現場の高津派出所裏に文が残したとされる神戸市内の喫茶店のマッチや大学生協の紙包み等六件の遺留品については、文の神戸市内での足取りと併せて全力を挙げて調査することになった。

また八月六日に渡韓した際に拳銃を隠したとされる携帯ラジオは、A電機製造の8S-T22型と分かった。これは一九六一年四月から九月にかけて国内用に約三千台、輸出用に約三万台製造された古い型のもので、事件当時は通常の電気店では扱われていなかった。捜査本部では文世光がどのような方法でこのラジオを入手したか、渡韓前後の足取りにつながる有力な手掛かりとして継続捜査することになった。

日韓捜査手法の温度差

狙撃事件をめぐっての捜査手法は日本と韓国では相当の隔たりがあり、それが事件捜査を超えて政治における対立へと波及する様相を見せた。

事件に対する韓国側の捜査はスピーディーで文世光の自供資料を日本側に早々に提供し、犯行三日目の八月一八日には犯行の全容を発表する等、日本の事件捜査の常識では考えられないテンポの速さであった。

しかし文世光の自供を日本側が裏付け捜査すると、不正確な点が多いことが明らかとなった。例えば、文と尾崎令子が香港旅行をした日時が異なっていたり、文が大阪港で万景峰号を訪船した日時も自供通りでは出航後となってしまう。また文が拳銃を隠した場所も、自供と実際の発見場所は食い違っていた。

日本の事件捜査は、裁判で刑が確定するまではたとえ逮捕したからといってもあくまで「容疑者」であり、一つひとつ状況証拠を積み上げる手法を採用している。客観的裏付けのない自供は証拠能力を持ちえないし、裁判の場で証拠とされたものの一点が違うだけで自供全てが覆される恐れがあった。そのため日本での捜査段階における証拠集めと自供の取扱いについては、慎重にならざるを得なかった。

一方、自供中心主義の韓国では、文世光の自供だけで尾崎令子の夫である稔と全英男を早急に「殺人」の共同正犯として送検し、事件を「金日成から指示を受けた共産主義者の反朴テロ陰謀」と決めつけた。そして日本側の捜査の慎重さに、あからさまな苛立ちを示した。韓国側としては「事件の本筋は、文世光の国家元首に対するテロ行為である」ことから「日時の違い」等は枝葉の末節にすぎないという立場であった。韓国の捜査手法に対する日本側のそれは政治的要素を排除しながら、証拠に基づいて確認していくことから、韓国側には「誠意がなくスローである」と映ったのであろう。

警察庁の山本警備局長は、「韓国側の国民感情として、日本国内に殺人の共犯者がいるという気持ちは理解できないわけではない。しかし日本としてはどこまでも証拠主義の原則を貫き、通常の事件と同じ国内法で捜査するしかない。その枠の中で、なるべく相手を苛立たせず、韓国の国民感情と主権を尊重するよう努力したい」と日本の警察の立場を説明した。

3　拳銃盗難の顛末

拳銃革帯の捜索

大阪府警捜査三課の南署捜査本部は八月二七日夜、文世光が「拳銃とともに盗んだ革帯や手錠等を奈良県下の川に捨てた」と自供したことを受けて、現場確認を急ぐとともに、二七日午後九時過ぎから捜査員一五人が、文の書いたという見取図を参考に捜索を開始した。

見取図には詳しい地名が書かれておらず、遺棄した現場とされるのは奈良県北葛城郡河合町の西名阪道路法隆寺インターチェンジの高架下から北へ約三〇〇メートルのところにある幅一五メートル、深さ約一〇センチの通称不毛田川と大和川が合流する付近とみられた。この地点から約三〇メートル下流に大和川に架かる御幸橋があり、そこから高架下に向けてS字型の坂道が伸び、文が描いたという見取図にほぼ一致する地形となっていた。

捜査本部は川にかかっている橋の上流と下流から約一〇〇メートルの土手を重点的に、ライトで川面を照らしながら捜索を進めた。しかし台風の影響等で川は深さ四〇センチに増水し泥沼の状態となっていたため、一〇時一五分にこの日の捜索を打ち切った。捜査本部は翌二八日早朝から、機動隊員や鑑識課員らを動員して徹底的に捜索することにした。

　捜索は翌二九日も午前九時から大和川一帯で行われたが、何の手がかりもなかった。水かさは前日より一メートルほど低くなっており、大阪府警機動隊員ら六〇人がゴムボート等で捜索し、午後からは三〇〇メートルほど下流まで範囲を広げた。

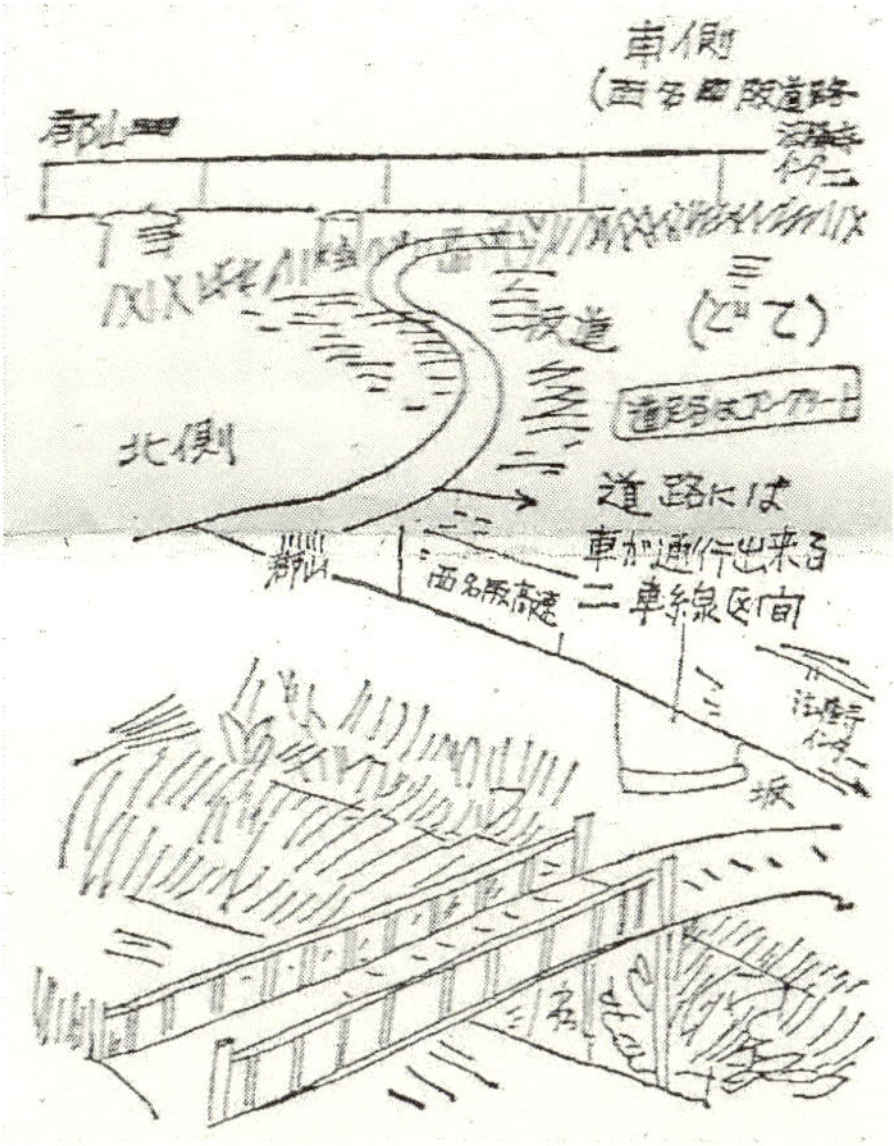

文世光が書いたとされる、盗難拳銃を遺棄した奈良県内大和川周辺の見取図　出典：「朝日新聞」1974年8月28日

　文世光が「奈良県内の大和川に捨てた」と自供した拳銃の革帯、ホルスター、手錠、交通切符入れ、特殊警棒等一二点を捜索していた大阪府警南署特捜部は九月三日、一五万枚のポスターを配布し公開捜査に踏み切った。特捜部は八月二七日から連日捜索していたが、この日まで発見されることはなかった。このため特捜部は文の自供が事実であったとしても、増水時に下

流に流されたり、釣り人が持ち帰った可能性もあるとして情報を公開した。

拳銃革帯の発見

大阪府警南署の拳銃盗難事件捜査本部は八月二七日から大和川の捜索を続けていたが、九月一一日午前一〇時半ごろ、大阪市平野区の明治橋下流約五〇メートルの川底から革製手錠入れの一部を発見した。文が書いた見取図にあった奈良県の御幸橋からは約二〇キロ下流の地点であったが、捜査本部はこの発見で拳銃窃盗犯人が文世光であるとの裏付けがなされたとした。

発見された手錠入れは黒革製のカバー部分（縦二〇センチ、横一〇センチ）で、手錠を入れるポケット部分の外側の革と裏側についていた革帯を通す部分がちぎれてなくなっていた。川の流れにもまれてバラバラになったとは考えられないうえ、ミシンの縫い目に糸が残っていなかったことから、文は捨てる前に縫い目を剥がしたものと捜査本部はみた。手錠入れを盗まれた南署高津派出所の巡査は、革の裏に自分の名前をマジックで記名していたが、汚れのために判読できなかった。しかしホックを付け替えた跡等から、巡査は「自分のものだ」と証言した。

捜査本部は連日六〇人以上の機動隊員らを動員、両岸と川底を捜索していた。この日も機動隊の巡査が鳶口で川底を探っていたが、砂の中に半分埋まっていた手錠入れの一部を見つけたとのことであった。捜査本部は他の盗難品の革帯やホルスター、交通切符入れ等の発見に向けて、河口まで捜索する方針であった。

その後、大阪府警南署拳銃盗難事件捜査本部は九月二四日午後、文世光が拳銃とともに盗んだ後に捨てたと自供した革帯や手錠入れ等を奈良県の大和川で発見したと発表した。この発見により捜査本部は文の犯行がほぼ全面的に裏付けられたとして、文を拳銃盗難容疑で身柄不在のまま送検することにした。

拳銃盗難事件の捜査終結

大阪府警捜査三課の南署捜査本部は一〇月二日午後、高津派出所から拳銃を盗み出したのは文世光であると最終的に断定し、捜査本部を解散した。

南署捜査本部が文を拳銃盗み出しの犯人と結論づけたのは、

①文の自室から盗まれた拳銃二丁のうち、行方不明だった日本製ニューナンブ三八口径が発見された。

②文のライトバンに隠してあったタイヤレンチ、プライヤー等の工具と、高津派出所から拳銃を盗み出す際に戸をこじ開けた時につけられた傷跡や塗料等とが合致した。

③韓国捜査当局の調べで、文が「拳銃とともに盗んだ革帯、手錠等は西名阪道路の法隆寺インター付近の橋から捨てた」と自供した通り、奈良県の大和川の捜索で革帯や手錠等が見つかったという証拠に基づくものであるとした。

しかし、高津派出所に犯人が落としたとみられる神戸市内の喫茶店のマッチ、神戸市内に配達された七月一四日付の新聞等の遺留品と文を結びつける線は解明されていなかった。

捜査本部は文世光の供述にとらわれず、単独犯あるいは複数犯の両面から捜査を行ってきたが、犯行の状況から単独でも可能であり、共犯者を裏付ける証言や証拠も得られなかったことから、拳銃窃盗は文の単独犯行という見方で収束した。

文世光を窃盗容疑で送検する時期については、身柄を韓国捜査当局に拘束されていたことから、「狙撃事件全体の流れを見極める必要がある」として明言を避け、なお調べが続けられていた出入国管理令違反、旅券法違反の容疑については、大阪府警刑事、警備両部合同の「狙撃事件特別捜査本部」に引き継いでいくことになった。そして外事課を中心として、資金のルート解明等の背後関係を捜査していく方針であった。

日本における狙撃事件の捜査は、証拠品である盗難された拳銃の革帯が発見されたこと、尾崎令子の裁判が始まったことで終息をみた。凶器となった拳銃を盗んだのは文世光一人による犯行と断定されたことで、狙撃事件も文世光単独で行われたことを日本側捜査でも立証したことになる。

しかし、韓国側の発表とは食い違う状況証拠については十分検証されないまま幕引きされたことで、狙撃事件における疑惑は残されたままとなった。

第5章 ソウル激震

1 木村外相発言の波紋

木村外相発言に対する韓国の反発

田中首相自ら訪韓し、陸英修大統領夫人の弔問を行ったことで、狙撃事件をめぐる日韓間の懸案は解消されると日本側は期待したが、ある閣僚の発言で両国の対立はさらにエスカレートする様相を見せた。

木村外相は一九七四年八月二九日午後に開かれた参院外務委員会の審査会で、韓国に対する「北朝鮮からの軍事的脅威」の有無について「政府としては客観的にそういう事実はないと判断している」と述べ、これまで「北からの脅威の存在」を主張しつづけてきた韓国側の立場には同意できないとの見解を明らかにした。この外相発言について外務省首脳は同日夕、「韓国内に国連軍が駐留している現状や、南北朝鮮の軍事力の均衡が保たれていることなどから、ごく近い将来に北からの軍事的進攻は考えられないと客観的な見方を述べたまでだ」と説明した。

これに対し、韓国外務部当局者は八月二九日夜、「この発言は北朝鮮の侵略的な態度を過小評価した発言であり、非現実的で不適当な見解だ」と論評した。同筋はさらに、「わずか二週間前に起きた大統領狙撃事件をみても、北朝鮮の好戦的な性格、韓国政府の転覆を狙う態度は明らかだ。それは日本政府も分かっているはずで、木村外相の発言は到底納得できるものではない」との反論を付け加えた。そして、「日本政府の真意を的確につかみ、早急に報告するように」と金永善駐日大使に訓令した。

木村外相発言の影響拡大

韓国外務省は八月三一日午後、木村外相発言に対する徐京錫《ソギョンソク》スポークスマン名義の声明を発表した。声明はまず、「韓国情勢に対する木村外相の認識は驚くべきものであり、遺憾である」と木村外相を名指しで批判し、北の脅威として狙撃事件をあげ、「韓国の国家元首を狙撃し、政府を転覆しようという北朝鮮の凶計に勝る脅威がありえようか」と反論した。

声明では北朝鮮について、「急速な軍事力の増強によって全面南進を準備する一方、各種の軍事挑発、武装スパイの派遣と南での地下党組織工作をしており、特に最近では朝鮮総連の全組織を対韓国工作に集中動員し、日本を拠点にしながら韓国の赤化を企図している事実は、日本政府も十分知っているはずだ」と述べた。声明は最後に、狙撃事件発生後わずか二週間しか経っていない時期に木村発言があったことを強く非難し、「この発言が日本政府の本当の見解でないことを希望する」と結んだ。

韓国外務省の遺憾声明の背景には、八月三〇日に木村外相が東京の外国人記者クラブで前日の発言を撤回せず、同趣旨の発言を繰り返したことが挙げられた。

朴大統領直々の不満表明

八月三〇日午後二時、韓国南部の鎮海《チネ》にある療養先からソウルに戻った朴大統領は、後宮駐韓大使を大統領官邸に招き、約四〇分間にわたって狙撃事件に関する日本政府の対応に不満の意を表明した。

朴大統領は会談に先だち、「田中首相が韓国を訪問された際には時間が十分なく、全般的な自分の考えを述べることができなかったので、改めてここで明らかにしたい。この内容は間違いなく政府首脳に伝えてもらいたい」と強い決意を表明した。

そして冒頭から狙撃事件について「短期的に見れば自分の家族の犠牲ですんだが、長期的に見た場合、これは韓日関係に重要な影響を与える」と前置きした。そして日本側の捜査について触れ、「今度の事件がうやむやに片付けられると、犯罪集団が日本を聖域視し、再発の危険がなくならない。韓国に対し破壊活動を行おうとする犯罪集団の基地が日本から撤去されることが必要である。この危険が解消されることが、韓日両国の友好関係の維持の基礎である」と述べた。朴大統領は口に出すことはなかったが、この「犯罪集団」が朝鮮総連と韓青同を指すことは明白で、韓国最高首脳の意思として両団体の解散要求を日本政府に突きつけた。

朴大統領はさらに、「日本の憲法が言論の自由を謳い、共産党を合法として認めていることも承知している。しかし、それは政治理念の存在を許しているのであって、テロを画策する行為までを認めているのではないはずだ」と、日本政府が韓国政府に反対する団体に規制をかけていないことに苛立ちを見せた。また、「韓国民の間にある反日の機運が激化しないよう自分は最善を尽くしているが、日本側が誠意をみせないと抑えきれなくなる。今回は反日デモ拡大阻止に全力を尽くしたが、二回三回と続けて起こると抑えきれなくなり、韓日関係に致命的な打撃を与える。ぜひ韓日友好の基礎の上に立って、十分な捜査協力をしてほしい」と、今後の日本側の捜査協力を強くにじませた。そして、「佐藤前首相と一九六五年に国交を回復した時は、両国の国民の間に不満の声があったが、私は信念を持って国交回復を推進してきた。この気持ちは今も変わっていないが、現在のような状態が続くと、もはや信念だけではやっていけない。日本側もこれに応じる姿勢を示してもらわなければならない」と念を押した。

会談の席上、韓国の新聞に取り上げられた木村外相の「朝鮮半島に北からの客観的脅威はない」との発言に対して、後宮大使は、「米軍が韓国に駐留し軍事的バランスがとれている現段階では北からの大規模な攻撃があるとは考えていないとの意味で、一般的に北の脅威がないと思っているわけではない」と日本側の考え方を説明したが、朴大統領は直接答えず、ただ頷いただけであった。

後宮大使は会談後、「朴大統領が直接私を呼んで日本に警告したことは、最高の形式の警告だとみている。日韓関係は危機とまでは言えないけれど、重視すべき段階にきている。八月二八日には韓国国会外務委員会で日本政府に対して捜査協力が不十分なら厳しい措置をとるよう要求も出ており、楽観できない情勢である」と語った。

外務省幹部は八月三〇日夜、朴大統領の態度表明に対し、「日韓の友好関係維持のための韓国側の基本的な態度を日本側に伝えたもので、多分に朴大統領の精神論的な含みがある」との見解を示した。しかし、この態度表明は日本側には事前に何らの予告もなく突然行われたもので、なおかつ一国の元首が駐在大使を直接呼びつけて自らの意思を表明したことは、「韓国側の決意の重大さを示すもので、極めて異例のことだ。このまま放置するわけにはいかない」と分析していた。

2 高まる反日デモの嵐

日本大使館への波状デモ

八月二一日午前一〇時過ぎ、朝鮮植民地時代の抗日闘士の遺族会である韓国光復会所属の五〇歳代以上の二〇〇余人がソウルの日本大使館に押し掛け、「日本政府は朴大統領に謝罪せよ」「日本は金日成に侵略基地化奉仕をやめよ」「韓国へのゲリラ養成所である朝鮮総連傘下の朝鮮大学を即刻閉鎖せよ」と叫んだ。デモ隊は待機していた機動隊の阻止にあったが、そのうちの二人が隙を突いて大使館へ侵入した。そして持っていた数個の卵を「日本国大使館」と書かれた木の表札にぶつけた後、この表札を引きずり落とした。

当時、後宮大使以下主だった大使館員は館内にいたが、人的被害はなかったため当初は平常通りの執務が続けられていた。しかし日本大使館の周りはその後も二〇〇人の機動隊で厳重な警備が敷かれ、日本人記者も通行が制限される等厳しい監視態勢が取られることになった。大使館も昼前に門を閉ざし、領事業務を完全に中止した。

光復会のデモに刺激を受けて、八月二一日午後〇時二〇分頃、日本大使館近くの私立寿松《スソル》高校生約一〇〇人がデモをかけようとしたが、警備の機動隊にすぐに排除された。

続く午後三時半頃には、西江《ソガン》大学の金仁子《キムインヂャ》教授が車に「日本は共産基地を撤廃せよ」と書かれた横断幕を掲げて大使館に接近しようとしたが、機動隊に阻止された。

多様化する反日デモ

八月二七日午前一〇時からソウルの慶熙《キョンヒ》大学で行われた学生二〇〇〇人が参加したデモは、反日にとどまらず、朴政権の外交姿勢や韓国企業家、政府高官を非難する七項目の決議を採択するに至った。決議の内容は、「政府はこの事件をきっかけに対日外交姿勢を再検討せよ、一部企業家は買弁資本の魔手から手を引き民族資本の形成に努めよ」等であった。狙撃事件以降、激化した反日デモは警備当局の抑制策が功を奏し、九月四日は婦人団体や反共連盟等の約一〇〇〇人が押し掛けた程度に終わった。しかしその一方で、反日運動は多様化の様相を見せ始めたのだ。

韓国西南部にある裡里《イリ》市の飲食店組合は九月三日の臨時理事会で、今後日本人に酒や食物を一切販売しないことを決めた。また南海岸の忠武《チュンム》市にある二つのガソリンスタンドは九月四日、店の壁に「日本車両の給油謝絶」と貼り出した。三千浦《サムチョンポ》市の食堂でも店先に「日本人出入り禁止」の看板を出したほか、大邱《テグ》市のホテルでも屋上に掲げている万国旗の中から日章旗だけを外す等、様々な形で反日を意思表示する動きが見られた。さらに九月三日夜には、ソウル市中心部の南大門《ナムデムン》市場付近で日本語を話していた韓国人が殴られるという騒ぎも起き、バーや飲食店でも日本語を声高に喋る客には他の客から冷たい視線が浴びせられた。

日本大使館襲撃事件

九月六日午前一〇時過ぎ、ソウルのパゴダ公園で反日抗議集会を開いていた反共連盟会員約一千人が日本大使館に押しかけた。そして一〇時五〇分頃、青年行動隊と名乗る約三〇人が大使館構内に乱入した。彼らは建物裏側の非常口から館内に入って五階までかけ上がり、屋上に掲げられた日章旗を引きずり降ろし引き裂いた。行動隊は館内一階領事部のキャビネットにあった一部書類を持ち出して焼き、窓ガラスをプラカード等で割った。

当時大使館内にはビザ申請目的で外部からの訪問者が一階領事部に四〇人ほどいたが、騒ぎが始まってから四階の大使執務室に避難した。領事部員は地下一階に、その他の館員は五階まで、窓ガラスが石でメチャメチャに割られる中を四階、五階へと避難したが、領事部に残った近藤一等書記官は墨汁で白いワイシャツが真っ黒に汚された。大使館の警備を担当する土屋理事官ら三人は、デモ隊に腹を殴られるなどして負傷した。

ソウルの日本大使館に乱入し、「日の丸」を引きずり降ろして気勢を上げるデモ隊（74年９月６日）　出典：「朝日新聞」1974年９月７日

いったん大使館に飛び込んだデモ隊に対しては、警官も追いかけまわすだけで手の施しようがなく、デモ隊は竿で破った窓ガラスから中を小突き回したり、書類を引きちぎったり、抑えようのない暴れっぷりであった。デモ隊は大使館の塀の内と外で時折シュプレヒコールを上げるが、その目には日本に対する強い反感と憎しみがあふれ、長い間うっ積した民族感情の凄まじさを物語っていた。

大使館は首相官邸のある中央庁から五〇〇メートル離れた位置にあり、付近のビルは見物人で鈴なりとなった。民家の二階からは中年の主婦が大声でデモ隊を激励し、騒ぎの勢いに油を注いだ。デモ隊は大使館の施設に攻撃の矛先を向け、「特攻隊」の青年数人が屋上で自らの腹を傷つけ、決意を披露した。国旗掲揚ポールから日の丸を引きずり降ろし、地上に投げ捨て、ぼろ布のように横たわると、デモ隊は一斉に歓声を上げた。しかし日本に対する罵りや悪口は少なく、むしろ奇妙な節度が感じられた大使館襲撃であった。

日本へのボイコット

韓国の反日運動は拡大の様相を見せ、九月一一日から高校では日本語の授業を拒否する動きとなって表れた。日本語授業ボイコットを決めたのは韓国中部にある春川《チュンチョン》高校で、韓国の高校は当時英語、仏語、独語、日本語の四カ国語のうち一つを原則的に選択制としていて、春川高校では四八〇人が日本語を選択していた。しかし反日運動に刺激された生徒たちは九月一〇日午後、集会を開いて受講拒否を決めた。

狙撃事件前、韓国では日本人観光客の急増で日本語熱が高まっていたが、これも一気に冷め、一般サラリーマンや主婦層を対象としたソウル市内の日本語教室は生徒数が激減した。ソウル市鐘路《チョンノ》区にあった日本語塾の場合、狙撃事件後の生徒数は三分の一まで減少した。さらに日本語コースから英語・仏語等ほかのコースへ変更する生徒が続出し、経営者は頭を悩ませた。

また「日本人には売らない、サービスしない」といった不売運動は、当初は韓国南部の裡里市等在留邦人がほとんどいない地方都市で始まったが、その後各都市に波及し、九月一〇日にはソウル市の繁華街武橋洞《ムキョドン》にも出現した。有名なビヤホール「カサノバ」では入り口に「日本人出入禁止」の張り紙を掲げ、これを見ずに入店した四人の日本人客が追い返された。これ以外にも、「日本人に酒食の提供は一切しない」や「日本人の散髪いたしません」、果ては「道を聞かれても教えません」といった張り紙が出される等、反日運動の高まりに現地の日本人は当惑していた。

「日本人出入禁止」の張り紙を出したソウル市内のビヤホール　出典：「朝日新聞」1974年9月12日

後宮駐韓日本大使と金外相の二度にわたる会談により日韓両国は事態収拾に向かって動き出そうとしていたが、韓国内の反日デモは依然沈静化する気配は見せなかった。韓国警備当局に出された九月一二日のデモ申請は、ソウル市内だけで三一団体、八二〇〇人にのぼった。反日デモにはこれまで動きがなかった学生も合流する気配を見せ、一二日午前九時過ぎには、ソウル市内の光化門付近にデモ隊が集まり、木村外相の人形の火刑式を行った。

3　田中親書をめぐる攻防

田中親書の政治問題化

狙撃事件の日本側捜査や朝鮮総連規制が、韓国側の要求するところとは違って遅々として進まなかったことから、韓国政府は業を煮やして日本側に「責任ある対応」を求めるようになった。これは言わば最後通牒であり、最悪の場合大使引き上げや国交断絶までを示唆する強硬策を意味していた。

朴大統領は八月三〇日、「日本が友邦としての信義に欠ける」という表現で対日警告を発し、日本側の誠意として田中首相の名義で親書を大統領宛に送るよう要請した。この前後、日本の外務省が狙撃事件に関して「日本には法的、道義的責任はない」と表明したニュースが韓国内で大々的に報じられ、木村外相の「北朝鮮の脅威はない」との発言も相まって、韓国人の反日感情を刺激した。

当初は狙撃事件を韓国の国内問題として距離を置き、冷静に対処しようとした日本政府だったが、韓国側の強い外交姿勢にイニシアチブを握られた様相となっていく。

韓国の金東祚外相は九月九日午前一〇時半から、ソウル市の外相公邸で前日に帰任した後宮大使と会談した。その場で外相は、行き詰っている日韓関係を打開する方法として、特使を派遣する、朴大統領宛の田中首相の親書を送るの二点を強く日本側に要求した。金外相はその際、韓国内で高まっている反日感情をとりあえず冷却化させることが必要だと指摘し、後宮大使に「私は折衝に職を賭けている。韓国世論を甘くみないよう」と警告した。会談では親書の草案全文を韓国側に見せるという、当初から無理難題を突き付ける波乱含みの展開となった。

会談後に後宮大使が明かしたところによると、田中親書を朴大統領宛にする理由について金外相は、「今回の事件は朴大統領夫人が犠牲となったうえ、韓国の行政上の最高責任者は朴大統領である」との点を強調した。また親書を携行する特使については「特定の人物の名を挙げず、韓国の政府・民間双方に人気のある政治家を希望している」と伝えた。

二時間にわたる会談で焦点となったのが朝鮮総連の扱いで、金外相は「朝鮮総連の非合法化」は日本の実情から無理としても、何かしらの形で朝鮮総連に言及した表現を要求した。また、親書の中で狙撃事件に対する日本の道義的責任が言及されることは確実で、後宮大使は犯行に日本の警察の拳銃や日本旅券が使用されたという事実に遺憾の意を表明するであろうと示唆した。

金外相との会談を終えた後、後宮大使は引き続き金鐘泌首相にも呼ばれ、夜七時半から首相公邸で約一時間協議した。金首相は金外相と同様、韓国側の主張は譲れぬものであると重ねて要求したものとみられた。

特使をめぐる逡巡

韓国側の強い要求にもかかわらず、日本政府の九月九日の時点での親書の骨子は、「狙撃事件の準備が日本を舞台として行われたことは極めて不幸な事態であり、遺憾の意を表する。そして事件の捜査については日本の国内法の範囲内で可能な限りの協力を行う」といったものであった。

外務省の東郷事務次官は九月九日夕方の記者会見で、韓国が日本からの特使派遣を要求していることについて、「謝罪特使として想定しているものではない」としながらも、韓国側の立場を配慮して政府与党の首脳クラスでの「政府特使」の形で派遣することになろうと言及した。

田中首相は九月一一日午後二時から自民党の椎名副総裁、橋本幹事長、木村外相、二階堂官房長官らを首相官邸に招き、首相親書を携行して訪韓する政府特使の人選を協議した。首相は一二日に迫った第一次外遊の出発までにこの問題決着の目途をつけたい意向で、椎名副総裁に政府特使を引き受けてもらいたいと正式に要請した。田中首相は椎名が日韓基本条約締結時の外相で韓国に名が知られており、適任だと判断したのだった。

これに対し椎名は、一応態度を保留した。自分が訪韓することによって日韓の関係改善の糸口がつかめるなら良しとするが、その保障がないのなら両国にとって将来的にかえってよくないと考慮したからだった。

椎名は一九七二年の日中国交回復時の際、台湾との国交断行を伝える特使として派遣された時と同様の損な役回りであると危惧した。さらに韓国側としては、一九七三年の金大中拉致事件後訪日した金鐘泌首相が日本側から「謝罪使節」扱いされ、「東洋的な礼をもって遇されなかった」という恨み節も背景にあった。今回の椎名特使派遣は、その意趣返しとして韓国側が椎名を扱うことも予想され、椎名の特使承諾を躊躇させた。

た。

決裂寸前の交渉劇

日本政府は田中親書の内容について、九月一一日夜から一二日朝にかけて徹夜で対韓折衝を行った。

日本政府は田中親書を「日韓両国関係を解きほぐす重要な手立てとする」立場から、外務省首脳をして「最大限の譲歩」を示した。具体的には、「韓国政権に反対する団体の破壊活動、テロ行為については厳しく処断する決意」という一文を親書に明記する考えを韓国側に伝えた。しかし韓国政府は、「朝鮮総連」に具体的に触れるよう求めたため、意見の一致をみるには至らなかった。

後宮大使は九月一一日午後九時半、金外相と二回にわたって会談した。一回目の会談で大使は九月一一日夕に作成した親書の最終案を示して、韓国側の意向を打診した。親書の内容は、朴大統領夫人の死に対する哀悼の意の表明、狙撃事件の背後関係についての捜査協力の徹底、日本国内で謀議されるテロ行為等の規制、事件の再発防止からなっていた。焦点の朝鮮総連問題については、韓国側が要求した「朝鮮総連」を明記することはせず、漠然とテロ行為、破壊活動防止に取り組む姿勢を示したものであった。金外相は後宮大使の説明を聞き終えると「上司に相談する」とだけ語り、最初の会談は午後一〇時二〇分に終わった。

金外相はこの後、朴大統領と金鐘泌首相と協議を行い、午後一一時過ぎ金外相は後宮大使に再び会談したい意向を打診した。二回目の会談は午後一一時四〇分から約二〇分間、外相公邸で行われたが、金外相は「朴大統領、金鐘泌首相に諮った結果、親書の内容全てについて了承することにはならなかった。日本政府は田中首相の外遊直前なので、これ以上の修正は難しいとしているが、ともかく不満な点を伝えたい」と切り出した。後宮大使はそれに対し、「これは日本側がぎりぎりの線まで譲歩した最終案である」と述べ、「韓国側がこれを拒否した場合は、これに代わるものは提案できない。したがって椎名特使の派遣すらも立ち消えになり、これまでの折衝の積み重ねは全てゼロに戻ってしまう」と強調した。しかし韓国側はこの最終案の内容に対しても不満として、朝鮮総連対策等について字句修正を求めた。

後宮大使は日付が変わった九月一二日午前零時過ぎ、韓国側の修正要求を日本政府に報告した。外務省からは一二日早朝になって、「修正には応じにくい。韓国側に再考を求めよ」との訓令が届いた。

明けて九月一二日午前七時半、後宮大使は本国からの訓令に基づいて改めて金外相に会談を求め、約三〇分間にわたり三回目の折衝を行った。大使は冒頭、「日本側はもう譲れない。韓国側の再考を求む」と切り出したが、金外相は「韓国側の字句修正要求は最高首脳が決定したもので、再考できるようなものではない。日本側の歩み寄りを期待している」と話し合いは平行線のままに終わった。

韓国側は、朴大統領が朝鮮総連等を「反韓的な犯罪集団」というように表現し、これら団体の破壊活動の取締りを要求していた。これに対し日本側は、「朝鮮総連」という明記は避けてはいるが、文脈的にいうと親書の中身は一般的な破壊活動や犯罪行為を対象としたのではなく、「韓国の国益に反する特定の団体」を指すことは明白であった。

後宮大使は椎名副総裁が特使として訪韓する場合の条件として、「友好的な空気が生まれなければ訪韓しても意味がない」と述べた言葉を引用して、反日デモの取締りを要請した。これに対し金外相は、「韓国内の反日感情を早期に解消し、韓日関係を改善するためにも椎名特使の来韓実現が望まれる」と答えた。

椎名副総裁、特使派遣を受託

日本政府、自民党首脳は九月一一日午後一一時過ぎから一時間余りにわたり、首相官邸で韓国への特使派遣について協議した。協議の席上、田中首相は椎名副総裁に対し、正式に特使として訪韓してほしい旨を強く要請した。これに対し椎名は懸念を示したが、田中首相が九月一二日から外遊に出発するとともに、椎名自身も両国関係悪化を憂慮していることから受託に踏み切った。

椎名は受託に際し、首相親書における狙撃事件の責任問題、朝鮮総連への規制についての日韓双方の合意の必要性を改めて強調した。その後の記者会見でも、「条件が整わなければ、訪韓中止もありうる。完全に態勢が整うのを見極めてから訪韓する」と自身の立場を述べた。そして政府も、友好関係の回復への確かな目途がつくことが派遣の前提であると明らかにした。

この点について木村外相は、「隔たりは互いになくすよう努力する」と語り、外交ルートを通じた折衝の過程で親書の手直しもあることを示唆した。しかし懸案となっている「朝鮮総連の規制」については「内政干渉、日本の主権行為に立ち入るもの」との声が強く、親書の骨子についての大幅な修正はないとされた。結論的に政府としては、椎名特使が訪韓した際に予定される朴大統領との会談の席で、日本政府の真意を親書の補足として説明することで、韓国側の了解を取り付けたい意向であった。

こうした日本政府の対応に韓国側は、椎名特使の訪韓決定については「一歩前進」と評価しながら、朝鮮総連規制については「従来通り主張を変えない」と強硬な姿勢であった。

交渉の落としどころ

外務省内には、「譲れるものと譲れないものについては、すでに韓国側に十分伝えてある」として、大幅譲歩による政治決着に反発する雰囲気がみなぎっていた。野党側は政府の措置を軟弱外交と批判しており、田中内閣は狙撃事件によって内憂外患の事態に追い込まれた。

日本政局では野党が九月一一日、田中内閣に対して「韓国の要求を鵜呑みにするのか」「日韓癒着の際たるものだ」「屈辱外交」と口々に非難した。

日本政府としては反日デモの激化、とりわけ日本大使館乱入事件を受けて、田中親書を局面打開の切り札にしようとの意図を働かせて韓国側との交渉を行ったが、韓国はそれを逆手にとって、「朝鮮総連の規制を盛り込め」や「狙撃事件の日本の責任を明記せよ」と要求をエスカレートさせてきた。こうした韓国側の主張に対して外務省は、「事前の意見調整といっても、親書の根幹は変えるつもりはない」と釈明したが、韓国は「それなら交渉や意見調整そのものが無意味」として、さらに態度を硬化させる悪循環となった。こうした一連の外交折衝は明らかに国際的な外交の通念からはみ出したものであり、二国間のタブーとされた問題だけに、今後の火種になりうるリスクを孕んでいた。

大詰めに入った交渉

後宮大使は九月一四日午後〇時半から約四五分間、金鐘泌首相と首相公邸で金東祚外相が同席する中会談した。金首相との折衝は九月九日以来二回目で、今回は韓国側から事態打開の目的で首相自らの対応となった。

金首相は席上、「日韓関係を破局に持ち込みたくない」と強調し、「例えば韓国が親書原案に朝鮮総連の弾圧を盛り込むという修正要求を取り下げた場合、日本側は朝鮮総連等の反韓国的団体の破壊活動を取り締まるという約束を別の方法で示すことができるか」と日本側に譲歩を求めた。後宮大使は折衝の相手が外相から首相に格上げされたことを重視し、「外交は最終的には歩み寄るものだ。これからは条件闘争である」と語った。

この席で金首相は終始笑みを絶やさず、日韓関係の重要さを説き、破局回避の方向へ持っていこうと力説した。この時金外相が「しかし、親書の内容は……」と口をはさむと、金首相は「まだそんなことを言っているのか」と一喝し、後宮大使の労をねぎらった。

後宮大使は翌九月一五日午後二時一〇分から二〇分間、首相公邸で金東祚外相と会談し、「これまで日韓間で意見が分かれていた親書の対象事項について、日本政府の態度を修正したい」と提案した。提案の内容は、朝鮮総連の規制問題等で親書が韓国側の意を満たさない場合、椎名特使が口頭でさらに踏み込んだ説明をするというもので、韓国側は大筋でこれに了承した。

日本側はこれまで親書の内容は変更しないという方針を貫いていたが、この提案により実質的に韓国側に一部譲歩する結果となった。これで一時は金永善駐日大使の召喚まで検討されるほど悪化した日韓関係は、交渉以来一週間ぶりに解決の兆しが見えるようになった。

朝鮮総連規制については、両国の意見の食い違いはこの時点においても解消されなかったが、椎名特使が朴大統領ら韓国首脳と会談する際に首相親書の「補足説明」として「口頭」で「朝鮮総連規制についてある程度約束する」とした日本側の考えを述べることになった。そしてその具体的な内容については、親書の主旨に沿って椎名の「政治的判断」に委ねられるとされた。

特使の口頭説明で親書をめぐる両国間の折衝は合意したかのようにみえたが、九月一五日夜のソウル放送では、親書の核心である朝鮮総連規制と狙撃事件の日本側の責任について、親書とは別の外交文書を残すことで合意したと報じた。ソウル放送によると、これは日本側の提案であると伝えられていた。

補足説明という新たな難題

田中親書を携行する椎名特使の訪韓をめぐる折衝は九月一六日もソウルで進められ、親書の「補足説明」についても日韓両国間で原則的な合意が成立した。

折衝の結果、椎名特使は説明の中で、

・日本として、「朝鮮総連に対して韓国側が特別な感情を持ち、特殊な関係にあることを理解する」との考え方を明らかにする

・「日本を舞台にした北朝鮮工作員の活動等には日本政府も迷惑している」ことを伝える

・朝鮮総連の構成員が日本の国内法に触れる犯罪を犯した際には、法の厳正な執行によってこれを

取り締まるとの考えを強調するといった妥協案が両国で合意したと述べた。

また「補足説明」を文章化する問題では、日本側は、文章化することで将来その解釈をめぐって新たな紛争のタネにもなりかねず好ましいことではない、との判断から強く反対した。結局この点については、「外交文書とはしないが、韓国側がメモを取るのは自由」との線で了解が得られたと日本側は理解した。後宮大使も折衝後の記者会見で、「韓国のマスコミは『後宮・金外相メモ』のようなもので合意事項を文章化すると報じているようだが、そういうものはない」と否定した。

それにもかかわらず、九月一六日午後には韓国の一高官が、「朝鮮総連規制」と「日本政府の陳謝」は別途外交文書で作成することが両国間で合意され、この合意事項は九月一七日午前中にソウルと東京で同時発表されると述べ、「補足説明」の文章化にこだわり続けた。

最終合意の成立

九月一八日午前一一時四五分、後宮大使は中央政庁に金鐘泌首相を訪ね、特使の発言内容について日本側の最終案を示し、韓国側の同意を求めた。金首相は即答を避け、「なお内部で意見調整する」と述べ、朴大統領の指示を仰いだとみられた。

午後一時半、韓国外務省の盧信永《ノシニョン》次官が電話で、「おめでとう」と日本案での受け入れを大使に伝えた。この後、金東祚外相が大使を招き、椎名特使の訪韓についての発表とスケジュールについて大筋で話し合った。

午後四時、韓国政府は田中親書を携行する椎名特使の受け入れを正式に決定し、外交ルートを通じて日本政府に通知した。これを受けて日本政府は夕方、持ち回り閣議で椎名自民党副総裁を韓国への特派大使に任命した。

木村外相は閣議後の夕方、外務省で記者会見し、「椎名訪韓が将来長きにわたる日韓関係を折り目正しく発展させるきっかけとなることを期待している」との政府声明を発表した。木村外相は親書そのものについて、「田中首相の親書は、首相がさる九月一二日の外遊出発前に署名した時からその後も変更はない。親書の内容や椎名特使の口頭説明については先方と交渉する筋合いのものではないが、その背景を為す考え方については話し合いが必要だった」とした。

そして最大の焦点であった朝鮮総連の規制問題については、「国内法で犯罪行為として成立するものは、他国政府の転覆が目的であっても、それ以外の目的があっても取り締まるのは当然だ」と説明した。これは日本政府が従来からの「朝鮮総連規制は国内法では無理」との立場から、韓国側にかなり譲歩した内容であった。また破防法の適用の可能性については、「破防法の目的は国内での破壊活動工作を未然に防止することにあり、団体規制はできない。しかし個人の犯罪行為は狙撃事件の関係いかんを問わず、常に国内法の処罰対象となる。したがって犯罪行為として成立するものは、他国政府の転覆であれ何であれ国内法の範囲に含むわけである」とした。

田中親書に「朝鮮総連規制」そのものが盛り込まれているとすれば、極めてあいまいな表現とはいえ、韓国側は日本政府が「反韓国的犯罪」、すなわち朝鮮総連あるいは反朴政権運動の取締りを約束したと解釈することになりかねない。韓国側は田中親書をタテに日本政府に対し「親書の約束実行」を迫る事態も予想され、首相親書をめぐる問題は波乱含みの展開となった。

一方椎名としては、韓国側が位置づけている「謝罪特使」としてではなく、一九七三年以来解決の目途が立っていない金大中拉致事件まで含めて、大所高所から意見を交換し、両国関係正常化の道しるべをつける狙いがあった。

椎名特使の訪韓

日本政府特使として金浦空港に到着した椎名自民党副総裁は九月一九日午後〇時一〇分、国立墓地に到着した。椎名特使は、墓地の一番奥の中腹にある故陸英修女史の墓にむけて一歩一歩階段を上り、墓所の前で菊の花を供えて焼香し、深々と頭を下げた。その後車で墓地の中央にある顕忠碑（無名戦士の墓）を訪れ、花を捧げた。

その後の午後三時、椎名特使は青瓦台に朴大統領を訪問し、約一時間半会談した。席上まず田中首相の親書を手渡し、親書を補足する形でメモによる口頭説明を行った。

親書と補足説明の骨子は、次のとおりであった。

①狙撃事件で陸英修夫人が死去したことに対する弔意
②日本政府は狙撃事件にそれなりの道義的責任を感じ、遺憾の意を表す
③事件の捜査協力に最善を尽くす
④同種事件の再発防止に万全を期す
⑤韓国政府の転覆を図るテロ行為等の犯罪が起こらないよう厳重に取り締まる

大統領官邸で朴大統領に謝罪する椎名特使（74年9月19日）　出典：「朝日新聞」1974年9月20日

⑥両国は今後堅固な基礎の上に日韓関係を築くよう努力すべきであり、韓国政府もその意をくみ取って協力してほしい

口頭説明には親書から一歩踏み込んで、「朝鮮総連に対して韓国側が特別な感情を持っていることに理解を示すとともに、日本を対韓工作基地化している北朝鮮工作員の活動に日本政府も迷惑している」との趣旨が盛り込まれていた。椎名特使は口頭でさらに追加説明を行い、「朝鮮総連は破壊活動防止法の調査団体になっており、そうした面から調査を厳重にする考えである」と明らかにした。そして椎名特使は、「口頭説明は田中首相親書と一体のものである」と前置きしながら、特に五項目を敷衍して、「韓国政府の転覆を謀る犯罪行為、テロ活動は厳正に取り締まる。これは朝鮮総連のような団体の構成員によると否とを問わない」と述べた。

これに対し朴大統領は、「両国の友好関係はアジアの平和と自由陣営全体の安全保障に至大な影響を及ぼす。両国間の異常な危機が回避されたのは評価でき、友好関係が阻害されることがないよう一層努めなければならない」と椎名特使や後宮大使らの労をねぎらった。しかしその一方で、「反韓国活動が日本で行われていることに韓国は強い危機感を持っており、日本もこうした点を真剣に考えてくれないと困る」と日本側の対応に釘を刺した。さらに朴大統領は、「日本は緊張緩和と言うが、韓国は緊張緩和を警戒すべき立場にある」として、「北朝鮮の脅威」を強調した。

会談の終わりに椎名特使は、一〇年前の日韓国交正常化のため外相として訪韓した当時の思い出話を交えながら、「日本は戦後国際的地位も上がり、世界情勢も米中接近等の緊張緩和が続く中で、平和な状態が続くという認識を持っていた。そうした雰囲気の中で、日韓の問題については日本がおろそかにしたため今度の事件が起こったわけで、日本政府として至らない点があったと思う」と反省の言葉を述べた。

朴大統領は時折日本語で椎名特使に語りかけ、会談後は椎名を大統領官邸の玄関まで見送った。椎名特使は会談後に日本人記者団と会見し、「日韓関係の原点に返って、両国の協議を一層緊密にしなければならないとの感じを強くした」と述べた。

波乱含みの椎名メモ

椎名特使の口頭説明はあらかじめ用意されたメモに基づいて行われたが、このメモは会談後に後宮大使から金東祚外相に手渡された。日本政府はこれまで「韓国側が記録をとることはある」との態度であったが、メモを渡すという外交常識を無視した変化は韓国側への譲歩であった。日本の外務省関係者はメモの性格について、「会談内容に双方で誤解が生じないようにするためのもので、署名や年月日は記入しておらず、合意書や口上書、覚書等ではない」としながらも、後宮大使のイニシャルが添えられていたことから「外交文書と言えば言える」と玉虫色の説明をした。

このメモは椎名特使が出発前に外務省で事前に作成したもので、親書と異なるのは、第五項がメモでは「韓国政府転覆活動の取締り」となっているのに対し、親書では「韓国政府が関心を持っている問題」と日本側の表現をオブラートに包んだようになっていた。外務省筋は九月一九日夜、「外交上の慣例に従った表現である」と見解を述べたが、日本側と韓国側で表現の解釈をめぐっての相違が今後生じかねず、朝鮮総連規制は韓国側の「受け取り方次第」という状況となった。ソウルの新聞に至っては、「朝鮮総連規制は口頭説明のメモ化で合意」と報じる始末であった。

椎名特使は朴大統領との会談後、中央政庁に金鐘泌首相を表敬訪問し、約一時間会談した。この会談は朴大統領との会談と違って終始和やかな雰囲気で行われ、思い出話や雑談を交えながら友好的に行われた。椎名特使は、「朝鮮総連の人たちは上部の指令で動く傾向が強い。これは場合によっては、危険な面がある」と韓国側にリップサービスする配慮を見せた。これに対し金首相は、「我々はあくまで自由主義、民主主義を守る立場から朝鮮民族の統一を目指しており、全体主義的な方向は全く考えていない」と韓国政府の立場を強調した。

日本政府は特使派遣によって、「大使召還や国交断絶等といった最大の危機は脱した」として一応の評価を下した。しかし外務省首脳も認めていたように、椎名訪韓による日韓関係は、「八月一五日の狙撃事件以前に近い状態」に戻ったに過ぎなかった。日韓関係は依然、金大中拉致事件以来の「こじれた関係」にあることには変わりなかった。加えて、日韓間の折衝の過程で韓国側の度重なる要求に歩み寄った結果、田中親書や特使の補足説明に盛り込まれた約束の履行という新たな難題を韓国に対して負うことになった。

切り札を温存した韓国

「田中親書」「椎名メモ」で韓国と合意した内容は「法的地位協定」「出入国管理特別法」の場合と同じく、「日本国憲法」に規定されている罪刑法定主義を逸脱した不法不当なものであった。言ってみれば「転覆を意図する」という言葉で、犯罪容疑を無限定に拡大できるわけで、仮に日本でそのような国内法を制定したとすれば、与党議員を含む全ての政治家、政党人、言論人その他を「日本政府の転覆を意図する」「犯罪」容疑者として逮捕できることになり、政治活動は成り立たなくなる。また「法的地位協定」「出入国管理特別法」の政治弾圧条項は、適用対象を「韓国籍、協定永住権」者に限定していたが、「田中親書」「椎名メモ」はその範囲を日本に在留する全朝鮮人、あるいは見方によっては日本人にまでも拡大することになった。つまり政治弾圧条項に一般性をもたせて適用しやすくしたところに、この文書の特徴があった。

もちろん、この「田中親書」「椎名メモ」による政治弾圧も、日本の現行国内法上は実行不可能であり、日本政府の対朝鮮半島政策から脱線するものであった。しかし、この文書伝達以降、韓国政府は事あるごとにその実行を日本政府に要求できるという有利な立場を得る一方、日本政府は約束しながら実行できないという負い目を韓国に持つことになった。

韓国が日本から「朝鮮総連規制」の言質を得たことは、後々まで韓国側の〝カード〟として温存され、その都度切られることになる。一九八〇年代、全斗煥《チョンドゥファン》政権になってからも「北朝鮮の工作による対韓破壊活動基地日本」とのキャンペーンが執拗に繰り広げられ、「反韓団体」の規制が日本政府に要請された。一九八〇年一二月、韓国外務次官が須之部駐韓大使に対して、朝鮮総連や在日韓国民主化勢力への規制等六項目の要求を書面で手渡したことはその一例である。

金鐘泌首相は九月二〇日夜、テレビ・ラジオを通じて全国向けに演説し、「椎名特使は日本政府の深い陳謝の意を表明するとともに、日本政府が韓国に対するいかなる挑発も処断する旨、誠意をもって約束した。この取締りの対象として朝鮮総連を名指しした」と語った。また金首相は、九月二四日の国会で狙撃事件をめぐる日韓折衝の経過を報告、「我が方が強硬姿勢を貫いたため、対日要求は入れられた」と述べ、折衝は韓国政府が満足する形で終わったことを強調した。これは韓国民の高まる反日感情が「対日屈辱外交反対」という政府非難に転化することを恐れての経過説明であった。

安堵する日米韓の三国

訪米中の田中首相は九月二一日午後五時半、ホワイトハウスでフォード大統領と会談した。田中首相は会談で日韓問題について、「米国政府が示してくれた理解を評価している」と述べ、対してフォード大統領は「最近こじれている日韓両国の難しい問題が解決したことは、米国としても非常にうれしいことだと思う」と語った。

アメリカが狙撃事件をめぐって、日韓の合意にここまで言及したのには理由があった。一九七四年秋、国連総会において北朝鮮は、韓国のみの国連加盟はもちろん南北同時加盟も分断固定につながるとして反対していた。さらに北朝鮮は統一をめざした南北対話の進展のため、国連軍の名の下に韓国に駐留している米軍の撤退を世界各国に訴えていた。この北朝鮮の国連対策は、米ソの平和共存路線の中でかなりの支持を集めていた。

そのうえ、北朝鮮は第三世界への働きかけに際して、韓国の抑圧ぶりを機会をとらえては巧みにアピールしていた。ブカレストの世界人口会議でも北朝鮮代表は、「南では不正と腐敗で生まれた社会悪が慢性化し、失業者を増やしている。我々はそれを救うため、南の余剰労働力で北の地下資源を共同で開発すること等を提案したが、拒否された。それなのに南は国民を不案内な海外へ移住させ、観光客の性的満足のため二〇万人以上の女性を動員して、外貨を稼いでいる」（七四年八月二一日の共同電）等と演説した。

韓国の国際的なイメージが落ちると、「応援団」の米国や日本は多数派工作に支障をきたすことになる。そのためにも狙撃事件をめぐって、日本に強硬な対応を取り続ける韓国の姿勢を米国は修正させる必要があった。

一方、韓国政府はソウルの消息筋の話として、「日米会談で『日韓の問題解決は喜ばしい』と合意したことは、椎名特使訪韓後も微妙に残るしこりまでも解決しようという積極的な意味を含んでおり、国連の朝鮮問題討議、経済事情の悪化等に直面して日本との協力関係を必要としている韓国政府としてはこれを歓迎しよう」と話した。

日韓の交渉妥結の背景には、アメリカの動きが見え隠れした。当時、スナイダー米大使は本国に帰っていたが、エリクソン代理大使が精力的に動き回っていた。椎名特使帰国の九月二〇日、韓国の三九団体からなる全国民協は反日運動の「中断」を声明。そして、フォード米大統領が一一月二二日に訪韓することが発表された。全てはアメリカの意図のまま動いているようであり、日韓はアメリカという巨大な影に覆われていることが改めて示された。

椎名訪韓をめぐっては、奇妙な邂逅が見られた。特使として派遣された椎名は、一九六五年の日韓国交正常化当時の日本外相で、金浦空港まで出迎えた後宮大使は当時の外務省アジア局長、そして金東祚外相は日韓会談の韓国側首席全権であった。そして後宮・金東祚のコンビは、箱根に閉じこもって日韓基本条約の案文を作った立役者だった。日韓正常化の主役三人が奇しくも狙撃事件で再会し、事件の後始末を行ったのであった。

椎名訪韓で一応のケリをつけた日韓両政権は一九七四年一〇月二一日、ソウルで遅れていた第一一回日韓貿易会議を開き、続いて四日後の二五日にはソウルで総額三一三億二〇〇〇万円にのぼる日本の対韓借款供与の書簡交換を行った。狙撃事件以降途絶えていた日韓の経済的結びつきは、これで再び強化されることになった。

第6章 異例ずくめの裁判

1 第一審

初公判実施の決定

狙撃犯文世光に対するソウル刑事地裁の初公判は一九七四年一〇月七日から行われることになったが、担当は地裁合議第八部の権宗根《クォンヂョングン》部長判事が裁判長を務め、他に裁判官として李恭炫《イコンヒョン》と金義烈《キムウィヨル》が任に就くことになった。引き受け手がなかった文の弁護士は、国選弁護人の宋明寛《ソンミョングァン》、車英祚《チャヨンヂャ》が指名された。うち一人は、健康上の理由で最後まで固辞し続けたと伝えられ、文にとっては孤立無援の裁判となった。

公判が行われるソウル地裁大法廷での傍聴は内外報道陣や関係官庁の担当者等二〇〇人に限られ、ソウル駐在の日本人特派員と東京に駐在している欧米の特派員各一〇人が取材を許可された。反日デモが連日押し掛けた日本大使館からは、警察庁出向の手島一等書記官と韓国人通訳官一人の傍聴が許された。治安当局は「日本赤軍が文の奪還を企てている」との情報もあるとして、当日は周辺の通行規制を行うことになった。

初公判に向けた日韓の駆け引き

一〇月五日付の東亜日報は、文世光の取調べに当たった捜査当局の幹部とのインタビュー記事を掲載し、この中で幹部は次のような内容を述べた。

・文が平壌《ピョンヤン》を訪れた形跡はない。日本の警察の追跡調査でも、その点のアリバイは成立しているらしい。しかし東京都内の赤不動病院への入院と万景峰号への乗船の事実は、朝鮮総連と北朝鮮による背後操縦の決定的な証拠になっている。

・文の自供によると、犯行当日の八月一五日、文はタクシー運転手一人だけを使って光復節式場の国立中央劇場に着いている。信じがたいことだが、国内に共犯者がいるかどうかはまだ割り出せずにいる。

・射撃をどこで習ったかについて、文は「朝鮮総連生野西支部の全英男政治部長から口述で教えてもらったが、実弾射撃をしたことはない」と言い張っている。この供述の真偽は分からない。文が日本の警察の目をかすめて、山中に隠れて射撃訓練をする等は不可能だ。訓練をしたとすればそれは、朝鮮総連が設立した東京の朝鮮大学校内の射撃場しかないだろう。こうしたことは、日本の警察も認めている。

・文は「持っていた実弾のうち、最後の一発は自殺用だった」と話しているが、一方では拘置されている他の容疑者に「ソウルにまだ暴動は起きていないか」と繰り返して聞く等、今でもまるで自分が革命に火をつけた英雄のように思い込み、現政権が崩壊して自分が救われると信じているようだ。赤軍派による救出作戦があって、自分が脱出できると妄想しているかのように見える。

しかし、救出作戦がどんなものかについては、口を閉ざしたままだ。この点については、日本当局の方から、文を奪還する恐れのある日本赤軍派分子である一二人の名簿を韓国側に通報してきた。日本側の通報によって、赤軍派の国内潜入を事前に封じ込むための警備態勢を強化し、各港湾、空港、国内にある外国公館等に対し特別な警戒をしている。

・文は「大統領めがけて撃ったが、次の瞬間、大統領の姿が見えなくなり、舞台横に座っている要人にぶっ放した」とも自供している。特に陸英修女史だけを狙ったのかどうかは、はっきりしない。

・香港旅行について様々な憶測がなされているが、朝鮮総連があるのに、拳銃一丁のためわざわざ香港まで調達しに行く必要がどこにあるのだろう。これは香港の秘密組織や朝鮮総連の秘密工作を隠ぺいするためのものだ。

・文はこれから共産主義者なりの法廷闘争をすると予想される。だが韓国民は彼の長口舌を正しく判断すると期待しているし、その通りになると信じている。

この東亜日報一〇月五日付の報道について、日本の警察庁は全面的に否定した。「日本赤軍による文世光奪還の動き」の部分について警察庁の山本警備局長は、「一二人のリストというのは重信房子をはじめこれまで海外で事件を起こし、名前の出ているグループのことを指しているのではなかろうか。彼らについてはＩＣＰＯに通報済みである。それ以外特に日本側から韓国当局にリストを流したようなことはない」と話した。また「射撃訓練を朝鮮大学校内でやった」という部分についても、「そもそも朝鮮大学には射撃場がないし、そのような訓練はあり得ないことで、捜査上もそのような事実は全く出ていない」と否定した。

初公判の開始

一〇月七日午前一〇時一〇分、文世光は雨雲が低く垂れこめる空模様のソウル市西大門のソウル拘置所から黒塗りの警察用マイクロバスに乗せられ、白バイの先導で一〇時一五分に裁判所の裏門から大法廷に到着した。不測の事態を恐れた当局側は、拘置所出発の時刻や約二キロのコースは事前に公表しなかったが、拘置所周辺には午前八時過ぎから文を一目見ようとする群衆が集まっていた。拘置所から裁判所に続く道路沿いにはバリケードが築かれ、家々のガラス窓は開け放しが禁じられた。通りには拳銃を忍ばせた武装警官がずらりと並んでおり、法廷周辺には約八〇〇人の警官と二〇〇人の教導官、そして中央情報部や軍までもが動員されるという厳しい警備で正門の他は全部閉鎖された。

入廷する記者と傍聴人は構内三カ所で検問を受け、所持品を全て検査される等、徹底的な身体検査を受けた。この日は万一の事態に備えて、救急車と消防車も法廷のそばに待機していた。

文世光は未決囚番号である「四四二八」番のマークの入った青いシャツとズボンの囚人服を着て入廷したが、五〇日余の拘置生活で幾分やつれた感じであった。両腕には革製の手錠をかけられ、腰回りには幅六センチ、厚さ五ミリほどの特殊な革製のベルトが巻かれていた。また眼鏡もプラスチック製に変えられ、これらは自殺防止のためと思われた。

文は制服、私服の屈強な警官一〇人ほどがピッタリと寄り添う中、顔を伏せて入場したが、待ち受けた報道陣のフラッシュを浴びて一瞬あわてた様子であった。しかし直ぐに姿勢を正し、正面を向いて着席した。狙撃事件の際、拳銃暴発により自身の右太腿を負傷したと発表されていたが、歩行に不自由な感じは見られなかった。

公判は予定より約三〇分遅れの午前一一時半過ぎから開始され、権宗根裁判長の開廷宣言の後、入廷尋問が行われた。通訳一人が付くことを許され、母国語の不自由な文に日本語で知らせた。文は本籍、住所、年齢、姓名等の簡単な会話は韓国語でハキハキと大きな声で答えた。

「日本名は」との質問に対し、文は「ずっと文世光という名を使っていた。しかし時には南條、湯浅、川上等の名前を使ったことがある」と答えた。続いて起訴状朗読に移り、その段階で文は手錠を外された。朗読はまず韓国語で行われた後、韓国人通訳が日本語で改めて読み上げた。

文世光に対する起訴状の要旨は次の通り。

罪名　内乱目的の殺人罪、同未遂罪、国家保安法違反、反共法違反、特殊窃盗罪、出入国管理法違反、銃砲火薬類取締法違反

適用法条　刑法第八八条、同第三三一条、国家保安法第三条二号、同第五条二項、反共法第五条一項、同第六条四項、出入国管理法第六六条一号、同第六条、銃砲火薬類取締法第三五条、同第一〇条一項、同第三六条、同第一二条、国家保安法第一二条、刑法第三七条、同第三八条、同第四〇条

起訴事実　被告文世光は高等学校在学時から『共産党宣言』、『金日成選集』、『毛沢東語録』等、各種の共産主義書籍を耽読するとともに、金日成、毛沢東の写真を室内に飾り、尊敬しながら共産主義思想を信じ、日本の資本主義社会構造、在日韓国人社会に対する矛盾の解決は、日本と韓国を共産主義化することだけであると妄想、共産主義者であることを隠すため、民団系の在日韓国青年同盟等の団体に加入し、実際には日本国内の各種左翼学生運動に積極参加した。

被告は一九七三年九月初旬、金大中救出対策委員会大阪府委員会に加入した後、同年九月中旬大阪駐在の韓国総領事館を占拠、同職員を人質にし、金大中と交換することを計画する等、いわゆる人民民主主義革命路線に基づく対南赤化統一を希望する共産主義者である。

①一九七二年九月初旬、北朝鮮共産主義集団の在日対南工作指導員として朝鮮総連大阪府生野西支部政治部長である全英男と触接し、以来毎月一、二回ずつ全と接触、会合しながら全が提供する各種の宣伝刊行物を中心に北朝鮮の社会制度、人民民主主義革命路線、金日成の主体思想に関する学習と教養を受けた。

②一九七三年九月中旬頃、被告の家で全と会合、全から「韓国の共産化ための民衆蜂起の起爆剤として朴大統領を暗殺せよ」との指令を受け、被告はこれによって韓国内に潜在する地下の共産勢力を母体とし反政府勢力と連合戦線を形成、現政府を転覆し得ると信じ、全英男と朴大統領殺害を共謀した。

③一九七三年一〇月下旬、被告の家で全と会合、暗殺の具体的方法を論議した末、狙撃場所は朴大統領が臨席する三・一節記念式場とし、武器は拳銃を使い、その購入は被告が責任を取り、全は

その資金を支援すると約束した。

④その後、大阪市天王寺駅付近にあるホテル地下の喫茶店で、被告と高校時代から親しく、思想を同じくする日本人尾崎令子と会い、自分の決意を話し、暗殺に使用する拳銃を購入するため夫婦を偽って香港に同行してくれるよう要請、尾崎はこの暗殺計画の支援を借しまないと約束した。被告は同年一一月五日頃尾崎令子から夫の尾崎稔名義の旅券申請に必要な書類等を受け取り、同月一一日頃に全英男から拳銃購入の代金、旅券費用等の名目で五〇万円を受け取った。

⑤一九七三年一一月一九日から同年一一月二二日まで拳銃購入、空港出入の際の武器搬入の可否、海外旅行の体験等のため尾崎令子と一緒に香港を旅行したが、拳銃の購入には失敗し、帰国したあと同年一一月下旬に被告の家で全英男と再び会合、全から朴大統領暗殺計画遂行のために引き続き努力せよとの指令を受けた。

⑥一九七四年正月、被告の家で全から朝鮮総連中央本部議長韓徳銖の「革命のために一層努力してくれるように」との言葉と、正月の贈り物として人参酒と果実酒各一瓶を受け取った。

⑦一九七四年二月初旬、被告の家で全から「朴大統領の暗殺は八・一五記念行事の際に実行するとし、今後この計画にだけ没頭できるよう他の組織活動から手を引くとともに、仮入院して金日成主体思想をより徹底的に学べ」との指令を受け、同年二月一二日から同年三月一一日まで川上勇治の仮名で、東京都内の赤不動病院に入院し、その間の生活費等の名目で金二九万円を受け取った。

⑧一九七四年五月四日、全が差し向けた案内人に従って、当時大阪港中央突堤に停泊中の北朝鮮工

作船「万景峰号《マンギョンボン》」に乗船、同船内の食堂で北朝鮮の工作指導員（姓名不詳）と会合、指令を受けた。
⑨同年六月下旬、尾崎稔の自宅付近の喫茶店で尾崎夫婦と会い、尾崎稔に協力を要請、尾崎稔は同意した。
⑩一九七四年七月一八日午前四時三〇分頃、大阪府警南署高津派出所内に侵入し、宿直室にあった同警察所有のスミス・アンド・ウェッソン三八口径一丁、同実弾五発とニューナンブ三八口径一丁、同実弾五発および同拳銃のケース等を盗んだ。
⑪同年七月二五日、被告の自宅前路上で全から犯行のための資金として八〇万円を受け取った。
⑫同年七月二七日午後八時頃、被告の家で全と会合、全から「拳銃の射撃については静かな水面に月の光が照るよう、また霜の降りるような気分で引き金を引くことが重要である」「狙撃目標にはできるだけ一メートル以内に接近して射撃せよ」等の指令を受けた。
⑬一九七四年八月六日、盗んだ拳銃一丁のうち、スミス・アンド・ウェッソンと同実弾五発をラジオの中に隠し、大韓航空便で韓国に潜入した。
⑭ソウル市中区小公洞《ソコンドン》所在朝鮮ホテル一〇三〇号室に尾崎稔名義で投宿、八月一五午前九時頃、乗用車を使い八・一五記念式場の国立劇場に到着、正面南側の一般人の通用門からロビーに入り、入場する朴大統領を狙撃しようとしたが、距離の関係で変更し、同一〇時一〇分頃南側出入口から式場内に入りB列二一四号席に座った。同二三分頃、聴衆が朴大統領の演説に耳を傾けている間に座席の間の通路から演壇に向かって走り、約二〇メートルの距離から朴大統領に向かって一発を発射したが外れ、演説台の左側に当たった。次の一発は約一八メートル前方檀上に座ってい

た朴大統領夫人陸英修女史に向かって発射、右側頭部に命中し、同日午後七時頃ソウル大医学部付属病院で頭蓋骨複雑骨折等によって死去させた。

事実審理の終了

起訴状の朗読に続き、起訴事実について逐条的な検察側の質問が行われたが、文被告はほぼこれを認めた。文には計七つの罪名が適用されたが、韓国の刑法による「内乱目的の殺人罪」一つをとってもその刑罰は「死刑、無期懲役、または無期禁固」と、通常の殺人罪（第二五〇条）の「死刑、無期、または五年以上の懲役」よりも量刑がはるかに重いことから、極刑は免れないと当初からみられていた。殺人罪は陸英修夫人に対してだけ適用され、それが内乱目的の殺人とされ、式典で死亡した合唱団の女子高生についての記述はなかった。検察当局も、女子高生に向けて放たれた銃弾は、警備陣によるものとの判断があった。

一〇月七日に開かれた文世光に対する初公判は休憩をはさんで午後も続けられ、結局この日のうちに口頭の事実審理のすべてを終え、午後四時三六分に閉廷した。この日の審理は午後に入っても検察側尋問が長々と続き、ここで検察側は、

①文の犯行は朝鮮総連大阪生野西支部の全英男政治部長の直接の指令に基づくものだった
②全政治部長のさらに背後には北朝鮮の万景峰号に乗船していた北の工作員がおり、最終的には全はその指揮系統にあやつられて動いた
③旅券の発給に力を貸した日本人の尾崎稔、令子夫婦も国際共産主義運動活動家としてこの陰謀に

加担した

等の立証をしようと文を追及した。

これに対し文は、「昨年九月、全政治部長から民衆の決起のための起爆剤として朴大統領を暗殺する課業を遂行せよといわれたことがある」「尾崎夫婦も共産主義者だ」等と答え、起訴事実のほとんどを認めた。

また自分の犯行については「いかなる正義の行動においても、罪のない婦女子を殺した罪は免れない」と述べ、自分の信条は正しいとしながらも、大統領夫人の殺害については「すまない」と反省している心境を語った。しかし、起訴状が文に適用した六つの罪名のうち、もっとも刑の重い内乱目的の殺人罪に触れた供述部分では、「狙ったのはあくまで大統領だ」と大統領夫人に対する殺意を否認した。文は起訴状の逐条尋問に対し終始「はい」「はい」と答えた。

三時間五〇分に及ぶ検察側の尋問のあと、二人の弁護士が反対質問に立ったが、時間はわずか一五分で終わった。最後に権宗根裁判長が文に質問、続いて「これで事実審理はすべて終わった」と述べ、検察側、弁護側が提出した証拠品六九点、関係書類二〇一点を採用、次回公判でこれらを調べると宣した。

文の陳述内容

初公判は、実質五時間を超える審理の中で検察側尋問、弁護側の反対質問、裁判官の補足質問までを終えた。文の陳述内容はおおむね次の通り。

（検察側尋問）

――朴大統領を暗殺すれば韓国が共産化すると信じていたのか。

「大統領が暗殺されれば、韓国内の地下共産勢力を母体に反政府勢力と連合戦線を形成、民衆の決起で、現政府を転覆することができる。そのあとに共産化が可能だと信じた」

――韓青同と関係しながら、七三年九月に大阪の韓国総領事館占拠を企てたというが……。

「七三年九月の初め、金大中氏救出委員会大阪委に加入したが、この時、韓国総領事館を占拠、職員らを人質にして金大中氏との交換を図ろうと考え、韓青同中央本部の鄭俊基《チョンジュンギ》（仮名）副委員長に手紙を出したことがある。しかし、それは実行されなかった」

――全英男から朴大統領を暗殺せよと指令されたことがあるか。最初に謀議したのはいつか。

「七三年九月中旬ごろです。自宅を訪ねてきた全さんと自分の部屋で会った。彼は『韓国の共産化をなしとげるためには四・一九学生革命のような民衆決起を引き起こし、政府を転覆させる道しかない』と言った。『民衆決起を起こす起爆剤として朴を暗殺する課業を遂行せよ』とも言われた」

――民衆蜂起の起爆剤とは。

「朴大統領を殺すことです。そうすれば自動的に民衆は蜂起すると考えました」

――民衆蜂起の意味は。

「青年、学生、労働者、農民、一般兵士が立ち上がり、今の政府を打倒することだ」

（弁護士の反対質問）

――幼いときから共産主義を信奉していたというが、全英男の指示がなかったら、このような犯行はしなかっただろう。

「はい」

――体に異常がないのに東京の赤不動病院に入って共産主義教育を受けた。その金は朝鮮総連のものでないか。

「そうだと思います」

（裁判官の質問）

――共産主義に興味を持ったのはいつからか。

「自分は幼稚園、小学生の時から日本人に『朝鮮人』とバカにされてきた。高校に入っても教師に特別な目でみられた。それへの反発があったと思う」

初公判に対する日本、北朝鮮の反応

一〇月七日の初公判で文世光が「韓青同中央本部の鄭副委員長に一九七三年九月、大阪の韓国領事館を占拠して人質を取り、金大中との交換を進言する手紙を出した」と陳述したことに対して、鄭副委員長はこの日の夜、「この陳述は全くの事実無根で、韓青同弾圧の言いがかりだ」と反論した。鄭は一九六六年一一月から一九七四年三月まで韓青同副委員長を務め、狙撃事件当時は委員長の職にあった。また、金大中事件の発生当時は、金大中の秘書役も兼ねていた。

文世光の初公判がソウルで始まった一〇月七日朝、大阪市内に住む文の母親は「あの子が一人であのようなことをやったとは今でも信じられない。罪を犯したのは悪いと思っているが、誰かに仕立てられてやったのだと思う。これからのニュースで少しでも本当のことが分かれば……」と言葉少なに語った。

文の妻は、この頃は寝たり起きたりの生活で、公判が始まるのを前にかなり神経的に疲れていた様子であった。

韓国当局から「共犯」と発表された泉大津市在住の尾崎稔は、いつものように勤め先の労働組合事務所に出勤し、「言いたいことは山ほどあるが、妻が保釈で帰ってきた後、事件のことについては触れない姿勢を貫いているので……」とコメントを避けた。

旅券法違反で起訴された尾崎令子は、保釈以来実家に身を寄せていたが、この日も普段と変わった様子はなく、「狙撃事件について述べるのはお断りしたい」とだけ話した。

文世光が「朝鮮総連生野西支部の全英男政治部長の指示で狙撃を行った」との起訴内容をほぼ認めたことに対し、名指しされた全政治部長は一〇月七日夜、大阪市東淀川区の朝鮮人会館で記者会見を行い、次のように述べた。

「狙撃事件の裁判劇は朴正熙一味の謀略で、朝鮮総連弾圧の契機を作ろうとするものだ。起訴状には私が文世光に狙撃を指示したとか、資金を提供した等というストーリーを作り上げているが、根も葉もない作りごとで、狙撃事件と私は何の関係もない」

一方、列国議会同盟（ＩＰＵ）東京会議に参加している北朝鮮代表団の金永南《キムヨンナム》副団長は一〇月七日、日本記者クラブで記者会見した。

金副団長は狙撃事件の質問に対して、「我が国や朝鮮総連は何ら関係がない」と述べるとともに、

「反動勢力は人民の関心をそらすために陰謀事件を引き起こしてきた。狙撃事件も反動内部で起こされたか、そうでなければその主人によって作られた謀略だ」と語った。

死刑求刑

文世光に対するソウル刑事地裁の第二回公判は、一〇月一四日午前一〇時一五分から同地裁大法廷で開かれた。審理を急ぐ権宗根裁判長は検察側に論告求刑にかかるよう命じ、鄭致根ソウル地検部長検事は直ちに厳しい論告の後、文に対して死刑を求刑した。

文世光に対する論告要旨は、次の通り。

一、同事件はいわゆる人民民主主義革命戦略に基づき、韓国を共産化しようという北韓共産集団の指令によって起きた事件であることを認識すべきである。被告は金日成のそそのかしで韓国の元首朴大統領を暗殺、除去することによって社会混乱をもたらし、地下の共産勢力を主軸とする民衆蜂起を誘導、政府転覆を図り、韓国の共産化を企てたものである。朝鮮総連幹部全英男は、被告と接触した際「現時点で我々が熱望している韓国の共産化がなされるためには、韓国内に四《サ》・一九《イルグ》のような民衆蜂起を起こし、政府を転覆する方法しかなく、その民衆蜂起を起こす唯一の起爆剤として朴大統領を暗殺するしかない」と扇動した。また、被告が七四年五月四日、全英男の指示で万景峰号に乗船した際、同船の食堂で講師と名乗る工作指導員が「南朝鮮の共産革命を完成するためには朴大統領を暗殺するよりほかになく、この事業は金日成首領が直接指示した」と指令し、被告はその実行を誓った。

一、同事件の背後には、被告が自供したように北傀の対南前進工作基地である朝鮮総連の魔手が存在することを見過ごしてはならない。犯行の資金も朝鮮総連が全英男を通じて与えた。

一、日本人、国際共産主義者らが介在している事実を注目すべきである。尾崎令子は文の暗殺計画に積極賛同し、香港旅行をしており、その夫である尾崎稔は自分の北韓訪問計画を放棄しながら、文が自分の名義による旅券によって韓国に潜入するため協力している。

一、証拠を調べると、被告は司法警察、検察、当法廷で一貫して犯行全部を自白し、検察側が提出した二〇一種の書面証拠と拳銃等七〇点の物証に対して、みな証拠認定をしている。

ソウル刑事地裁での公判に出廷した文世光（74年10月14日） 出典：「朝日新聞」1974年10月14日

一、犯行は大統領夫人陸英修女史の死を招き、国家元首を狙撃したものであり、一国の国家元首に対する銃撃はまさに国家に対する銃撃であり、国民全体に対する銃撃である。ことに被告は狂信的共産主義者であり、犯行に対して反省の色がみられず、この瞬間においてすら、北傀傀儡の救援を待っている。

このような被告は民族と自由民主主義に対する犯罪者として断罪し、この社会から

ソウル刑事地裁の第２回公判で死刑を求刑された文世光（74年10月14日）　出典：「神戸新聞」1974年10月14日

永遠に除去すべきである。

検察側が提出した証拠は、文が犯行に使った拳銃等七〇点の証拠品と二〇一点の関係書類であった。

死刑求刑時の文の反応

この日の文世光は、まるで自分の意思のない人形のようだった。鄭致根検事の論告の間、文は伏し目がちに検事席を見上げたまま「死刑を求刑する」と読み上げた瞬間もよく内容かわからなかったのか、そのまま姿勢を崩さず表情も変えなかった。しばらくたって通訳官が日本語で死刑求刑を伝えても、こっくりうなずいただけであった。

開廷前に裁判長がカメラマンに撮影を許可すると、文は素直に顔をさらすように斜め上を見つめ、カメラのフラッシュを浴びた。この後、論告に入り宋明寛弁護人が警察調書、供述書等のリストを一つひとつ読み上げ、その内容について「認めるか」と質問すると、その都度「はい」と大きな声を返した。

陸英修夫人と同じ現場で死んだ女子学生の死亡診断書についても、内容に「間違いないか」と質されると「はい」と答えた。この後、検事が拳銃、旅券等の証拠品を示した時には、通訳官が通訳する前にうなずき「イェー（はい）」と韓国語で答えることもあった。

消息通らによると、最近拘置所内での文はすっかり弱気になり、看守らに「死にたい、死たい」ともらしていた。こうしたことから判決がいかに極刑であっても、文は控訴しないのではないかとのうわさまで広がっていた。

文の最終陳述

文世光に対する死刑求刑後、休憩抜きで最終陳述が行われた。権裁判長は文に対し、「事件のことは避け、そのほかに言いたいことがあれば話しなさい」と促した。文は日本語で、

「私が去る八月一五日にしたことは大変なことで、このため陸英修女史と女子高生が亡くなったことに対し、心から悪いと思っている。私は生きていく限り、女子高生と陸女史の冥福を祈りたい。しかし、私は民族の近代史の前に立つ時、歴史は私に無罪を宣告すると確信する。終わり」

と、あたかも暗唱しているかのように述べ、着席した。

文被告の陳述が終わり、韓国語に通訳された時、場内には異常な興奮が沸いた。今までの検事の論告や弁護士の弁論から文が「歴史は私に無罪を宣告する」と発言したことは、想像もできない言葉であった。

一〇月一四日、死刑求刑の報に接した文世光の兄は、次のように語った。

「極刑はまぬがれないと予想はしていたが、こんなに早く求刑があるとは思わなかった。さっそく

韓国の弁護士に電話して、本人にその意思があれば上訴するよう勧めたい。母は七日の初公判以来、心労のため寝込んでいる。何も言わないが、内心はあきらめ切れないようだ」

死刑判決

文世光に対する第一審判決公判は、一〇月一九日午前一〇時一五分から、ソウル刑事地方裁判所大法廷で開かれた。

この日、二台の護送単に守られてソウル刑事地方裁判所に到着した文世光は、午前一〇時きっかりに地裁大法廷に入廷した。両手首に革の手錠をかけられていたものの、腰のベルトは外されていた。

文の顔は少しむくみ、以前より元気のない様子で被告席に着いた。公判も三回目のためか落ち着きをみせ、開廷前に裁判長が五分間、写真撮影を許可したときも、裁判長の指示に従って素直に立ったり、座ったりしていた。

裁判所や法廷内部の警備も予想を上回る厳重さであった。裁判所の入り口から法廷に入るまで金属探知機による検査に続いて、法廷入り口で再び入念なボディチェックと二重の入念な厳戒態勢であった。

開廷により合議八部の権宗根裁判長は文に対し、約三〇分にわたって判決理由を朗読した。判決理由は、検察側の起訴内容を全面的に認めたものだった。

この後、犯罪事実に対する法律適用に移り、権裁判長は文の犯行を「国家内乱目的の殺人であり、反国家団体の目的遂行のための殺人である」と断定した。判決理由の日本語通訳の後、権裁判長は判決主文として「内乱目的の殺人、反共法、国家保安法、特殊窃盗罪、出入国管理法、銃砲火薬類取締法の違反で死刑に処する。押収物件のうち、拳銃一丁は日本に返還し、現金、ラジオなどの所持品は没収する」と言い渡した。

その瞬間、起立していた文は裁判官席後部の韓国国旗を無表情で見上げ、身じろぎもせず、死刑宣告のときにも姿勢を崩さなかった。公判中、しきりに通訳の顔を見入っていたのは韓国語が理解できなかったようにも取れたが、さすがに権裁判長が判決文の朗読に入った時は、緊張のあまり喉をゴクリと鳴らして聞き入った。やがて判決文を読み終えた権裁判長が、「判決に不服ならば、控訴できる。拘置所に帰ってから申請しなさい」と付け加えると、裁判長の表情の変化で理解できたのか、コックリとうなずいた。

判決公判は、午前一一時六分に閉廷した。文は閉廷後、弁護人に対し控訴の意思の有無を確かめられ「控訴したい」と答えた。

死刑判決を受けた文の心境

文世光の弁護を担当した車弁護士は「とても性格まで判断できない。法廷でご覧の通りでしょう」と口ごもった。「二二歳でまだ若い」「世間をよく知らない」「素直だ」という印象だけを語った。車弁護士によると、文が感情をあらわにしたのは初めて面会した時で、「陸女史と女子学生を殺してしまったことは本当にすまない。陸女史は平素から貞淑で、国民のために慈善事業をやっていた人と聞いていた」と声をあげて泣いたという。しかし、それ以外は感情を表に出さず、一〇月一九日の死刑判決の後、車弁護士にも動揺を見せなかった。

法廷での文は朝鮮総連の全英男との関係、万景峰号への乗船等、背後関係の部分について検察側の主張を淡々と認め、これが国家元首の狙撃犯人かと思うほど素直な態度に終始した。しかしその半面、朴大統領を狙撃したこと自体については、後悔や反省の色はみじんもなかった。

文が自分の行動についての意見を初めて明らかにしたのは、最終陳述の時であった。陸女史と女子学生の死に「心から悪いと思う」と述べた後、「私が民族の近代史に立つ時、歴史が無罪を宣告することを確信する」と初めて自分の言葉で本心を語った。

この発言について、裁判を傍聴したある外国人記者は「よく考えた末の言葉と思う。『近代史に立つ』という言葉は、文が韓国の現状をどう考えているのかを示している」と語った。また別の記者は、「民族意識に目覚めた文を救う道はなかったのだろうか……」とつぶやいた。

醒めた韓国内の空気

「文世光に死刑判決」のニュースは一〇月一九日午前一〇時、実際に裁判がまだ始まらない段階で、ラジオを通じ韓国全土に流された。新聞も夕刊早版からいずれも一面六、七段抜き、写真入りで大きく扱った。しかし首都ソウルの表情は、昼休みのサラリーマンのあふれる表通りも露店が並ぶ裏通りも、文世光への判決などどこ吹く風の平常と全く変わらない長閑な雰囲気であった。わずかに新聞社の速報板の前の市民の群れがいつもより一、二割多い程度だった。

神戸新聞一〇月二〇日付には、当時の街の人々へのインタビューが掲載されている。

政府系ソウル新聞の新聞掲示板の前に立っていた二人連れの若い女性に感想を尋ねると「死刑は当然でしょう」と一言。「カプシダ（行きましょうよ）」と声をかけ合ってそそくさと立ち去った。「大統領夫人という偉い人を殺害したということはさておき、何よりも人を殺したのだから死刑は当たり前です」というのは軍人出身というサラリーマンの冷静な返事。

有力紙東亜日報社の前は約六〇人の人だかりで、「判決理由要旨」を克明に読んでいたデニムズボンの学生に質問すると、「全く関心がない」と無愛想な返答であった。中年の実業家は「厳正な法の裁きを受けるべきだ。私個人は感情的にどうこういう気持ちはない」と話した。

路地裏のアメ売りの男性は、「文世光の裁判？　知らないね」とめんどくさげに立ち去った。売上げの小銭の勘定の方が大事そうな様子であった。

つい一カ月前まで反日デモの波がソウルの日本大使館を包囲し、日韓関係を破局直前にまで追い込んだ狙撃事件だったが、犯人文世光に対する極刑判決を受けとめる韓国内の空気は、当時の過熱ぶりからみるとまるで嘘のように沈静化していた。

むしろ文世光判決は、政治犯釈放、国連総会の朝鮮討議、フォード米大統領の訪韓と目白押しに並ぶ韓国の重要政治日程に圧倒されて、事件処理が片づいたという感じが一般的であった。また、朝鮮総連規制等将来の日韓関係に宿題として残されたはずの問題について、ことさらに熱っぽく論じる新聞も見当たらなかった。文世光裁判を包む意外なほどの沈静化した空気は、一つには椎名特使訪韓で、大統領狙撃事件そのものが呼び起こした日韓間の政治問題が一件落着したことの反映であった。

日本国内の反応

予想された結末とはいえ、家族や肉親は改めてショックを受け、事件の重みにじっと耐えているようであった。

大阪市内の実兄の家の前には、約二〇人の報道関係者が詰めかけたが、鉄筋三階建ての入り口は固く閉ざされていた。午前一一時過ぎ、報道陣が一階のインターホンを通じて死刑判決を伝え、面会を申し入れたのに対して、家族はしばらく沈黙していたが、約三〇分後に兄の名前で判決に対する見解が記者団にメモで示された。

それによると「判決を聞いて精神的にまいっていますので、会うことはできません。この事件にはいろいろ不可解なことが多いので、どうもすっきりしません。このまま真相が明らかにならないのは残念です。あとは本人の言いたいことを十分言い尽くしてほしいと思います。文の妻は一目会って顔が見たいと言っています。今は号泣していて、何も言えません」と現在の心境を訴え、「本人に控訴してもらいたい」と結んだ。

文の妻は事件以来、大阪市生野区の自宅を引き払い、息子と一緒に義兄方に身を寄せていた。義兄の話では、精神的にまいっているようで家に閉じこもったままであった。同居している文の母親もこのところ病院通いの毎日で、めっきり老け込んでしまった。いまでもいやがらせや脅迫の電話があとを断たず、神経をすり減らしているとのことであった。

文世光に協力したとされた尾崎稔は、この日勤め先の労働組合を休んでおり、妻の令子被告（旅券法違反ほう助等で起訴）がいるはずの泉大津市内の実家も電話への応答はなかった。

尾崎稔は二日前の一七日午後、労働組合の事務所で「私たちが文世光の犯行に関係があるはずがない。だから文の家族ならいざ知らず、文の初公判だ、求刑だ、判決だというたびごとにあれこれものを言う立場ではない。文が死刑になっても、私の関知するところではない。そのたびにマスコミが私たちを追い回すのは、韓国当局の何かの意図に乗じられることになるだけだ。私は日朝友好運動を進めている。韓国が私を朝鮮民主主義人民共和国と関連付けようと思えば、なんだってでっち上げられるだろう」と淡々と語った。

文世光が所属していた韓青同の鄭中央本部委員長は「死刑ですか」「本当ですね」と念を押したうえ、慎重に言葉を選びながら次のように話した。

「今度の事件は、国内外の世論から追いつめられた朴政権が政権延命策のために起こした謀略事件だ。公判でも拳銃入手のいきさつや事件を起こす直前のソウルでの文の不可解な行動、大統領夫人に命中した弾丸が文の拳銃によるとの確証が明らかにされていない等、疑問点を残しすぎている。そのうえ文が一九七三年九月、私に大阪総領事館を占拠、総領事を人質にして金大中氏と人質交換しようと計画した手紙等を公判では一方的に文に認めさせたが、私はこの手紙を見たこともない。こういった点から事件そのものが、ＫＣＩＡが文を利用してつくられたとしか考えられない。初公判から判決までのスピード裁判ぶりをみても、秘密保持のため文の処刑も早急になされるだろう。判決で一番驚いているのは利用された文で、この意味でも朴政権のやり口に怒りをおぼえる」

日本側警察の対応

文世光に対する一〇月一九日の韓国法廷の判決言い渡しで、日本国内での背後関係等を捜査している大阪府警の朴大統領狙撃事件特別捜査本部も、早急に事件の最終的な処理を迫られることになった。しかし、結局は拳銃の窃盗、他人名義の旅券で出国した旅券法違反、出入国管理令違反で文を書類送検するだけであり、韓国側の主張する「朝鮮総連の陰謀、指令に基づくもの」という点については「立証できない」という結論で幕引きとなった。

また、「積極的に加担した」という尾崎稔・令子夫婦についても、令子を旅券等不実記載のほう助罪等で起訴（八月二八日）したものの、稔についてはどう扱うのか決めかねた状態のままであった。

捜査本部は事件以来七千人の捜査員を動員、国内における文の周辺を調べたが、狙撃に使われた拳銃が大阪府警から盗まれたものだったことが影響し、捜査当局にとっては負い目を感じながらの苦しい捜査になった。さらに文の身柄が韓国にあり、韓国側が事件後矢継ぎ早に公表する事実に振り回される場面もしばしばみられた。「国内法の範囲内」という制約もあって、捜査は進めば進むほど、韓国側が主張する事実との食い違いや立証困難な状況証拠の検証に時間を費やされた。警察内部では、初公判から結審までわずか一週間という韓国側の超スピードに「ちょっとついて行けない」といった空気も流れ始めていた。

判決を機に公表された韓国側の資料と国内捜査との相違点について、以下に検証する。

韓国側は、北朝鮮の意図を受けた朝鮮総連生野西支部の全英男政治部長らが、共産革命の起爆剤を狙って文に資金等を与え狙撃させたと発表した。しかし日本側の捜査では、文と全政治部長との接触は約二年間続いていたと確認したものの、むしろ、全の接触の仕方はオープンで秘密めいたところはないことから、狙撃事件を前提にしたつきあいとは考えにくいとしていた。

また韓国側の発表で、朝鮮総連中央本部議長韓徳銖が一九七四年の正月、文に「革命のため努力して欲しい」と激励の言葉を送り、人参酒等の贈り物をしたとし、狙撃事件が朝鮮総連の認知のもとに行われたと主張していることについても、挨拶状は印刷されたもので、文以外の韓国人青年にも送られていた。また、全英男から直接事情聴取するにも捜査本部は狙撃事件と結びつけられる材料は持っておらず、出頭を求めることは難しかった。

全英男と並んで韓国側から「共犯」と指摘された尾崎夫婦であったが、妻の令子が文の旅券不正入手を手伝ったことは、一応明らかにされた。しかし夫の稔は三回にわたる捜査本部の事情聴取に対し「文という人物は知らない」と繰り返した。稔は報道陣に対しても終始、「文がやったテロ行為は、私の主義とは絶対に相入れない。私が文の犯行計画を知っていたなんて、およそナンセンス」と言い切り、これを覆す捜査資料は出なかった。令子も保釈されたことから、この面でも捜査が進展する余地は少なかった。

文が北朝鮮工作員と接触し犯行計画を練ったと韓国側が主張した万景峰号についても、文が大阪港に入港中に乗船したとの確認は取れなかった。乗船日時も文の家族の供述と韓国側の起訴状には食い違いがあり、これを突き詰めることは困難であった。

2 控訴審

文世光の転向

文世光の控訴審の初公判が一九七四年一一月一三日午前一〇時半、ソウル刑事高裁で開かれた。一審判決を下されたのが一〇月一九日、この後文がソウル拘置所内でどのように過ごしてきたかについては一切公表されなかったが、二五日ぶりに法廷に姿を見せた文にやつれた様子はなく、歯を見せて不敵な笑いを浮かべる余裕さえ見せた。

裁判長は人定尋問のあと、すぐ宋弁護士に控訴理由書の朗読を命じた。弁護側は、「被告は日本で生まれ教育も十分に受けられぬ不遇な生活の中で育った。共産主義思想に染まったのはそのような生活環境のためであり、これには海外に住む青少年を善導し得なかった我々に社会的責任が有り、その情状を酌まなければならない」と主張した。そして、「事件の背後に操縦者であり、共犯の北朝鮮と朝鮮総連がある。一下手人にすぎない被告だけを極刑に処することは法の公平の原則にもとる」と主張した。

検察側は直ちにこれに反論、控訴理由のすべてを不当だとした金基斗《キムキドゥ》検事は①被告には父親が残した遺産があり、在日韓国人としては極めて富裕な育ち方をした。彼の犯した犯罪は浅薄な英雄主義によるもので生活環境のためではない、②被告こそは大統領の暗殺を謀り、政府の転覆をねらった張本人であり、狙撃事件の正犯、主犯である。弁護側が従犯、ほう助犯のように言うのは誤りだ、

③いくら自由民主主義体制だとはいえ、この社会秩序を破壊しようとする者に情状を酌量する価値はないとし、一審の死刑判決は当然だとした。
この日の裁判では宋弁護士の控訴理由書朗読に続いて、直ちに事実審理に入った。弁護側の質問と文の答えの主な内容は次の通り。

――光復節式典で大統領夫人が亡くなったが、君は初めから夫人をねらっていたのか。

「違います」

――狙撃したあと、誰かが式場から救出する手はずになっていたか。

「そのようなことは全然ありませんでした」

――君の妻は「いつまでも待っている」と君に伝言を頼んできた。それを伝えた時、君は「私はこれまで何のために生きてきたのか」と泣き崩れ、自分の家庭に戻りたいと話した。

「その通りです」

――ここで明らかにさせたいことはないか。

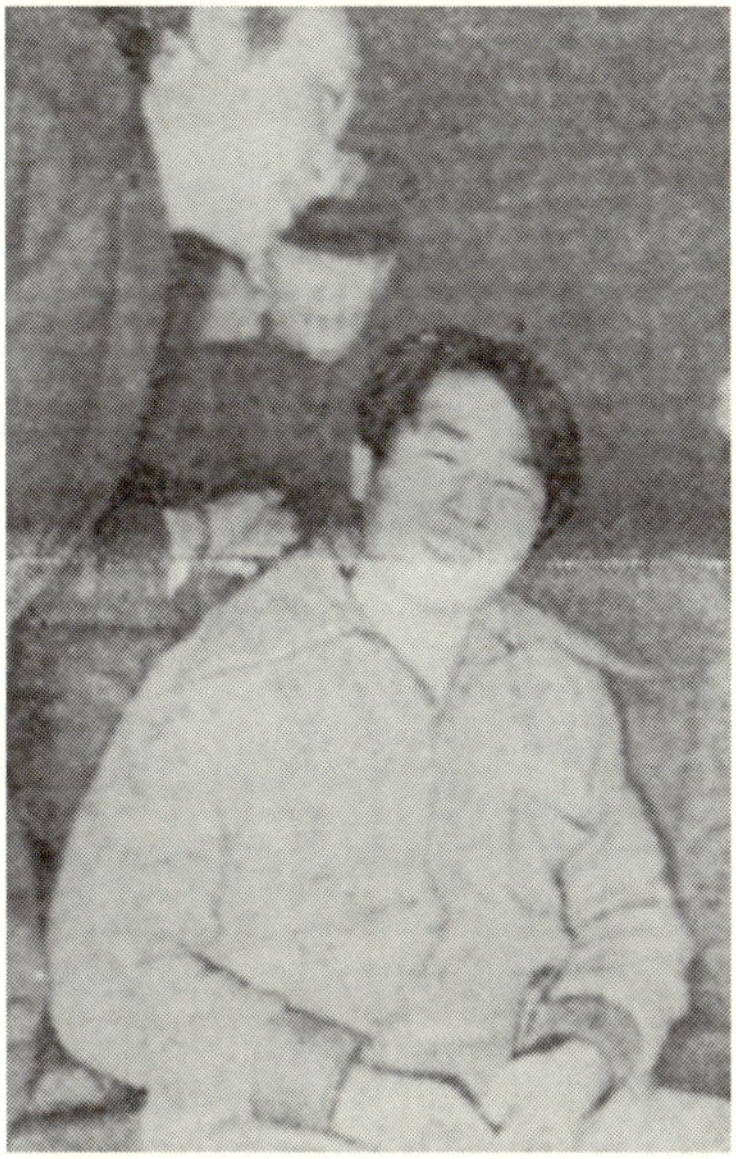

法廷で弁護士と笑顔で話す文世光（74年11月13日）　出典：「朝日新聞」1974年11月14日

「今はありません」

——君は日本で生活している時、朴大統領を「国民の鬼」と言っていたらしい。この考えは変わらないか。

「今になってやっと分かったことがある。大統領自身が国民経済に大きな貢献をしており、国民もまた大統領を支持しているということを私は知りました」

——転向したと考えていいか。

「間違った考えは、やはり改めるべきです」

——私との面会の時、君は「大統領に謝罪する」と言ったが、どのようにして償うつもりか。

「私にできる方法はないけれども、これからの人生の中でおわびの気持ちを表していきたい」

——朝鮮総連にだまされたと思うか。

「思想が未熟だっただめ、結果的にそうなった」

これに対し検察側は、あらためて死刑を求刑し、午後〇時五〇分に閉廷した。

転向宣言の背景

文世光は一一月一三日の控訴審法廷で、「韓国国民と朴大統領にすまないことをしたと思う。できることなら正しい教育を受ける機会を与えてほしい」と陳述した。第一審からわずか一カ月、文世光にどのような心境の変化が起きたのか。

文世光と五回にわたり面会した担当弁護士の宋によると、文の態度に変化が出たのは一審の死刑判決後で、「朴大統領の演説があったら、読みたい」等と言いだした。しかし宋弁護士は法廷の一部でささやかれた、「死刑判決で命が惜しくなったのではないか」との見方には否定的で、文が獄中で囚人や看守と接触している間に韓国の実情を知り、「これまでの生き方に懐疑的になったのではないか」と説明した。

宋弁護士はまた、一一月一二日に文世光が妻宛てに出した二通の手紙を紹介したが、内容は妻と息子への愛情に満ちたものであった。最初の手紙では「よい夫になれなかった自分を許してくれ。私は残りの人生をのすべてを、君と息子のために生きたいと思う。二度と民族のため、国家のためなどと言いません」と誓い、第二信で「いま私は考えます。なにが幸いであったかを、なにが人生の生きがいかを。息子と君と親子三人の憩いのひと時が幸いであり、人生のすべてであったと思う。再会したときは何倍、何百倍も家庭のために尽くしたい」と訴えていた。

手紙はまた、死刑判決には触れず、「再び元気で再会しましょう。私はすべて親子三人の明日の生活のため努力するつもり。少しの間待って下さい」と生への希望を表明しているが、手紙に文世光の本心が吐露されているとするなら、家族への思いが心境を変えた一つの動機になっているようだ。

ただ不審に思われるのは、手紙が文の感情を強く吐露したものなのに比べ、法廷での文は怒り、悲しみ、絶望等の感情は露ほども表さなかったことであった。文は朝鮮総連の全英男との関係等事件の鍵となる部分についても、検察側の主張を他人事のようにたんたんと認め、これが国家元首の狙撃犯かと思うほど素直な態度に終始した。

「民族の歴史が無罪を宣告する」との一審最終陳述は唐突に受け取られたが、その時の文の態度も

高裁の控訴審で再び死刑判決を受けた文世光（74 年 11 月 20 日）　出典：「神戸新聞」1974 年 12 月 25 日

特に気負ったものではなく、やはり他人事のようなしゃべり方であった。また、一三日の「すまないことをしたと思う」との陳述も感情のない演説調で、特にすまないという様子は見受けられなかった。

控訴棄却の判決

文世光の控訴審判決公判は一一月二〇日午前一〇時半からソウル高裁刑事二部で開かれ、全尚錫《チョンサンソク》裁判長は「理由がない」として控訴を棄却、原審の死刑判決を支持した。

一一月一三日の控訴審第一回公判の後、二回目で直ちに判決というスピード審理で、控訴審も一審と同様に形式的な裁判に終わった。

控訴審での弁護側の主張に対して全裁判長は、「韓国における在外青年教育の不在や日本における朝鮮人組織の分裂等が朝鮮総連に利用されたとする弁護側の主張を尊重しながらも、今回の事件について犯行の動機や目的の不法性、犯行手段の凶悪性、さらに英雄主義的な性格から発した点からみて許せないものである。たとえ未遂に終わったというものの、一国の元首を銃で狙撃したこと、また国家元首夫人の生命を奪った重大性を鑑みて、極刑は免れないものである。北韓共産主義者らと対峙している韓国の国家安全保障に及ぼした事件の重大性という見地から、文の犯行が深刻な社会混乱を起こし、国の基本を脅かしたという点等を総合して、文を断罪することは当然なことである」として、「控訴理由は認められない。したがって量刑不当という主張も認められない」と述べた。最後に主文朗読に入り、「控訴を棄却する」と判決を言い渡した。

文世光はこの日、妻が日本から一一月一八日に送ってきた下着を身につけ、拘置番号四四二八番の綿入れ服姿で現れた。二人の警官に付き添われて被告席に立ち、判決を聞いていたか、控訴審や初公判で笑顔を見せていたのとは異なり、終始硬い表情で裁判長の判決に聞き入り「控訴を棄却する」との主文にゴクリと唾を飲み込んでいた。

判決後、宋弁護士が近づき、上告をするかどうかを尋ねると「上告する」と答え、宋、李の両弁護士に何度も頭を下げながら韓国語で、「ご苦労さまでした」と大きな声を発した。

解明されない謎

文世光の控訴審は、一審と同じようにわずか二回の審理であった。控訴審での判決も、検察側の主張をほぼ認めた一審判決を踏襲して、死刑を認定した。文が控訴審で述べた「共産主義からの転向」も、死一等を減ずる情状酌量の有力な事実とはみなされなかった。

韓国の刑訴法では、死刑と無期懲役の判決を受けた者は上訴権を放棄できない規定になっていたので、事件は上告審に持ち込まれた。

しかし、とにかく事実糾明の審理はこれですべて終わったことになった。上告しても大法院（最高裁）は法律審なので、そこで事実認定の判断が大きく変わることはおそらくないと予想された。ただ量刑は大法院の判断、それに憲法に基づく大統領の赦免・減刑権があるので、死刑判決がこのまま確定するとは言い切れなかった。この場合の焦点は文の〝転向〟をどう判断するかだけにしぼられた。

判決で示された犯行事実のうち、日本側の捜査との関連でみると、犯行全体が文世光の単独犯か共犯があったのかは、謎として残されたままであった。判決では「文は朝鮮総連の扇動に同調、朝鮮総連大阪生野西支部全英男政治部長および氏名不詳の北朝鮮工作員の指令を受け、狙撃を実行した」との旨を認めていたし、弁護側も「事件の背後には北朝鮮、朝鮮総連がある」と主張した。しかし、これまでの日本側の捜査ではこの点は浮かんでいないし、今後も韓国側の主張を裏付ける材料が日本国内で出てくる見通しはなかった。また韓国側からも、新たな事実を示して日本側に対して強制捜査を求める気配もなかった。

文世光が韓国へ渡るため戸籍謄本等を渡し、日本側が旅券法違反で起訴した尾崎令子については、韓国側は夫の稔とともに、「文に協力した」としていた。しかしこの「協力」という意味の具体的内容は必ずしも明確ではなかった。尾崎夫婦は日本側捜査機関の事情聴取に対しては、文の狙撃事件との関連は強く否定し、日本の捜査当局も二人の主張を是認した。これらの事情から、日韓間の捜査は疑問を残したまま終結する見通しであった。

この事件は様々な意味で政治的に利用されたが、法律的にみれば凶悪犯罪であった。特に国家元首に対するテロ行為は政治犯とはみなさないというのが、国際的な定説であった。韓国裁判所の判断も、この点を重視したものとみられた。

捜査、裁判を通じて、改めて反共の理念を貫徹する韓国側の態度が鮮明にされたわけだが、犯行の裏付け捜査、公判での立証の仕方等、日本の刑事手続きとはとても比較できないほどの簡略化、厳しさが目立った裁判であった。

3　上告審

知らされることのない書面審理

文は一一月二〇日、ソウル高裁で「控訴棄却」を宣告され、翌二一日に担当の宋弁護士を通じて上告手続きを行った。そして大法院の督促に従って、一一月三〇日に上告理由書を提出した。これに対して検察側も、上告理由に反論を加えた答弁書を一二月四日に出していた。消息筋はこうした経過を踏まえて、「大法院刑事一部の林恒準《イムハンジュン》主審ら四人の判事が五日、もしくは六日前から書面審理を始めている」と語った。

さらに消息筋は、「書面審理に限られているために文が出廷することはなく、またその審理経過も、担当判事の結論がまとまるまではいちいち公開しないのが慣例だ」と話し、「書面審理が公開される日は、すなわち判決が下る日だ」と述べた。

宋弁護士は文の書面審理がすでに始まっているとの情報について、「大法院は担当判事らが合意に達するまでは何も公表しないのが建前のようだから、その進み具合は弁護人にも全くわからない。しかし、十分にそれは考えられることだ」と話した。

上告に向けた文の心中

文世光は一審の死刑判決の後、獄中で手記を書き始め、宋弁護士が一二月四日に面会した際、それを手渡した。刑務所の接見内容記載用紙に横書きで綴ったもので、九六ページの日本語文であった。宋弁護士は特赦要請の資料に使うつもりで手記を明らかにするのを断ったが、一節だけ公開した。その部分は以下の通り。

「私が小学生の時、ケネディ・アメリカ大統領を暗殺するオズワルドのテレビを見た。その時、私はその犯人を非常に憎んだ。それを私が再演したことになった。それだけに私は罪の重さを痛感する。悪魔のような犯罪に身が震える。

二審判決でビデオレコーダーを見たが、私が狙撃後、朴大統領が安全に現れて演説を再開していた。その時群衆が『マンセー』を叫ぶ。それを見て、思わず私も『マンセー』を叫びたかった。私はどんな罪でも喜んで受ける。これは大韓民国の国民として当然のことだ」

また、一二月一三日に明らかにされたところによると、文世光はソウル拘置所内でも獄中手記を書いて、拘置所当局に提出した。

この手記は、拘置所内で使っている接見内容記載用紙で三二枚、日本語で書かれてあり「私は生きたい。大統領を暗殺する目的で、初めて祖国の土地を踏んだ時、祖国の空がこんなに青いことを生まれて初めて知った。もし私に生き残る機会を与えられれば、軍隊に入隊してその恩に報いたい。韓国人として生まれながら、最後の手記まで自国語で書けないのが残念だ」と述べられていた。

上告棄却の判決

文世光に対する大法院の上告審判決公判が一二月一七日午前一〇時半から開かれ、洪《ホン》裁判長は「理由なし」として上告棄却を言い渡した。これで二審での死刑判決が確定したことになり、文が生き延びる道は大統領特赦権の発動が残されるだけとなった。しかしその可能性はないに等しいと、ソウルの消息通は一致した見解を表した。

上告審判決公判は、大法院一三二号法廷で行われた。一一月二〇日の二審判決の後、文と担当の国選弁護人は量刑を不服として直ちに上告手続きを取っていたが、大法院は洪判事を裁判長、任《イム》判事を主審と決め、一二月初めから非公開の審理を進めてきた。弁護側から新証拠の提示もなく、書面審理で一切が済まされた。ソウル拘置所に収監されている文は、ついに大法院の法廷に姿を見せることがなかった。

この日の法廷には宋弁護士らも現れず、内外記者団と治安当局の関係者七〇人が傍聴席を埋めた。判事席に着いた洪裁判長ら四人の判事は、別の二事件についての判決を短く述べた後、文被告の判決に入った。

洪裁判長はまず「上告を棄却する」とすると主文を朗読、判決理由を述べた。弁護側の「文被告は日本で不遇な環境で育ったため共産主義に走り、朝鮮総連の誘惑により事件を起こした。しかし年齢も若く、後悔しているので刑を減軽してほしい」との上告理由について裁判長は、「国家元首を狙撃し、大統領夫人を殺害した驚くべき犯行とその結果をみるなら、原判決の死刑は重すぎるものでない。法でいう量刑不当の著しい事由ともならない」と棄却したことを述べた。公判はわずか四分間で終わった。

文に対する罪名は内乱の目的の殺人罪、反共法違反、国家保安法違反、銃砲火薬類取締法違反、特殊窃盗罪、出入国管理法違反の六つであったが、大法院判決は一、二審の時と同様、これらの適用をすべて認め、極刑が相当だとし、弁護人らが主張した情状酌量の余地はないと退けた。

八月一五日の光復節式典で文が朴大統領めがけて拳銃を発射、陸英修夫人を殺害した事件の日から数えて、この日の刑確定は一二四日目であった。裁判は決まった手順を踏みながらも、一審から上告審までを通じて公判はわずか六回という異常なスピードで進められた。三回の公判時間は実質九時間一〇分で、弁護士による被告人尋問はわずか一五分に過ぎなかった。

4 最後まで残された謎

「もし死刑が決定しても心配はいりません」「息子が大きくなる前に帰れると思う」

韓国大法院で一二月一七日に死刑を言い渡された文世光から、あくまでも減刑を確信する手紙が妻のもとに届いていた。近親者たちはテレビが伝える法廷の文の普段通りの明るさに首をかしげていた。死刑判決は確定したが、三審を通じても狙撃事件をめぐる数々の謎は残されたままであった。

（入場の謎）

狙撃事件の最大の謎は、当初から背後関係の有無であった。文は一審、控訴審で背後に「朝鮮総連や北朝鮮工作員の指令があった」とする検察側の主張を全面的に認めた。しかし公表された韓国、日本の捜査当局の調べからは「北朝鮮背後説」では説明できない謎が残された。

もし「北朝鮮背後説」が正しいとするなら、あれだけ警戒が厳重で韓国政府の招待客しか入れない会場に、入場者用リボンも付けずに文が座れたのはなぜか。当日、文世光に職務質問しながら見逃した責任を問われて職務遺棄容疑で起訴された前中部署の崔宗煥《チェヂョンファン》情報課長は公判で、「大統領警護室員の口添えがあったから見逃した」と述べた。会場入り口にいた警官も、「入場証のない車も入れてよいと言われた。それで文の車もチェックしなかった」と証言していた。

（演説再開の謎）

テロを恐れ、常に周辺に尋常でない警戒を敷く朴大統領は、陸夫人を失う銃撃に遭ったにもかかわらず、騒ぎがおさまるのを待って一〇分ほどで演説を再開した。軍人だった朴大統領の豪胆さを示す一面と評した人もいたが、一五〇〇席ある会場内の誰一人として事件後に身体検査を受けていなかった。警備責任者は共犯者がいないことを承知していたのでは、と憶測する人もいた。それに北朝鮮筋がもし本当に朴大統領の暗殺を狙ったのなら、韓国語も射撃の腕前も不確かで極度の近眼の文をなぜわざわざ選んだのか等、疑問を抱く人は多かった。

（入国の謎）

文世光の自宅からは、家宅捜索で『金日成全集』が見つかった。一九七四年二月には朝鮮総連系といわれる東京都内の赤不動病院へわざわざ入院した。文自身が朝鮮総連生野西支部の全英男政治部長との接触や北の工作船といわれる万景峰号を訪れたことを自供した。

これだけみれば「北朝鮮背後説」は有力になる。しかし反朴政権派の韓青同で活動したり、「金大中氏を救う会大阪委員会事務次長」の肩書をもっていた文世光は、日本の警察や韓国の情報部、いわゆるＫＣＩＡ等には目立つ存在であった。

ことにＫＣＩＡ筋は一九七三年秋、金大中を奪い返すため大阪の総領事館を占拠、人質をとる文の計画を知り、七三年末ごろからひそかにマークしていた形跡があった。その文が「尾崎稔」の偽名を使ったとはいえ、なぜ簡単に渡韓できたのか。承知のうえで入国させ、泳がせていたとの見方もあったが、大統領への狙撃まで許したのは解せない。背後が北朝鮮なら、滞在をした朝鮮ホテルに文と一緒にいた流暢なソウルマル（ソウルことば）をしゃべる男について、韓国当局の追及がなかったのは不思議であった。

〈資金の謎〉

文と親しい人は、事件を聞いてすぐ「共犯はだれだ」と思ったという。赤不動病院の入院費、韓国への渡航費等約一〇〇万円は全英男政治部長から受けとったことになっていた。しかし全部長は文の自宅を訪ねてくるのが通例で、その際は妻がたいてい立ち会っており、そのような大金の受け渡しは見ていなかった。

調べに対し文は比較的すらすらと自供したが、事件の大事な鍵を握っているとみられた「前田」という人物については、文も韓国も日本の捜査当局もなにも触れていなかった。

渡韓直前の八月一日、「東京に言葉の勉強をしに行く」と言って文は預金通帳を二冊、妻に渡した。息子名義の一〇万円の定期預金と妻名義の五万円の普通預金であった。「どないしたん」と妻が尋ねると「前田さんがくれたんや」といった。「前田さんてだれ」と聞くと「朝鮮総連本部の政治部長や」と文は答えた。

〈謎の人物〉

「前日さん」は七月に一度、八月二日頃もう一度、文の家に電話してきて狙撃計画についても話していた。朝鮮総連はもちろん「前田という政治部長はいない」と否定した。妻の電話での印象は「日本人と思った」そうで、「前田は過激派の日本人」との説も出回っていた。はたして「前田」は北朝鮮の工作員であったのか。全英男政治部長とどんな関係があったのか。逆にＫＣＩＡの一員なのか。あるいは二重スパイなのか。全くもって、分からず終いのままであった。

もう一人、文は出発前に「なにかあったら東京都内の赤不動病院の池田さんに連絡しろ」と妻に言い残していた。該当の病院では「池田という人はいない」と否定した。一二月五日、警察が同じ都内にある朝鮮総連系病院の医師を、①日本名を「池田」と名乗っていた、②文を都内の病院に紹介したらしい、③事件後そわそわしていた等の情報をもとに調べたが、本人は否定、文のいう「池田」かどうかつきとめられなかった。

日本での反応

文世光の兄のもとに死刑確定の知らせが入ったのは、一二月一七日午前一一時過ぎであった。しかし兄宅玄関のドアは固く閉め切られたまま応答はなく、時折子供の泣き声がガラス戸越しに聞こえるだけであった。また文が二年余りの新婚生活を送った生野区の自宅は空家同然で、カバーの外れたクーラーの室外機が四カ月の時の流れを告げていた。

判決前日の一六日、兄は「やっぱりあかんでしょう。母も弟の妻も覚悟しています。後は大統領の特赦にすがるしかありません」と漏らしていた。

一方、韓国捜査当局から「文世光の共犯」と名指しされた尾崎稔は、死刑確定のニュースを和泉市内の組合の労使交渉の席で耳にした。尾崎は、「韓国側が一方的に宣伝しているだけで、私はもともと事件とは何のかかわりもない。韓国内で何が起きようと関係ないし、今回のことについても論評する立場にはない」と迷惑そうに語った。そして、「不況で労働組合の組織化には一番いい時期なのに、大阪府警の警察官がどこへ行くにもぴったり監視を続けているので、先日抗議をしたばかり」と話した。

文世光の死刑が確定したことについて、同日午後、民団大阪地方本部は団長名で声明文を、朝鮮総連大阪府本部は国際部長がコメントをそれぞれ発表した。

民団大阪地方本部は声明文で、文世光の罪を「韓国全国民に心から慕われていた国母陸英修女史を死にいたらしめた文世光の死刑は当然であり、絶対に許せない」と強調し、「文が獄中生活のなかで改しゅんの態度をみせ転向声明を出したが、その声明自体彼の背後に朝鮮総連が関係していることを如実に物語っている。日本の捜査当局において一日も早く事件の真相解明に極力努力してくれることを願い、在日韓国人の中からこのような犯人を出したことを大変遺憾に思う。この事件を教訓に民団の組織を強化し、韓日間の対話を通じてより一層親善と友好をはかっていきたい」と述べた。

一方、朝鮮総連大阪府本部はコメントで「朴大統領狙撃事件は朴大統領一味の政治謀略で、内外の孤立から抜け出ようとし、でっちあげたものである」と朝鮮総連と事件の関係を否定し、「でっちあげにより一人の韓国青年が死刑の宣告を受けたが、それで朴一味のファッショ体制が救われるものではない。いま南朝鮮では朴一味のファッショに対し、民主化の闘いが急激に高まっている。これによって必ずや朴一味は打ちくだかれる。我々は南朝鮮人民の闘いを全面支持する」とした。

文世光の死刑が確定したことで、事件は幕引きの模様であった。文は特赦による減刑を期待していたが、日本から「朝鮮総連の活動規制」の言質を得た韓国政府にとって、文にはもはや利用価値はなかった。余計な詮索をされないため、狙撃事件の真相を闇から闇に葬る必要から、あとはすみやかに刑を執行することだけであった。

第7章　事件の真相

1　警戒厳重な大統領

テロに怯える大統領

当時、朝日新聞の記者であった猪狩章はこう解説している。

「朴大統領に対する警護はこれまで厳重をきわめ、大統領が外出する際は大統領警護室が事前に厳しいチェックをし、当日は街中では道路に面するビルの窓を全部閉めさせ、高速道路にも約五〇〇メートルおきに帽子のあご紐を鼻に引っ掛け、カービン銃を肩にした武装警官が立つほどであった」

朴大統領は、これまでにも何度か暗殺の危機にさらされていた。一九六八年一月には、約三〇人の北朝鮮の武装ゲリラが大統領官邸のすぐ近くにまで接近し、七〇年には三月済州島《チェヂュド》へ視察に行った際、つづいて五月忠清南道牙山《チュンチョンナムドアサン》の顕忠祠に参拝した時、さらに六月国立墓地に出向く前にそれぞれ暗殺計画があった。国立墓地の場合は、六月二二日、四、五人のゲリラが広大な墓地内に侵入、顕忠門《ヒョンチュンムン》に時限装置のついた高性能爆弾をセットしているうち、誤ってゲリラ一人が爆死したため発見された。韓国当局の調べによると、その爆弾は二キロほど離れた場所から遠隔操作できるようになっており、顕忠門をはいったところで、二五日に行われる予定だった朝鮮戦争二〇周年記念行事に出席、焼香しようとした朴大統領を狙ったものであった。

こうした一連のゲリラによるテロ行為に対し、韓国警察当局は狙撃事件前の一九七四年六月、「ゲリラ防止」の警備措置として、大統領官邸の青瓦台から一・八キロ以内の建物の住民に、中央庁の南側にある建物で写真を撮ったり、望遠鏡で覗いたりしないよう、また指示がある場合は窓を閉めカーテンを引くよう通達を出したばかりであった。また朴大統領が出席する行事で記者が取材する場合、タクシーで行くと一、二キロ離れた場所で降ろされ、徒歩で行くことを余儀なくされるほど警備が厳しかった。

厳重な警戒によって、六月六日には大統領官邸近くを飛行中の米第八軍一二八飛行中隊所属のヘリコプターが韓国軍首都警備部隊の発砲を受け、ソウル市西大門区の河原に不時着、将校二人が負傷するという事態が起こった。韓国国防省は「飛行禁止区域に侵入した。はじめは警告射撃を行ったが、進路を変えないため阻止射撃を加えた」と発表したが、韓国軍の作戦指揮権を有する米軍のヘリに向かってまで砲撃を加えるほど、大統領は神経過敏になっていた。

さらに朴大統領自身が地方視察をする際は、暗殺を恐れて防弾チョッキを着こみ、防弾装備の自動車に乗り込み、前後を数十台の警護車に囲まれながら全速力で走り抜けていたほど徹底した警戒ぶりであった。

朴大統領は維新体制宣布後はデモ鎮圧の際に戒厳令を発することはなく、もっぱら緊急措置を連発した。戒厳令で軍を出動させれば、その機に乗じて銃口が自分に向けられはしないかと恐れたからであった。事実、一九七一年の大統領選挙において、対立候補の金大中に軍人票が予想以上に流れたということから、朴正熙は国軍さえも信頼していなかった。

狙撃現場である会場潜入の謎

警戒厳重な中で、日本のパスポートを持った人間が拳銃をもって会場入りし、大統領が演説する演台めがけて発砲することなど神業に近い。八月二六日、韓国治安局警備課長が国会報告で、狙撃事件当日、会場には五四八人の警官が警護のため配置されていたことを明らかにした。このうち会場内には二五一人、犯行のあった一階座席に五一人。文世光が飛び出した通路には八人が配置されていたという。

朴大統領の演説会場には日本人の新聞記者も入れないほど厳重な警備が敷かれており、招待状は限られた人間しか持っていない。しかも招待状には座席番号が記され、車にも駐車券が必要とされ、車の前にそれを付けなければ会場付近にさえ近づくことはできなかった。

さらに警察当局の情報によると、文の座席は最前列の一番左の席であったとのことである。この席はいわゆる在日韓国人の〝大物〟が座る席で、周囲には民団幹部が多数並んでいた。文は反朴積極分子として、大阪韓国領事館とＫＣＩＡからマークされていた。文が座れば、「一目で反朴活動をした青年」だと見破られたことから、何らかの手引きがなければこの席に座れないはずだった。

文は「会場の入り口で制止された。でも日本語で『大統領の顔が見たい』と言うと、前の方の席に座らせてくれた。案内してくれた係官のちょうど前の席でした」と述べていた。この証言から文は「勝手に」会場に入ったのではなく、関係者が文を会場内に手引きしたことが分かる。狙撃事件当日、光復節記念式典に参加したある在日韓国人は、会場に入るまで三回もボディチェックされ、ハンカチ一枚しか持参を許されなかった。

また、凶器の拳銃についても、韓国内でも一般市民が通常触れることのできぬ銃砲であり、厳しい監視の目を潜り抜けて悠々と会場に入り発砲したことから、事件の背後には複雑な事情があると暗示されていた。それを裏付ける説として、大統領の側近中の側近で、当時飛ぶ鳥を落とす勢いだった朴鐘圭大統領警護室長の追い落としをはかるため、反対派が仕組んだという「権力闘争説」もささやかれていた。

日本の警察庁や大阪府警も、文世光が尾崎令子に戸籍謄本入手を依頼したのが一九七四年六月、拳銃窃盗が七月、そして狙撃事件が八月と連続して行われていることから、文の背後に「韓国人のかなりの大物が背後にいる公算が強い」との見方を示した。

韓国政府のジレンマ

事件を検証していくと、金大中拉致事件以降、日本国内で高まる朴政権の独裁体制を批判する動きに日本政府が何らの対応もしていないことに、韓国政府は業を煮やしていた。朴政権は朝鮮総連や韓国民主回復統一促進国民会議（韓民統）、韓青同による反朴運動を苦々しく思っており、その取締りを日本政府に度々要求してきた。韓国内での民衆弾圧をいくら情報統制下においても、人づてに日本に伝わり、反朴運動体がそれを日本を含む国内外世論に訴えていた。朴政権にとっては厳しい南北対立にあって国内の締め付けは必要悪だとしても、西欧諸国は無視できない人権弾圧として捉えていた。それが朴政権にとってジレンマとなり、今回の狙撃事件を利用して反朴団体の一斉取締りを日本政府に働きかけた。

朴大統領狙撃事件の二年前、一九七二年に起こったフィリピンのマルコス大統領夫人襲撃事件において、マルコス政権は事件を契機に反対勢力を弾圧した過去があった。韓国でもフィリピンでの事件に倣って、狙撃事件をきっかけに民主化運動を鎮圧する大義名分を得たかのような動きを見せたことは必然であった。

二年前の維新体制宣布の後、一九七四年の韓国では朴独裁政権に対する国民の反発が爆発しようとしていた。進退窮まった朴政権が起死回生の策として、大統領狙撃事件を利用して一気に反転攻勢をかけるという謀略を取ったと勘ぐられても致し方なかった。それ故、韓国政府が反朴運動の拠点とみなしている日本をターゲットにして、狙撃事件を仕組んだというシナリオが練られてもおかしくはない。それだけ事件後の韓国政府の対応は早かった。

韓国政府は犯人が在日韓国人であることを把握していたにもかかわらず、当初は日本人犯行説を匂わせた。そして在日韓国人だけでなく、日本人の出国までも禁止した。ある意味これは狙撃事件を楯にした日本への圧力であり、日本人を「人質」として外交を優位にしようとする意図が見えなくもなかった。

2　大統領警護室の関わり

狙撃事件の責任追及

韓国内務省治安局は八月一七日、狙撃事件が起きた光復節記念式典会場である国立中央劇場の当日の警備責任者であったソウル市警中部署情報課長の崔《チェ》警視を職務遺棄の疑いで逮捕、ソウル拘置所に拘置した。

これに関連して八月一九日夕、韓国特捜本部の金一斗検事長は次のように語った。

「すべての警備関係者らは、この事件に対し道義的な責任を負うべきだ。ソウル市警中部署の崔警視が拘束されたのは、崔警視が文の犯行を十分予防できる位置にいたにもかかわらず、これを防げなかったためだ。さらに一〇〇余人を上回る警備関係者に対する捜査を進めている」

事件後、警備責任者として中部署長ら二八人が懲戒免職、依願免職となり、治安局関係では治安局長ら三一人が辞職した。

八月二〇日夜一〇時頃、大統領警護室の河《ハ》安全課長が大統領官邸内にある課長室で刃物によって下腹部を切りつけ、「部下の手抜かりで陸英修女史が亡くなられた」と叫んだ。すぐに当直の部下が河課長を病院に運び、八針を縫う手術で命はとりとめた。

河課長は狙撃事件の責任をとって自殺を図ったとみられていた。安全課がどのような任務を持つ部署であるかは明らかにされていなかったが、河課長は大統領警護に直接携わっていたとみられた。

大統領警護室長の更迭

朴大統領は八月二〇日、狙撃事件の責任をとるかたちで政府閣僚の全員、大統領官邸の幹部から出されていた辞表のうち、朴鐘圭大統領警護室長と洪性澈《ホンソンチョル》内相の二人の辞表を受理し、この二つのポストを更迭することを決定した。金鐘泌首相ら二二閣僚のうち内相を除く全員は留任となった。

朴大統領はその際、「内閣と大統領官邸秘書室および警護室、中央情報部は地位の高低を問わず気構えを新たにし、各自が受け持つ任務が何かをよく認識し、任務を全うすることに努めてほしい」と述べた。

朴鐘圭大統領警護室長は一九六一年の軍事クーデターの際は、陸軍少佐であった。当時から朴大統領（当時は少将）の警護役を担っていた。クーデター成功の際は、打倒した張勉《チャンミョン》内閣の要人逮捕に辣腕をふるい、クーデター後の民政移管を経て大統領警護室次長、そして一九六四年には室長となった。大統領側近の中で最も信頼が厚いとされ、一九七三年の尹泌鏞《ユンピルヨン》首都警備司令官と姜昌成《カンチャンソン》陸軍保安司令官の失脚、そして金大中拉致事件の責任をとって李厚洛《イフラク》中央情報部長が辞職したこと等でその地位はさらに高まり、朴体制を支える中心人物と評されるまで上り詰めていた。日本の政財界人も朴室長の実力を高く買い、彼とのパイプをつなごうと競い合っていた。

八月二一日のソウル放送によれば、狙撃事件に責任をとって辞任した大統領警護室長朴鐘圭の後任に、車智澈《チャヂチョル》国会内務委員長が内定したと報じられた。車は一九三四年生まれで、韓国海兵隊を経て米歩兵学校、砲兵学校に入学した。一九六一年、朴正煕が政権を奪取した五・一六軍事クーデターでは、革命軍第一隊の中隊長として指揮を執った。一九六二年海兵隊中佐として予備役編入、一九六三年以来与党共和党から四期連続国会議員に当選していた。
車は一九七九年一〇月二六日、朴正熙とともに射殺される運命となった。

大統領警護室の陰

ソウル刑事地裁は一〇月三〇日、狙撃事件当時の警備責任者であった前ソウル中部警察情報課長であった崔警視に対する初公判を開いた。

崔被告は事実審理で「犯人の文世光がリボンを付けずに座っていたのを発見した。『何者だ』と不審尋問したが、文の隣に座っていた青瓦台（大統領府）の張某という警護員が、『長官に会いに来た人物だ』と言うので張警護官と知り合いの在日韓国人だと思い、会場に入るよう頷いて見せた」と陳述した。また崔被告は、「外国人を検問する時は、親切にすべきだと考えていた」と述べ、文世光に対し特別な警戒を払わなかったことを明らかにした。

朴大統領狙撃事件の最大の謎の一つは、入場証も持たない文世光がなぜ警戒厳重な独立記念日式典会場に入りこめたかという点であったが、報道によると文は会場に高級車で乗りつけて警戒線を突破し、「日本商社員だが、後宮大使に会いにきた」と式場ロビーでの不審尋問を切り抜けたことになっていた。

一〇月三〇日付の東亜日報が報じたところによると、八月一五日の式場警備の責任を問われてクビになったソウル市警中部署の警官のうち李《リ》警衛、金《キム》巡警、李巡警の三人が「クビ切りは不当だ」として訴請審査委へ提訴した。その理由として三人は「我々は事件のあった八月一五日、国立中央劇場表門の守衛室で警備にあたっていた。ところが当日、上部から『入場証のない車でも式場に入れろ』という指示があり、そのため文世光が乗った車を制止せずに通過させた。上部の指示にしたがったまでであり、我々に責任はない」と述べたと同紙は報じた。

その後、ソウル刑事地裁は一二月二三日、狙撃事件当時の警備責任者で、八月一七日に内務省治安局に逮捕された崔情報課長に対し、職務遺棄罪を認めて懲役一〇カ月（求刑一年）の判決を言い渡した。鄭《チョン》裁判長は、「式典入場者に対し、崔被告が厳重なチェックを怠り、犯人文世光が会場に入るのを見過ごしたのは重大な過ちだ」との判決理由を述べた。

これに対し崔被告は一〇月三〇日に行われた第一回公判で、「私が文の入場を止めなかったのは、大統領警護室の警護官が『長官に会いに来た人だ』と口添えしたためだ」と起訴事実を否認する陳述をし、大統領警護室が文の入場を黙認したのではないかとの謎を投げかけた。判決はその疑問に直接触れておらず、崔被告よりさらに上部の機関の刑事責任は追及されることがなかった。

3　謎に満ちた行動

狙撃事件の検証

狙撃事件については、日本国内における文世光の行動と彼の周辺にも謎が残された。それを辿ってみると、組織的かつ計画的な犯行であったことが明らかとなった。

（背景）

文世光の思想的背景については、高校時代の社会科学研究会にさかのぼる。しかし、文の通った高校にも、「社研」を通じて知り合ったという尾崎令子の女子高にも、学校当局の関知する組織は存在していなかった。であるならば、同好会という形態が考えられたが、組織の実態は解明されずじまいであった。一説には日本赤軍とつながる正体不明の学生運動組織ともいわれ、令子と思想的共鳴関係にあった人物は、「令子は新左翼にかぶれていた」と語った。

読書家であったという文は、思想的に同調するグループや左翼書籍を通して、現状の韓国に強い問題意識を持っていた。文は韓青同に参加する前の高校時代、新左翼にかかわりがあり、自宅から押収された「戦闘宣言」の「未来は銃口の上に輝いている」という表現にも赤軍派の唯銃主義的影響が色濃くみられた。文に関しては、テレビのスパイものやスパイ小説に異常な興味を示していたことから、独学で銃の射撃を研究していた可能性もあると見る捜査関係者もいた。

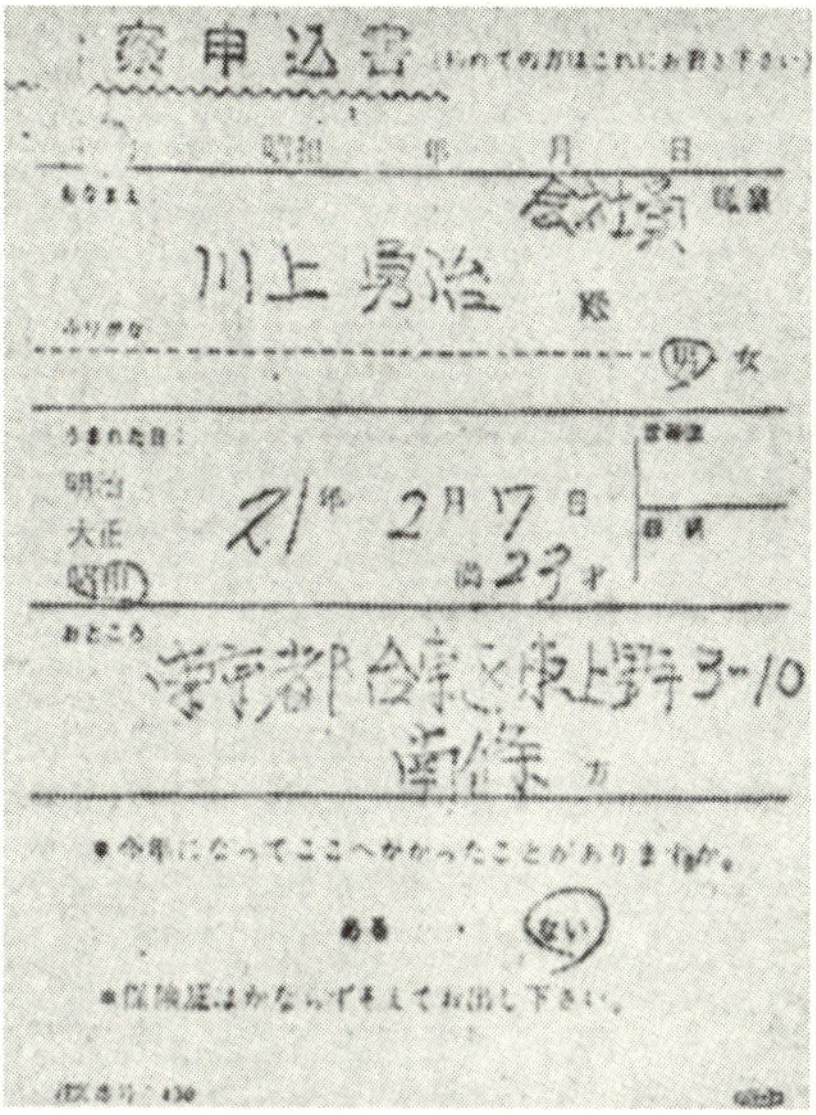
察申込書
川上 勇治 様
男 女
明治 大正 昭和 21年 2月 17日 満 23才
●今年になってここへかかったことがありますか。
ある ・ ない
●保険証はかならずそえてお出し下さい。

文世光が赤不動病院に入院した時に提出した診察申込書。生年月日、住所とも虚偽に記載されていた　出典：「朝日新聞」1974年８月13日

（謎の入院）

文世光は一九七四年二月一一日、東京都足立区の赤不動病院に入院したが、入院前、大阪で知人に「十二指腸潰瘍で東

京の病院に入院する。大阪出身で今は東京の会社にいる友達の健康保険を借りるので、東京の病院に決めた」と説明していた。知人は、「なぜ東京にしたのか不思議だった。けれど、生活費に困っていたのを知っていたから、友人の保険証を借りるのもやむを得ないと思った」と話した。しかし文は健康保険を使っての入院ではなく、自費による入院をしていた。入院費は一六万円で、文は退院直前にその額を知らされたが、退院日にはきっちり全額支払った。自費ならば、なぜ偽名を使ってまで東京の病院に入院する必要があったのかという疑問が残る。

病院での入院生活にも不審な点が見られた。文と同室であったというある入院患者によると、病院二階の九人部屋で文は朝からカセットテープでハワイアンかジャズ音楽を大音量で聴きながら読書するのが日課であった。時々辞書を引きながら声を出して本を読んでいたが、日本語でもなく英語でもなく、今から思えば韓国語だったのかもしれなかったとのことであった。本はかなり持ち込んでサイドテーブルに置いてあり、食膳が載せられないほどであったという。

無口でほとんど同室者と話をしなかったが、一度だけ文の方から、「自分は大阪の出身で関西の学校を出たが、日本人でないため日本の会社に就職するのが難しく、自分で仕事を探さなければならない」と話した。ほとんど一人でしゃべり続け、周囲の患者はただ頷くだけであった。時々外出はしていたが、長時間の外出や外泊はなかったし、見舞客もなかった。病院内には売店がなく、どの患者もちょくちょく外出しており、文もその程度のようであった。

入院時の文の服装は、紺色の上着にえび茶のズボン、一見疲れた学生風であったが、ワイシャツはいつも白で綺麗なものを着ていたのが印象的であった。看護婦ら病院関係者は、「胃カメラ等検査の注意もきっちり守り、目立たない静かな患者でした」と証言し、「もっとよく文から話を聞いておけばよかった」と悔やむ一面も見せた。

もし文が自身で綴った「戦闘宣言」で告白したように、大統領狙撃の準備・立案を一年がかりで進めていたとするならば、この入院で計画を練り上げていたか、または共犯者と接触したのではないかと、知人は推測していた。

韓国捜査当局は、「東京の朝鮮総連系の病院で射撃訓練を行った」と公式に発表したが、住宅密集地にあり、この場所で射撃訓練を行うとたちまち通報されるのがオチであった。


〈資金〉


文世光は一九七一年二月、韓青同がまだ民団の傘下団体であった時、民団生野支部の事務職員をしており、妻と知り合い結婚した。しかし二カ月ほどで支部を辞め、その後はチリ紙交換、消火器販売、ビル清掃業と次々仕事を変えている。最後の職場は一九七四年四月に就職した大阪市港区の運送会社で、「湯浅武」という日本名で事務員として入職した。この間、毎月の収入は最高でも一〇万円で、妻子を抱えての生活は苦しく、韓青時代は食事代にもしばしば困り、「たびたび借金をしていた」という証言もあった。

文世光は一九七三年一二月、民団自主守護委員会大阪本部の事務局に勤務する際、妻の李美姫と三日三晩にわたる大喧嘩をした。事務局から出る給料は約五万円で、美姫は「それでは生活ができない。他の仕事をしてほしい」と切に訴えた。結婚当初、双方の親からは家と家財道具を買ってもらったが、文は定職に就かなかった。狙撃事件直前は無職で、妻の李美姫が自宅で内職をして生計を立てていた。大統領狙撃計画の資金を文単独で捻出する余裕はなかったと思われた。

しかし一九七三年秋から文の金回りは急によくなった。支出額は分かっただけでも、尾崎令子との香港旅行代二十数万円、東京の病院入院費一六万円、狙撃事件で使った旅費等合わせて約五〇万円、それに信州方面への家族旅行費を含めるとゆうに一〇〇万円を超える金額となった。そして当時の大阪市生野区の長屋にしては豪勢なクーラーや絨毯等の調度品を揃えていたことから、かなりの不労所得があったことを匂わせた。

韓国入国の際、文世光は米ドルと日本円にして約二八万円を所持して、八月六日午後大阪空港を飛び立った。空港からまっすぐソウルの最高級ホテルである朝鮮ホテルに向かい、八月一二日までの宿泊費として約八万円を即金で支払った。チェックアウト予定日の八月一二日には、一六日までの宿泊延長として約三万三千円、犯行当日の一五日朝には朝鮮ホテル宿泊客専用の高級セダン運転手に気前よく八千円をチップとして渡した。さらにホテル滞在期間、背広を三着替えた上、景徳宮やソウル近郊の遊園地等にタクシーで観光しており、大阪―ソウル間の航空運賃二万一〇五〇円を含めると、犯行当日までに少なくとも三〇万円は使っていた計算になった。

（拳銃窃盗）

朴大統領狙撃には盗難された拳銃が使われたが、犯人は派出所の勤務時間、部屋の間取り、周囲の環境等を入念に下調べしており、しかも手口からは「二人以上、素人では無理」というのが捜査関係者の見方であった。すなわち深夜の派出所といっても、いつ他の警官が来るか分からず、当然盗み役と見張り役の少なくとも二人がいなければ拳銃窃盗は成立が困難であった。

それを裏付ける状況証拠として、文世光の自宅から押収・採取した靴、足跡、指紋と、南署高津派出所に残された足跡、指紋とは一致しなかった。派出所に残された犯人の物らしい足跡は踵の部分だけであるが、府警科学捜査研究所の鑑定では二四・五から二五センチの紳士用革靴と推定した。しかし文の靴は二六・五センチと少し大きいものであった。また、派出所は西側通用口のドアノブの円筒錠が破られていたが、この錠は単に引きちぎっただけでは開かない構造であった。円筒錠を開けるには旋盤穴に食い込んでいるラッチ部の金具を細い工具で引き戻すという技術がなければ不可能で、犯人はこの金具をドアの隙間から細い工具を差し入れ器用に操作しており、鍵の仕組みに専門的な知識を持っているとみられた。

文には窃盗の前歴はなく、手先もそれほど器用ではなかったということから、拳銃を文が単独で盗んだという物的証拠はなく、文以外の人物が犯行に加担したとみられた。

さらに危険を冒してまでなぜ、わざわざ警官が出入りする派出所から拳銃を盗み出す必要があったのか、という疑問が残った。当時、拳銃であれば約三〇万円で裏ルートから入手も可能で、単に凶器として用立てるにしては大袈裟な犯行であった。日本で一九七三年の一年間で暴力団関係者等から押収した拳銃は、実に九三六丁にのぼった。当時の日本は現在では考えられない銃社会であり、文世光が本気で拳銃入手に動けば、香港でも日本国内でも派出所から盗み出すよりもっと容易であったはずだ。そうしなかった理由の背後には、拳銃を日本の警察から盗むことで、日本を事件に巻き込む意図が働いたという推測が成り立った。

週末の会合

「八月一日を迎えるにおいて、約一年間の準備は朴正熙討伐の五〇パーセントを完遂している」

文世光は八月一六日に押収された「戦闘宣言」の中で、朴大統領狙撃計画を一年間にわたって練り続けたことを書き記している。文の言う「一年前」の一九七三年八月八日には、金大中が白昼東京のホテルから拉致され韓国に連行された金大中事件が発生しており、高校時代から反朴政権運動に関わってきた文がこの事件に影響されたことは容易に想像がつく。

ちょうどこの時期は、文世光が韓青同を脱退した時期と重なり、週末の午後八時頃ともなると、どこからともなく学生風の一〇人前後の男が大阪生野区の文の自宅内へと姿を消した。それも定期会合のように毎週末に決まって開かれ、会議中は出入口や窓はぴしゃりと閉ざされた。そして午後一一時ごろになると、男たちはまたそろってどこかへと文の自宅を後にする。「何となく気味が悪かった」と近所の住民は口をそろえた。

妻の李美姫は、「全く知らない人から電話がかかるようになり、夫が何か大変なことをするのでは」と気掛かりになっていた。李美姫も元韓青同のメンバーで、文にかかってくる電話の声の主は、たいてい分かるはずであった。韓青同や金大中救出対策委も一九七四年二月に文が東京の病院に入院して以来、ほとんど顔を合わせていなかったことから、他の組織の人間と考えられた。

しかし、この「深夜の会合」も七月中旬には突然中止となった。そして歩調を合わせたかのように、拳銃盗難、不正な旅券取得、韓国出国、狙撃決行と文は突き進んでいく。大阪府警はこの「深夜の会合」グループが「事件に関与しているかどうかはまだ分からない」としていたが、無関係であるのなら、拳銃盗難事件以来、複数の男たちが突如姿を消してしまったという謎が残った。

文世光の適性

文世光は身長一メートル八〇センチ、体重八〇キロの長身巨体、日常動作は緩慢で機敏なテロ活動にはおよそ不似合いな体格とされた。さらに新聞を五センチまで近づけないと読めないという強度の近眼であり、ピストル射撃の経験は全くなかった。手先は不器用で、四人の警官の寝ている派出所の錠をこじあけて拳銃盗難の犯行に及んだとは、文を知る人物には到底信じられなかったという。

文世光をよく知る人物は口を揃えて、「激情的で節約家であった半面、どこか間が抜けたところがあった」「今度の事件をあの男が一人で緻密な計画を立て実行できたとは思えない」と話した。「文は行動力はあったが、物事をじっくり考えることは高校時代から苦手だった」と証言する友人もいた。文の人物像からは、沈着冷静でメカに強く緻密な計画の下で任務を遂行するという、劇画の主人公のようなスナイパーを連想することは困難であった。文の家宅捜査からは、派出所から盗み出したもう一丁の拳銃と五発の実弾、戦闘宣言、日記、資金源の解明にもつながる出納簿、背後関係を裏付ける可能性がある名刺等の証拠物件が次々と出てきた。通常なら証拠隠滅工作に奔走するのだが、自分が犯人であることを堂々と宣言している節があった。

ソウルでの豪遊

また、テロリストのイメージにはほど遠い活動スタイルも浮かび上がる。

八月六日のソウル着からの足取りは、まさに酒と女に明け暮れる日々であった。到着翌日の八月七日午後八時五〇分頃、ソウル市中区コスモス百貨店ビアホールでホステスの紹介を依頼したのをはじめ、八日の午前中は「吉井」名義で三時間コースの市内観光へと繰り出した。九日は「夜の観光」を目論んだが、団体客ではないと断られたことから、一〇日午後四時半頃にタクシーを借り切って清平《チョンピョン》のナイアガラホテルに投宿した。そしてホテルのナイトクラブで紹介された女性と一晩を過ごし、翌一一日午前九時頃、タクシーでソウルに戻った。八月一二日、旅行社へ再び「夜の観光」を依頼したところ、目的を聞かれ「ビジネス」と文は答えた。八月一三日、旅行者が「夜の観光」の予約が可能と連絡を入れると、文は「急用で今日はいけない」とキャンセルした。この日の食事は、ルームサービスで済ませた。

狙撃事件の前日である八月一四日、文は食事をルームサービスでとり、その後外出、夕方ホテルに戻った。

文のこうした行動は、大統領を狙撃することを全く予感させない、いわゆる妓生観光にほかならず、あまりにも無警戒であった。これが計算されたカモフラージュであったとすれば、大胆不敵な行動と舌を巻かずにはいられない。

４　最大の謎、狙撃の瞬間

アメリカ人記者が目撃した狙撃の瞬間

事件の最大の謎である狙撃の瞬間について検証してみる。

一九七四年八月に発売されたアメリカの『ニューズウィーク』には、狙撃事件の際に最前列に座っていたブリンクリー・ロジャーズ記者の手記が掲載された。記者は狙撃事件の瞬間、犯人の文世光からわずか三メートルの距離で一部始終を目撃していた。その内容について、以下に抜粋して掲載する。

　落成したばかりの国立劇場は、やや沈んだ照明の下に静まり返り、朴大統領はいつもの地味な背広に身を包み、演壇中央から正装の観衆に淡々と話し始めた。単調な演説に一五〇〇人の招待客はまどろみ加減であった。突然、画面中央の通路に黒い影が浮かび上がり、若い男が演壇前のオーケストラボックスに向かって歩き始めた。興奮し、猛り狂った表情が見てとれた。誰かがその足をすくったが、彼はすぐに立ち上がった。オーケストラボックスまで来ると、男は両手に持った拳銃で大統領に狙いをつけ撃ちはじめた。第一発が演壇に当たったとき、大統領はすばやく防弾用鋼鉄製の演壇下に伏せた。すると、護衛たちが舞台に駆け上がり、応射を開始した。

「聴衆を撃つな」と大統領は叫んだ。しかし護衛の放った一発が、コーラスのために参列していた一六歳の女子高校生に命中した。次に、黒い影に屈強な男たちが飛びかかると、怒号を突き破って銃声が鈍い音を残して耳を打つ。そして間をおいて、もう一度かすかな爆裂音。これは二発目の銃声と思われた。十数人の警護員らしい私服が集まり文世光を床にねじ伏せ、うち一人が文を足蹴りにした。

オーケストラボックスの隅に転がった胴太の拳銃が黒々と光る。犯人の使った凶器と思われる。撃たれて床に崩れ、ぐったりとした陸英修大統領夫人のオレンジ色のチマチョゴリと白い韓国の靴が、抱きかかえる数人の警護員の姿とともに演壇の袖に消えた。大統領は聴衆に静かにするよう手で合図し、麦茶でのどを潤してから冷静に演説を再開した。

このアメリカ人記者によれば、文は二発しか撃たなかったことになる。しかし、韓国捜査当局の発表によれば最初文は四発発射し、その後五発発射に改められた。

映像解析による狙撃の瞬間

狙撃事件は現場を撮影していたテレビフィルムを詳細に検証することで、新たな事実が浮かび上がった。以下は、ＣＢＳニュース（米国）、ＴＢＳ（日本）、ＭＢＣ（韓国）のフィルムを東京で撮影関係者や事件の目撃者が分析した結果である。

（四発の連続銃声）

文世光の第一発は、彼が席から立ち上がって拳銃を抜こうとしたとたんに暴発したと言われている。ＭＢＣとＣＢＳの録音が、朴大統領の演説が始まってから一七分後のこの音をとらえている。紙袋が破裂するような「ボン」という鈍くて低い音だ。

ＣＢＳの同時録音フィルムによると、ダーン、ダーン、ダーン、ダーンと二分の一秒ほどの間隔で連続する四発の銃声が、会場を大混乱におとしいれるのは暴発から六秒後だ。

この部分のフィルムをゆっくり回してみると、暗い会場のオーケストラボックスの仕切り付近でピストルを発射する閃光がピカッ、ピカッ、ピカッと三度光っているのがはっきり見え、発射位置から四発の銃声のうち三発が文のもので、他の一発は文以外の人物の射撃と推測される。

ＭＢＣのフィルムによると、連続射撃の直後に舞台座席の陸夫人の上半身が左に傾き、再びもとの姿勢にかえったと思うまもなく、頭がゆっくりうしろにのけぞる。暴発の時点では大統領の演説はそのまま続いており、陸夫人の右手後ろの朴鍾圭警護室長だけが四、五秒後にイスをけって舞台正面にとびだし、左腰の拳銃を抜く。

（落ちたピストル）

「キャーッ」「アイゴー」と、ハチの巣をつついたような客席。三度目の閃光が光った後、警護員が文世光らしい黒い影の右手をつかみ、ピストルが落ちるのをＣＢＳのカメラがとらえている。文は倒され、一〇人以上の係官がその上にタックルする。

警護員の威嚇射撃だろうか、この騒ぎの中で間隔をおいてさらに二発の銃声。

韓国人カメラマンが撮影しＴＢＳが保存している四五秒のフィルムは、文が取り押えられた直後、演壇の陰に隠れている大統領の方向に走りよる警護員らしい男の姿を写している。男は途中で突然足をとめ、パッと向きなおって腰から抜いた拳銃を客席に構える。このフィルムには音がないが、文世光が捕えられた後の銃声に驚いたらしい。

（不可解な場面）

ＣＢＳのフィルムには不可解なシーンが一つある。被弾した陸夫人が搬出された後の画面だが、取り押えられた文世光の近くで四人の警護員が一丁の拳銃らしいものを素早く手から手へ受け渡している光景だ。この後カメラはオーケストラボックスの床に落ちている文のものらしい拳銃をアップし、これを拾いあげてポケットに収める係官の姿を写す。

この光景から、文世光が所持していた拳銃以外に、もう一丁の拳銃が事件現場に存在していたことになる。このことについての説明は、韓国政府からなされることはなかった。

（残された謎）

フィルムには文の暴発も含めて合計七発の銃声が記録されており、うち四発が文、三発が警護側のものと推定される。

ただ三本のフィルムとも、会場で死んだ合唱団の女子高校生の被弾シーンは映していない。最初、韓国当局は文の第三弾が女子高校生に命中したと発表し、その後の現場検証で「舞台左手から撃った弾丸が命中」と見解を変えた。起訴状でも文の射撃で死亡したのは陸夫人一人とされているようだ。

フィルムを詳細に分析した撮影関係者の大きな疑問点は、陸夫人の倒れ方である。文が使ったＳ＆Ｗチーフス三八口径ピストルの弾丸が命中した場合、強烈なショックを受けるはずだという。が、フィルムでみるかぎり陸夫人の倒れ方はきわめて緩漫で、それほど出血もしていない。

実は、陸夫人のこの倒れ方を実証する、最適の凶器が会場内には多数存在した。大統領警護員の所有する二二口径の拳銃ならそれが可能であった。

弾丸の行方

本当に、陸英修を撃ち殺したのは文世光だろうか。銃器に造詣の深い作家の大藪春彦らは、それは不可能だとみていた。アメリカ在住の文明子《ムンミョンヂャ》記者は、「目撃者の一人は、大統領夫人の狙撃は舞台の後方から行われたふしがある」と語り、サンフランシスコで在米韓国人の手によって発行されていた「ザ・コリアージャーナル」（九月一五日付）は、「陸英修女史の暗殺犯は朴鍾圭前大統領警護室長である」と決めつけた。これらの見解は、文世光が狙撃の素人という事実と関連づけてみた時、客観性を帯びていた。

しかも弾丸は、陸英修夫人の右後頭部から左前額へ貫通したといわれているが、これは文の位置からはどんなにしても撃てない角度である。

このほか、日本の警察は文の射撃角度、発射弾数、命中箇所、命中した弾丸が盗難拳銃によるものかどうかなどについて照会したが、韓国側からは何の回答もなかった。裁判では陸夫人の遺体の解剖結果さえ発表されず、弾道検査、現場検証図等の具体的証拠は何一つ提出されなかった。さらには、銃弾が身体を貫かず体内にとどまっている盲貫銃創であったにもかかわらず、弾そのものの存在が表に出されることがない等々、謎の部分があまりにも多かった。

陸夫人狙撃について、朝日新聞（一〇月七日付）が発表した「朴正煕狙撃のテレビフィルム分析結果」は、それを解きほぐす資料として極めて重要であると思われた。

韓国捜査当局は八月二三日の発表では、文世光の拳銃発射は「一発目：不発、二発目：発射、三発目：陸夫人に命中、四発目：国旗に命中」と、四発撃って一発は残っていたとし、警備側については三発発射して「一発目：威嚇射撃、二発目：女子学生に命中、三発目：文の足に命中」と発表した。しかしその後、二転三転の末、起訴状の段階では文世光が五発撃ち、「一発目：暴発、二発目：演壇に命中、三発目：不発、四発目：陸夫人に命中、五発目：国旗に命中」とした。これでは文が自供した自殺用の弾丸がない。

もう一度、CBS、TBS、MBCのテレビフィルムの分析結果を振り返ってみよう。

まずに文が撃った第一発目が暴発であったことは確認された。その後四発の銃声が続いているが、この部分については、暗い会場のオーケストラボックスの仕切り付近でピストルを発射する閃光が三度はっきり見えた。発射位置から、四発の銃声のうち三発が文のもので、他の一発は文以外の人物の射撃と推測される。つまり、「三度目の閃光の後で文は倒され」、この直後に「文以外の人物の射撃」があって、陸夫人がゆっくり後ろにのけぞったのであった。そしてさらに警備陣が撃った二発の銃声が録音されている。

ここで重要なことは、三度目の閃光のあと警護員が文世光らしい黒い影の右手をつかみ、ピストルが落ちるのをCBSのカメラがとらえ、文世光が使った拳銃のほかに一丁の拳銃らしきものを、四人の警護員がすばやく手から手へ受け渡している光景がフィルムに残っていることだ。

光復節式典に参席して事件の現場を目撃した崔徳新《チェドクシン》元外務部長官は、この時の模様を一九七八年四月二二日、カナダのトロントで開かれた講演会で次のように想起した。

「文世光が捕われるまでの間、陸英修は少し顔をうつむきかげんにしてそのまま席に静かに座っていた。陸英修の顔には何の傷あとも見られないので、私は横の仏教代表の僧侶に陸女史は失神しているようだと話した。もし正面から撃った文世光の銃弾に当たったなら、陸英修の顔面には弾丸の傷跡が残るはずであり血も流れるはずだが、傷跡一つ見られないので私は陸英修が警備室員に抱きかかえられて退場するまで、銃弾に当たっていたとは知らなかった。……式の終了後、私が二階を見渡すと、怪しげなことに治安総責任者である内務部長官が席に着いたままでおり、その時になってやっと場内から出ていった。『なぜ治安総責任者が、このような重大事件が突発したのに、今までここにいたのだろうか』と私は疑問に思った。……その後、韓国のマスコミが『陸女史が文世光の拳銃をうけて死亡した』と放送するとともに、『文世光の後に座っていた女学生も文世光の銃弾を受けて死亡した』と報道した。ところが後に捜査当局は、これが全くの嘘であったことを認め、女学生は警護員の銃弾を受けて死んだと訂正した」

俊敏な身のこなしの大統領

公表されたＣＢＳのコマ撮り写真を分析すると、「バーン」という最初の銃声に一番早い反応を示したのが、朴大統領であった。そして四コマ目にはすでに演壇に隠れていたという、非常に素早い対応であった。その次に反応したのが舞台の前面に飛び出し拳銃を構えた朴鐘圭大統領警護室長であり、この時点では陸夫人は動きを見せていなかった。そして陸夫人はゆっくりとのけぞっていく姿が撮影されていた。

ここで疑問なのが、人は「バーン」という音がしたからといって直ちにそれが拳銃によるものとして認識し、身をかわすことができるかという点である。事実、大統領を除いて、一発目でそれが拳銃音として理解した人物は皆無であった。さらに大統領は演説中であり、話すことに集中する人間が物音を即座に聞き取り対処することが可能かどうかも不可解であった。また文が座っていた座席は会場の左側の列で、大統領は会場席から向かって左側で演説をしており、文は一直線で舞台の大統領めがけて進むことができた。これも偶然にしては出来すぎた話として捉えられかねなかった。こうしたことから、狙撃の瞬間の大統領の行動からは、あらかじめそれが拳銃によるものと察していた節がみられた。

狙われた陸英修大統領夫人

朴正熙大統領夫人の陸英修は自ら「青瓦台野党」と称するほど、大統領にもの申す存在であった。また、朴正熙の度重なる女性遍歴に悩まされ、夫婦仲は決して良くなかった。夫婦喧嘩は日常茶飯事であり、軍人時代、部下には手を上げたり、暴言を吐くこともめったになかった「細やかな」朴正熙将軍が、唯一暴言を浴びせ暴力を働いた相手は、妻・陸英修だったという証言は多い。大統領、大統領夫人それぞれに側近が肩入れする等、夫婦関係は権力層を次第に巻き込んでいった。もはや朴正熙もこうした事態を看過できず、日ごと夫人を疎ましく思う心情はふくれ上がっていった。

こうしたことから、狙撃事件は朴正熙自らの謀略であって、夫婦仲の悪かった夫人を殺させたとの怪説がまことしやかに飛び交った。

夫婦の確執は公然の秘密であり、巷では二人の関係が酒の場で語られることもしばしばであった。以下は当時の大統領夫妻のいざこざについて、韓国内で詠まれた風刺詩「五・一六火刑式の弔詞」で、詩の前半部分と一九七〇年の箇所を紹介する。

十五年もの軍事独裁、五・一六が犯した罪状は
あまりにひどくて　黙っていられず
盛大にして華麗なる火刑式をば執り行ない
一言二言弔辞でも述べなきゃなるまい　いざ述べよう
アイゴラ、ティゴラ、五・一六よ　いざさらば
長生きし過ぎて耄碌沙汰だよ、無分別な振舞いばかりよ
おくれはしたけど、それ行け　早よう行け
不滅の大罪弔辞に託して、詠んであげようほどに
一九七〇年とせえー
漢江沿いは高速道路　鄭仁淑《チョンインスク》の変死体
車のナンバーも忘られぬ　ソウル二二六二号
彼女の息子が朴正熙に瓜二つとは　これ不思議

女房の陸女史に知れたらやっかいだ　桑原々々
鄭仁淑の兄をそそのかし　ピストルでパンパンパンと仕末した
妓生売春婦と未婚の未亡人、既婚婦人の区別なく
類まれなる乱れよう　あきれた民衆声も出ず
これ　六年前の罪悪だよ
腐敗族ども　それ行け　早よう行け

この詩に登場する鄭仁淑とは朴正熙の子供を身ごもったと噂された女性で、韓国政界を巻き込んだスキャンダルは「韓国版チャパキディック事件」とも呼ばれた。鄭は一九七〇年、二五歳で不可解な死を遂げたことから、政権による暗殺と噂された。

陸大統領夫人の死によって、朴正熙の私生活の乱れは歯止めがますます効かなくなり、やがてそれは一九七九年一〇月の大統領射殺という自身の破滅への道へとつながっていった。

5　日本での謎の行動

不用意すぎる文の行動

文世光が拳銃とともに盗んだ手錠入れの一部が大和川から発見されたが、ここでも疑問は残った。文は拳銃以外の盗品は全て大和川に捨てたと自供したが、それならなぜ残りの拳銃一丁をわざ

わざ人目につきやすい自宅に隠したのか。また、知人に譲ったライトバンの中に高津派出所のドアを壊した工具をそのまま置いていたのも不自然であった。

一九七四年二月に文世光が入院した東京の赤不動病院も、人目につきやすい大部屋に入院し、外出から帰ってくる度ごとに看護婦にお土産を買っていた。また、この病院が朝鮮総連とつながりがあることは公然の事実であって、隠密に行動するのが原則である狙撃実行犯としては、あまりにも大胆不敵な行動であった。

文世光は韓国入りする前、妻には「愛する妻よ、俺は必ず帰ってくる」、息子には「一年か二年すれば、英雄になって帰ってくる」と書き残していた。あれだけ世間を騒がせた事件を起こした割に、本気で帰れると確信できる〝保障〟があったのか、文は往復の航空券を所持していた。

謎の人物「前田」

朴大統領狙撃計画の資金に関連して、文の妻と兄が『週刊現代』九月二六日号のインタビューにおいて次のように証言した。

――文世光の金の入手状況をお聞きしたいんですが、まずお母さんから一九七三年一一月に五〇万円借りて、それを香港旅行に使っている。そのほかは……。

兄「後は考えられないですね。一九七四年七月の末に信州旅行に行っているんです。韓国報道ではその時に四〇万円使っているというんですけど、四万円弱ですわ。大人が五人、子供が三人の三泊四日で、全部で一〇万しないですわ。義妹のところの出し分が四万円弱。なんぼ使っても、四万以上は出していませんわ。そのほか新聞報道では、『最近になって義妹が世光の挙動に不安を感じて、義兄に相談した』と書いてありましたけど、そんなこと全然ありませんよ。今回の事件のために、一二〇〇ドルくらい持っていて、その金がどこから出たかということが問題になっていますが……。僕らに分かっているのは、母から貰った五〇万円だけですね」

——文世光自身が働いて得た収入は、どのくらいでしたか。

妻「民団自主委の事務所に籍を置いていたころは月給六万五千円で苦しかったんですけど、港運会社に勤めた時は一三万円弱ありました」

——港運会社に勤め出したのは、いつごろですか。

妻「一九七四年二月に東京の病院から退院して、一週間ぐらいしてからですね。『アルバイトニュース』みたいなのを見て、自分で見つけました」

——給料はほとんど奥さんに渡されていたのか。

妻「ええ」

——旦那さんのお小遣いは、大体どのくらいだったのか。

妻「子供にオモチャを買ったり、たまに自分で本を買うくらいで、本人はガソリン代ぐらいしかないんじゃないですか。よう使っても二万ぐらいと違いますか」

——貯えがあったという状況ではないわけですね。

兄「ないですね」

妻「金を受け取ったのが、ある雑誌では八月四日と書かれたのでしょ。あれは八月一日なんです。子供の定期一〇万円と普通預金五万円に分けてあの人から通帳を受け取っているんです。その時あの人はカンパやいうてました。八月五日にあの人が韓国へ出発する時、私に東京へ言葉の研修に行くといって出たんですが、その費用としてカンパのお金が充てられたのだと説明がつくんです」

――報道では朝鮮総連の上層部の人から金を受け取っていることになっていますが。

妻「朝鮮総連の上層部ではなくてあの人の言うには朝鮮総連本部の政治部長からだとはっきり言うんです。連絡するのは前田という人だと言っていました。私の感じでは前田さんが政治部長のような気がします。その人から七月と八月に二回ほど連絡があって、お金を貰っているような気もするんです」

――前田という人物と朝鮮総連生野西支部の全英男政治部長は違う人物ですか。

妻「電話で聞く声では、全英男さんとは違うわ。若い感じの声で流暢な日本語でした。果たしてほんとに朝鮮総連の人かどうか、私の感じではよく分からないんです」

――文世光さんと前田さんの電話のやりとりを聞いたことはありますか。

妻「一度、七月頃だったと思いますけど、前田さんから電話があって、約束したからと言ってあの人が出かけたことがありました。ご飯を食べてから出かけていって、一一時頃帰ってきたんですけど……。そのほかに八月二日か三日頃に前田さんと約束しているようでもありましたけれど……。それで八月五日にあの人が韓国に出かけた時に、私には入院していた東京の病院の池田さんに連絡しろと言い残して行きました。友人たちには和歌山へ行ったと言ってくれということでした」

「池田」とは誰なのか

文世光に対する判決公判が開かれる一〇月一九日を前にして、妻と兄は朝日新聞記者の取材を受け、次のように語った。これまで警察の家族に対する取調べは延べ五一日間、三〇一時間にも及び、加えて殺到するマスコミの問い合わせ、脅迫電話等により母親は精神的なショックで寝たきりとなっていた。疲れ切った家族は外部の訪問者を極度に警戒し、家族の滞在先である大阪市内の兄の自宅では、普段は玄関入り口にあるインターホンで応対していた。

——狙撃事件をはじめて知ったとき、どう思ったか。

兄「仲間がいるんじゃないかなと思ったが、一人だったということで意外な気がした」

——仲間がいるというのは事前になにか聞いていたのか。

兄「一九七三年一一月、私に七〇万円を都合してくれと話があった。理由を聞くと、朴大統領を暗殺するので拳銃を買ったり、パスポート、旅費等にかかるということだった。そんなことはとんでもないことと、世光の妻と二人で必死にとめた」

——資金の出所が問題になっているが、思いあたるふしは。

兄「私たちが知っているかぎり、弟が大金を入手したのは私に相談があった後、母に嘘をついて五

○万円借りたのが最後だ。その後の資金はどこから入手したのかわからない（筆者注：文は一九七四年二月、東京の病院に約一カ月入院。一六万円を払ったほか、ソウルで捕まった時、一二〇〇米ドル＝約三六万円＝と日本円二万円を持っていた）」

――朝鮮総連生野西支部の全英男政治部長以外に、文と接触した人で名前がわかる人は。

妻「七月に一度、八月二日頃にもういっぺん、前田という人から『ご主人いますか』と電話がかかってきたことがある。若い声で、流暢な日本語だった。応対にでた夫は二回とも相づちをうつ程度だった。前田さんは朝鮮総連本部の政治部長だという夫の話なので『朝鮮総連の政治部長にしたら、若い声やね』というと、夫は『そんなに若くもないんや』といっていた。全英男さんの声とはぜんぜん違う。前田さんは日本の人との印象が強かった。警察から『前田らしい人が訪ねてきたことがないか』と聞かれたが、そんなことはないと答えた。するとその時、自宅付近の喫茶店で夫がしばしば誰かと会っていたはずだといっていた」

――そのほかには。

妻「八月五日に渡韓した時、『何かあったら東京の赤不動病院の池田さんに連絡しろ』といい残した。狙撃事件を知って、八月一五日の午後三時半頃、私が赤不動病院へ『池田さんいますか』と電話してみた。しばらく待たされてから、『そんな人はいない』と返事があった」

兄「前田、池田の件は、事件翌日に警察に話してある。にもかかわらず、捜査当局がこの二人について公表しないのが疑問だ」

妻「電話で思い出したが、事件当日の八月一五日午後三時半頃、東京の韓青同の人から電話が二回かかってきた。二回とも話の途中でガチャンと切れてしまった。その晩、事情を聴きにきた刑事がこちらからなにも話さないのに『東京から三回、電話があったやろ』と尋ねた。あとで確認すると韓青同側でも途中で切れてしまったという。おかしなことだ」

――事件前、韓国中央情報部員らしい人と接触した形跡は。

妻「ないと思う」

兄「その疑いはまずない。ただ一九七三年一二月、刑事が二、三回弟の自宅に訪ねてきたことがある。当時はなんのことかわからなかったが、狙撃事件後の調べの際、警察が『文世光がそのころ韓国の警察に自分の名を入れた脅迫状を出し、韓国当局から捜査依頼があったので調べにいった』ともらしたので、はじめて納得できた。もしそれが事実なら、日本、韓国の捜査当局は、この時点から弟をマークしていたはずだ。私は事件後、勤務先の大阪の民族学校の教諭をやめた。その後、大阪の韓国総領事館筋から『知っていることを全部話してほしい。もし日本の世論が騒ぐようなら、しばらく韓国へ来て休むといい』と誘われたことがある」

――東京の赤不動病院を出てから空白の日があるといわれるが。

兄「聞くところによると、弟の行動に空白の日が三日ある。退院の日で、熱海に一泊したといわれる日と、香港から帰国した直後の二日だ」

万景峰号乗船の謎

――万景峰号を訪ねたのは事実と考えるか。

妻「全英男さんから『いっぺん万景峰号を見学に来ないか』と誘われていると夫は話していた（筆者注：在日朝鮮人が多い大阪で当時、朝鮮総連が民団系の人も含め広く万景峰号見学を呼びかけていた事実はある）」

妻「訪問した日は韓国捜査当局の調べで、五月五日から四日夜に改められたが、私の記憶では五月五日で、四日は家にいたと思う。夫は五日、万景峰号を訪問するということで会社を休んだ。こどもの日で柏餅を買ったことを覚えているから記憶は確かだ。外が明るかった時間と記憶しているが、若い男が『いますか』といって迎えにきた」

兄「世光の妻は、五日の正午ごろ家を出て、午後三時頃に帰ってきたのではないかと言っている。万景峰号は五月五日の午前一〇時過ぎに出港しているので、おかしな話だ」

妻「その時に夫は北朝鮮のお菓子を持ち帰った」

――なぜ北のお菓子とわかったのか。

妻「箱にハングルが書いてあったし、夫がそう話したし……。砂糖菓子だった」

――迎えにきたのはどんな人か。

妻「三〇歳前後の男で、人相も服装もごく普通の青年だった。後で警察が写真を五枚見せて、『この中に必ずいるはず』と聞かれたが、分からなかった」

――拳銃盗難事件は文の単独犯ということになっているが。

妻「狙撃事件後、警察から七月一八日未明の夫のアリバイを聞かれたが、はっきりしなかった。その後家計簿を調べ、一七日は夕食の買い物をしていないことから、夫がこの日は夕食を食べていないことが分かった。私は午後一一時頃寝たが、それまでに夫は帰宅しておらず、一八日朝は家で寝ていた。夜勤の翌朝はふつう午前五時か六時に帰宅する。警察で調べたところ、一七日は夜動ではなく、午後五時頃に会社を出たと言っている」

兄「拳銃盗難事件については疑問が解消してない。警察も最初は『一人ではやれないんじゃないか』という心証だったようだ。ある捜査員は、狙撃事件発生後すぐ『自分とこで盗られた拳銃が使われたと直感で思った』と言っていた」

妻「夫が七月一八日午後一時半頃、生野署の新免許証交付講習会に出席したことは警察から聞いた。『その朝の未明に交番の拳銃を盗った男がね……』と警察も最初のころは首をひねっていた。七月一九日かの朝刊に『拳銃を盗られた警官がウソの供述』との記事がでたので話題にしたら、夫は特に変わった様子はみせなかった。そんな夫を見てるので、本当に犯人だろかといまだにわからない」

兄「もし弟が本当に拳銃を盗んだとしたら、犯行に使った工具を入れた車を韓青同の友人に貸すだろうか。そのときどきの総括や名簿がまざった韓青同関係の文書等をそっくり残して渡韓したり、遺書さえも残していない。とにかく、まだまだ不可解な点が数多く残っている」

——判決前に感想は。

兄「事件の真相が一日も早く明らかになってほしいが、本人が言いたいことをすべて言い尽くしてほしい」

妻「いちど是非会って顔が見たい」

6　諜報機関の暗躍

大阪韓国総領事館占拠計画

文世光の公判が開始された頃、一九七四年一〇月一二日付の民団の機関紙「韓国新聞」に、一九七二年九月速達で文が韓青同中央副委員長に宛てた封書の写真が掲載された。記事によると封書の中身は、文が大阪の韓国領事館を占拠し人質を取ることで、韓国に軟禁中の金大中の身柄を解放することを取引するものであった。「九・七闘争総括」と呼ばれたこの文書では、副委員長のことを文は「親愛なる同志」と呼び、「同士がその日を設定するならば、私は人質四〜五名と武器（ダイナマイト）を確保するでしょう」と書かれていた。「総括」書の冒頭で文は、「本来九月七日の東京国労会館内にあって意見交換が充分に満たされるはずですが、今日の状況からそれも思うままにならず、ペンを執った」と述べ、「これは全国で行っている総括と共に、九・七での総括における兵庫の同志の言われたことも含むと考えます。韓青同大阪支部長会議の九・七参加への討議内容でもあります」としている。そして「総括」書の最後で、「本来、同志が大阪に来て学習会をすることを望むのですが、再建を含めて今大阪は幹部学習が不足しています」としながら、「金大中救出を文字通り、生命を懸けて革命活動の一環として行う。最低一週間、最高一カ月間、領事館に領事を人質として占拠する」と結ばれていた。

この「総括」書なるものによると、拉致された金大中の処遇について怒りを持った文世光が、韓青同中央に領事館占拠という実力行使を訴えるものであった。韓青同は「総括」書事態の存在を否定し、文の領事館占拠計画についても関与を否定した。

問題は、こうした「総括」書なるものが、なぜ民団の機関紙に掲載されたかであった。本来ならば機密扱いであるはずの韓青同中央副委員長宛ての私信が、対立関係にある民団の手に入るはずはない。当時、東京都内の民団中央と韓青同中央の事務所は隣接しており、その二カ月前までは韓青同は民団の傘下団体であったから郵便の誤配による可能性もあったが、民団は領事館占拠計画の存在を知って驚愕したに違いない。当然、上部機関の大使館に報告するであろうし、そうすれば韓国情報機関は文世光をはじめとする韓青同関係者の動向に目を光らせることになる。文がマークされていたとなると狙撃事件の計画も知りうることになるし、韓国情報機関が何らかの対処をしたとしてもおかしくはなかった。

日韓公安当局のつながり

社会党の土井たか子議員は、九月五日に開かれた衆院外務委員会で「日本公安当局と大阪韓国総領事館は一九七三年一〇月、すでに文世光の朴大統領狙撃計画を知っていたのではないか」として、警察庁に調査を要求した。

土井議員の独自に入手した資料によると、文は一九七三年一〇月頃、大阪の民族学校の教諭であった長兄に、「朴大統領を暗殺することを考えている」と計画を打ち明けた。驚いた長兄は文に計画を思いとどまるよう説得、文もその場では一応聞き入れた。しかし不安に思った長兄は文が計画を実行できないよう、直後に大阪府警に文の暗殺計画を通報した。また、大阪韓国総領事館にも同様に知らせたという。さらに文の暗殺計画は、母親や親しい友人二、三人も知っていたと言われ、土井議員は「公安当局は長兄の通報より文の犯行計画を捜査すべきであって、それを怠ったとすれば謀略性の強い狙撃事件に協力したといわれても仕方がないのではないか」と質した。

質問に対して警察庁の半田警備局参事官は、「文の兄が計画を知っていて、総領事館や警察に通報した事実は聞いていない。警察としては、全く知らぬことだ。また関係者の供述の中にも出てきていないが、改めて調査する」と答弁した。一方、大阪府警の近藤警備部長は、「狙撃計画を事前に知っていたという事実はない」と否定した。

土井議員は総領事館が事前に計画を知っていたかどうかを明らかにするために、入国査証担当と情報担当の領事それぞれからも事情を聞くことを要求し、半田参事官も「努力する」と述べた。

狙撃事件について、「朴政権内部の人物が関与した謀略ではないか」という疑惑については、九月二日の衆院地方行政委員会でも社会党の議員が、「文の周辺にＫＣＩＡ要員の動きがあった」と指摘した。社会党の金大中氏事件調査特別委員会は、「朴政権が計画を事前に知った上で放置していたとすれば、狙撃事件が謀略である疑いは増々強くなる」として、さらに事件の真相究明に努める方針であった。

土井議員の国会質問について文世光の長兄は九月五日午後、弁護士を通じて「そうした事実はない」と否定した。

韓国情報部員の日本国内暗躍

九月九日に行われた参院法務委員会で社会党の佐々木議員は、「狙撃事件後、ソウルの韓国有力紙の特派記者が多数来日しているが、その多くが大阪に滞在し、在阪韓国人ら関係者から日本の有力紙の記者を騙るなどして取材や脅迫をしている」と発表した。また、「特派員」のほとんどがKCIAの機関員であり、彼らが事実かどうか疑わしい推測記事を「日本の警察発表」という形で報道していると述べた。

KCIAは要員一万五千人を数え、その手足となって動く特務は三〇〜四〇万人と言われた。韓国国内だけでなく日本や海外に工作員を派遣し、反政府活動や北朝鮮の動向を探査していた。

佐々木議員が取り上げた推測記事とは、八月二一日付の韓国日報で、「大阪府警発表、朝鮮総連の最高幹部が東京の病院にいる主治医を通じて、文世光に偽装入院を指示したことが分かった」というものであった。

この他の推測記事として、韓国の夕刊紙「東亜日報」九月五日付は、狙撃事件の新たな背後関係として、韓民統日本本部の裵東湖《ペドンホ》常任顧問と郭東儀《カクトンウィ》組織局長が介入していると一面トップで報じたものがあった。裵ら韓民統幹部が文世光の過激な性格を知り、朝鮮総連生野西支部の全英男政治部長に紹介したとして日本の捜査当局が調べているという内容であった。しかし裵は九月六日夜、「全く事実無根であり、在日韓国人の韓国民主化運動を弾圧するための政治的謀略である」との談話を発表した。

山本議員の質疑に対して警察庁の山本警備局長は、「韓国の新聞記事にあるようなことを発表した事実はない」と否定し、特派員を偽装したＫＣＩＡ要員の訪日については、「まだそのようなことをつかんでいないが、調査する」と答弁した。

また狙撃事件に関して、元韓国の海兵隊員で特殊訓練を施されて日本に入国した安衡淑《アンヨンスク》という情報部員は、一九七三年頃文世光の尾行をしていたとされ、事件直前の八月上旬上層部からの命令で突如尾行を中止したとのことであった。

文世光の周囲では、狙撃事件前から南北双方の情報部員が暗躍していたことが次第に明らかとなっていった。

南北の不可解な対応

狙撃事件後の八月二八日に開かれた南北赤十字第三次実務会議において、韓国側は超強硬姿勢で「八・一五狙撃事件」の指令者を処断するように北朝鮮側に要求した。さらに九月二一日に開かれた第五次南北調節委員会副委員長会議でも、韓国側は強硬に「八・一五事件」に対する陳謝を北朝鮮側に要求したが、その後立ち消えとなり、一一月五日にもたれた南北赤十字第五次実務会議では、韓国側は狙撃事件などなかったかのように新正月に際し離散家族の面会を提起した。

こうした韓国側の変化の背景には、九月一九日に椎名特使が訪韓することにより、日韓間の懸案である「朝鮮総連への規制」の目途がつき、続いて一〇月一九日に文世光に対する死刑判決が下ったことが考えられた。すなわち狙撃事件を契機として韓国側は得るものは全て得て、後は実行犯である文世光の口封じをすることで、事件の幕引きとする筋書きであった。そのためこの時期行われていた国連総会での南北朝鮮問題を見据えて、これ以上南北関係を悪化させる必要はなく、あっさりと狙撃事件の「責任」を北側に問うことも引っ込めたと思われた。

また、北朝鮮側も「南の自作自演の謀略」という従来の主張を引っ込め、南北対話に応じたことは、何か引っかかりを感じさせるものであった。北朝鮮も狙撃事件には、これ以上深入りしない方針が見て取れた。

北朝鮮諜報機関の関与

兵庫県で長らく北朝鮮の諜報活動に従事したことを告白した張龍雲《チャンヨンウン》によると、張の上司に当たる曹廷楽《チョヂョンラク》が狙撃事件にかかわっていたという。曹は一九七四年初め、張に「七・四祖国統一共同声明発表後、統一志向は頂点に達しているが、韓国国内での統一論議は固く禁止されており、韓国民の不満は爆発寸前である。ただ一つの障害は朴大統領の存在で、彼を抹殺することは韓国革命の重大な任務である」と語った。

張は大統領暗殺には否定的であると反応し、その後曹は張に一切そうした話を持ち掛けることはなかった。そしてその年の八月一五日に狙撃事件が発生するのであるが、張によると文世光を包摂したのは「洛東江《ナクトンガン》」という名の非公然組織であった。洛東江の北朝鮮本国の担当デスクであった朝鮮労働党中央のソンイルボンは、張に後になってこう語った。「日本で文世光を指導した最高責任者は朴相進《パクサンヂン》であり、曹廷楽は当時朴の下についていた。朴は狙撃事件発覚後、非合法で北に帰国した。そして残された朴の妻は夫が突然行方不明になり、何が何だかわからずにいた。その妻を説得して帰国させたのが、曹廷楽の任務であった」

張龍雲の述懐で、文世光のテロ実行の包摂に関わった北朝鮮の在日工作組織が浮かび上がった。これで狙撃事件における北朝鮮の関与が濃厚となったのであるが、韓国入国後の文の足取りまではどの程度この「洛東江」が関わったのか不明で、依然謎は残されたままであった。

さらに狙撃事件は北朝鮮の仕業であるとの証言が、脱北した朝鮮労働党の連絡部に所属していた元工作員によってなされた。彼は狙撃事件の背後には、朝鮮総連関係者がいたかの問い掛けにこう答えた。

「あの事件は連絡部の上からの指示ではなく、（朝鮮総連内に派遣された）連絡部の工作員と朝鮮総連のある課長が、過剰な忠誠心、英雄心から勝手に引き起こした事件だ。文世光は日本の派出所を襲撃して銃を手に入れたが、そんなのは工作ではない。連絡部がやるなら銃はいくらでも秘密裏に調達できる。あの時（一九七四年八月）、実は連絡部では（ソウルの王宮跡・景福宮《キョンボックン》にある）慶会楼《キョンフェル》を爆破するためＴＮＴ火薬八〇キロを用意していた。朴大統領がそこで毎年八月一五日に慶祝の宴会を開くというので、暗殺しようとしたのだ。ところが、文世光事件でその行事が中止になった。それで連絡部は朝鮮総連に抗議をしたのだ」

この人物の証言からは、北朝鮮において複数の機関が朴大統領暗殺を企図しており、そのうちの一つが暗殺計画実行に至ったとしている。

いずれにしても、韓国内で起こった狙撃事件そのものが北朝鮮の手で成し得たのかという疑問は残ったままである。

第8章　死刑、その後

1　早すぎた執行

死刑執行

文世光は一九七四年一二月二〇日午前七時半、ソウル刑務所で死刑を執行された。法務当局者が同日午前一〇時半に明らかにしたもので、一二月一七日に大法院で死刑が確定してからわずか三日後であった。八月一五日の光復節の犯行以降、日韓関係を揺さぶった狙撃事件は一二八日目にして幕引きとなった。

法務当局筋によると、文世光はこの日午前七時五分、眼鏡なしで四四二八番の青い囚人服を着て死刑場に連れてこられたが、淡々とした表情だったという。文は木製の椅子に座って、人定尋問に名前と本籍地だけを韓国語、その他を日本語で答えた。刑務所の朴《パク》所長が黄山徳《ファンサントク》法相の死刑執行命令を伝えると、日本語で「いまから死刑になるのですか」と問い返し、非常に驚いた表情を見せた。約一〇秒間の無言の後、ガックリ頭を垂れ、涙を流した。

立ち会った検事に遺言を語るように言われ、文は「私が韓国で生まれていたら、こうした犯罪は犯さなかっただろう」「大統領閣下に真心からあいすまないと思っていると伝えてほしい。在日同胞として何ひとつ国に役立つことができなくて、申し訳ありません。亡くなった陸英修夫人と女子学生には、あの世で謝罪するつもりだ。国民にもすまないことをした」「妻には第二の人生が開けるよう願い、オモニには不孝をわびていたと伝えてほしい。息子は兄に育ててほしい。朝鮮総連にだまされた私はバカだった。このような過ちを犯した私は、死刑になって当然だ」等と話した。

「オモニ（お母さん）」という言葉だけが、母国語であった。

この後、金牧師のお祈りの朗読を聞いた後、三分間合掌して祈祷し、刑場に向かった。十数人の立会官が執行台まで護送する間も、文は終始涙を浮かべていた。処刑が定例の朝食時間前だったため、文は食事を摂らないまま処刑場に入り、用意された煙草と麦茶のうち麦茶だけを飲んだ。

午前七時二三分、文世光は教導官一〇名によって手足をしばられた。

「オモニ！」、そして息子の名を叫んだ。

彼の顔には肩まで覆う白い頭巾が被せられた。背後に垂らされていた白いカーテンが音もなく除かれ、天井から腕の太さほどのロープがスーッと音をたてながら降りてきて、彼の首にしっかりと巻かれた。しばらくしてガタンという音とともに、彼は足元にポカッと現れた正方形の暗闇の中に落ちた。

家族の衝撃

文世光の母の自宅は死刑判決や上告棄却の時と同じく、静まり返っていた。電話に出た兄は、たが、文の妻も母親も電話口には出てこなかった。

「昨日ソウルの弁護士に電話したが、弁護士はそのようなことは一切話していなかった。むしろ、大統領特赦があるかのようなニュアンスの話をしてくれ、期待をつないでいたので、死刑執行の報道が真実ならば意外だ。早すぎる。私を含めて家族のみんながびっくりしている。日本の新聞社から、このことをいま聞かされ、家族に伝えたが、真実かどうか早く知りたい」と気持ちを静めるかのように一言一言、はっきりと話した。また、「家族は」との問いに、「みんなここにいる」と答えたが、文の妻も母親も電話口には出てこなかった。

午前一一時半頃、文世光の母親が外出先から処刑の知らせを聞いて、タクシーで舞い戻ってきた。「馬鹿な子や」と泣き叫びながら、母親は顔を引きつらせながら部屋に入ると、ドアをぴたりと閉じた。この後床をどんどん叩く音とともに、「アイゴー、どうしてこんなことに……」と悲痛な声が聞こえてきた。またインターホンを通じて、妻の泣き声が漏れてきた。正午過ぎ、三階の窓から母親がハンカチを持ち、泣きはらした顔をのぞかせた。詰めかけた報道陣に、「朝総連を殺してください。尾崎令子に会わなかったら、こんなことにはならなかったのに……。尾崎も捕まえて下さい」と大声で叫びながら、窓の手すりに泣き伏した。

続いて次兄や知人が青ざめた表情で駆けつけた。午後〇時半頃、長兄が報道陣の前に姿を見せ、「なぜ韓国当局が抹殺を急ぐのか、怒りを禁じえない。子どもが大きく育たぬうちに会えると世光に言わせたのは誰か。利用するだけ利用し、謎の残ったまま殺された世光の気持ちを言うと、悔しさのあまり家族は泣いている。今言えるのはそれだけだ。処刑されたとなれば、もう黙っていることはない。残された多くの謎等、知っていることについては少し落ち着いてから発表したい。弟の妻は泣いているので、今日はこれで勘弁してください」と話し、家の中に姿を消した。

一方、文世光の不法出国を手助けしたとして入国管理令違反ほう助罪等で起訴された尾崎令子は、泉大津市内の新しい住居に移ったばかりで、この日の朝は自宅前を掃除していた。死刑執行を知らされ「やっぱりそうですか。友達が年内にも刑を執行されるのでは、と言っていたので、ある程度予期していましたが……。家族もいるのにひどい話だと思います。私は公判中の身だし、これ以上何もいえません」とポツリポツリ話した。

2　死刑執行の波紋

日本国内の反応

文世光処刑の報に接した韓青同大阪本部事務所では、部屋にいた事務職員数人が「本当か……」と棒立ちになった。中の一人は、「こうなると予想はしていたが、こんなに早く行われるとは。事件は朴政権の茶番劇であり、これをごまかすために処刑を早くしたのでは」と上気した面持ちで語った。

韓国捜査当局から「事件の黒幕」と決め付けられた朝鮮総連生野西支部の全英男政治部長は、「銭湯、喫茶店、どこでも警察の尾行がついている。私が狙撃を指示したというのは、全くのでっち上げだ」と怒りをぶちまけた。

狙撃事件は在日コリアンの間にも大きな亀裂を生み出した。「朝鮮総連の背後操縦による事件」

と民団が非難すれば、「朴政権の仕組んだ謀略劇」と朝鮮総連が反発した。朝鮮半島における南北の対立劇が、そのまま在日社会にも持ち込まれた。しかし双方の非難・中傷の声明合戦をよそに、一般の在日コリアンのほとんどは沈黙した。当時、在日コリアンの多くが朝鮮総連、民団のいずれかの組織に所属していた。しかし表面上はどの組織に所属しているか分からず、幹部を除いて自らの所属組織を表明することはほとんどなかった。

ある韓青同の幹部は、「三八度線を境に祖国が南北に分裂している厳しい現実が、在日を沈黙させるのです」と語った。また民団に所属する人物は、「事件について語れば自分の立場を明確にすることになるし、周囲の同胞と緊張関係になる。これを避けるには沈黙しかない」と重い口調で話した。

韓国国内の反応

文世光の弁護を担当した宋弁護士は、死刑執行のニュースを聞き、「文とは十数回面会するうち人間的な親しみを持ったが、死刑執行は私としてはどうしようもなかった」と語った。また、「文は自分の罪を後悔しながら、正しい教育を受けられなかったことについて常に悔やんでいた。文の死刑執行を命令した行政府としては、いろいろと考慮した末、第二、第三の事件を防ぐためにやむを得ずこのような措置をとったものと考える」と述べた。

文世光が処刑されたことを韓国民は「当然の措置」と受け止めたが、それにしても死刑確定後三日目という早い死刑執行に驚きを示した。東亜放送は一一時の定時ニュースに先立って異例の予告を放送し、他の放送局もトップニュースで処刑を報じた。

しかし狙撃事件直後のような熱っぽい反応は、ソウルの街にはもうなかった。狙撃事件をきっかけに反日デモや日韓関係が悪化したが、それもすっかり過去のこととして受け取られていた。むしろ一二月七日に韓国政府が打ち出したウォンの平価切上げという経済特別措置の結果、物価の値上がりが目立ち、市民の主な関心事は異常インフレの問題に移っていた。

一九七〇年代前半の韓国経済は、年率一八・五パーセントの高度成長を続けていた。当時この経済成長が好調を維持していくなら、一九八〇年代には一人当たりの国民総生産は一千ドルに達し、先進国入りすると思われた。「その時までの辛抱」というのが、朴大統領が国民の自由を制限する際の常套句であった。しかし金大中が「経済が一〇倍に増えても、自由が一〇分の一に減ってはどうしようもない」と非難するほど、韓国民の自由は「韓国的民主主義」によって規制されていた。

神通力の消滅

朴政権は狙撃事件を喧伝することで、北朝鮮の脅威を声高に叫び、韓国民を結束させ政権批判を封じ込める題材にフル活用しようとした。

朴正熙が政権を奪取した五・一六軍事クーデター当時のアメリカ大使は次のように語った。「韓国の為政者たちにとって、北朝鮮とは便利な存在だ。ありもしない北朝鮮の南進説に頑強にしがみつくことで、自己を合理化できる」

しかし、その「北朝鮮の脅威」という神通力も、長年それを使い続けると、「オオカミ少年」の如く、韓国民には耐性ができてしまい、その効力も色あせてしまった。一九六〇年代には、「北朝鮮によるスパイ事件」が摘発されると韓国民主化勢力は一斉に沈黙したのであるが、今回の狙撃事件の場合、反日デモが鎮静化すると再び反朴運動は盛り返した。

九月二三日、梨花《イファ》女子大学生四千名が、民主人士と学生たちを釈放せよとの要求を掲げ、梨花女子大開校以来最大規模のデモを行った。一九七四年後半期の韓国民主化運動は、梨花女子大生が先導した。せいぜいおしゃれや贅沢をすることに夢中で、金持ちで権勢のある結婚相手を探すことしか頭にないと批判を受けてきた韓国女子大生の代名詞であった梨花女子大生たち六千名の全校生のうち、四千名以上がデモに参加した。

一〇月二五日には韓国記者協会が自由言論宣言を発表し、当局の不当な干渉と経営者の陰険な二面的態度を公然と批判した。一一月二七日には、民主回復国民会議が結成され、改憲運動を通じた反朴運動への参加を宣言し、積極的に地方の組織づくりに着手した。金大中もこの団体の顧問として参与した。

一二月四日には、天主教が民権回復のための祈祷会を開き、緊急措置一号から四号に違反したかどで拘束中の二〇三名に対し、彼らの言論の自由を保障した状態の下で、公開裁判を通じ、白黒をはっきりさせようとうたった七項目の要求を政府に突きつけた。

もはやいくら朴政権が狙撃事件を利用して「北朝鮮の脅威」と訴えようとも、反朴運動の抑制は効果を上げることはなかった。

いっぽうで一二月二六日朝の平壌放送は、文世光に対する死刑執行が二〇日に行われたことを初めて報道、「南朝鮮当局は事件の謀略的な野望が世に広く伝わることを阻止するため、証人である文世光を消してしまった」と非難し、次のように報じた。

「これは犯人の口を永遠に封じるためである。狙撃事件とは、南朝鮮当局が国内の政治的な困難から脱出しようとして演出した政治的な謀略である。彼らは人民の目をそらせ、世界の世論を欺くため、この事件を起こし、わが方と朝鮮総連を巻き込もうとしてあらゆる謀略宣伝を行ってきた」

死刑その後

文世光の遺体の処置について執行の責任者は、「保安上の理由で遺体もしくは遺骨の引き渡し先は明らかにできない」とした。韓国の行政刑事法第五九条によれば、受刑者の遺体や遺骨は通常、親族または知人等に引き渡すことになっていた。従って、日本の親族が直ちに引き取らない事情であれば、韓国で仮埋葬され、場合によっては火葬されるとみられた。

文世光の兄は一二月二〇日午後、国際電話でソウルの宋弁護士に対して、弟の遺体引き渡しを要請した。これに対し宋弁護士は、「文の妻の名前による遺体引き取り要請書を提出してくれれば、関係当局に交渉する」と回答した。

文の家族はまた、大法院での判決文と関係書類、文が獄中で書いたとされる手記等を送ってほしいと要望、宋弁護士は「法律の規定上、訴訟記録は見せられないが、手記は送る」と約束した。

文世光の妻は一二月二四日、韓国法務長官宛てに「文の遺骨を引き取りたい」との手紙を速達書留で発送した。死刑執行後、文の家族はソウルの宋弁護士に二回にわたって電話で遺体引き取りを申し出ていたが、宋弁護士の勧めにより法務長官宛てに手紙を出したとのことであった。

日本側捜査本部の解散

大阪府警の「朴大統領狙撃事件特別捜査本部」は一二月二五日、文世光を殺人予備、窃盗、銃刀法違反、火薬類取締法、旅券法、出入国管理令、外国人登録法違反、免状等不実記載、同行使の疑いで大阪地検に書類送検した。これで捜査本部は解散、今後継続捜査をするとしながらも、日本側の捜査は事件発生以来一三二日ぶりに事実上終結した。

捜査本部は事件直後の八月末、韓国捜査当局から送られてきた文の自供を中心とする捜査資料を参考に、国内法の枠内で捜査を進めてきた。しかし文の共犯者として尾崎令子一人を逮捕できただけで、背後関係についても何一つ確実な裏付けのある共犯者や事実は確認できなかった。しかも本犯の文がすでに死刑を執行され、これ以上の追及は困難と判断して、捜査本部解散に踏み切った。

八月一五日の事件発生から一二月二五日まで一三三日間に動員した捜査員は約一万二千人で、参考人一五〇人、聞き込み件数は約二万七千件にのぼった。

韓国側の捜査で「文の背後にあり、犯行をそそのかした」とされていた朝鮮総連、北朝鮮との関連については結局、「直接結びつくものは解明できなかった」とされ、動機、資金等の面についても、日韓の捜査は多くの謎を残したまますれ違いに終わった。大阪地検は「被疑者死亡」として不起訴とする方針であった。

大阪府警が一二月二五日に発表した狙撃事件の捜査結果について、民団大阪府地方本部と朝鮮総連大阪府本部は一二月二六日までに声明文と談話で、それぞれの見解を明らかにした。

　民団大阪は一二月二五日夜、団長名で出した声明文において、「事件の背後関係について、韓国側の捜査がほとんど黙殺されるのと軌を一にして、日本警察の捜査は一方的、消極的にしかなされず、捜査打ち切りになったことに憤りを覚える」として「文の自白によれば、北朝鮮が正犯、朝総連が共犯である。尾崎夫婦と全英男は殺人予備罪に該当する。朝総連の活動は椎名訪韓の際の朴大統領との約束により、法的に規制拘置が可能である。今後韓日友好親善のためにも、日本の捜査当局により背後関係が誠意をもって解明されることを要求する」と主張した。

　これに対して朝鮮総連大阪本部は一二月二六日、委員長の談話として「捜査を完全に打ち切り、今後朝鮮総連と全英男部長らに対する監視、尾行が行われないと言明していないのは遺憾」とし、「朝鮮総連が事件と無関係であることが立証され、朴政権のでっち上げた政治的謀略であることがさらに明白に暴露された。朝鮮総連を捜査の対象として人権を蹂躙した責任は大阪府警が負うべきだ」と非難した。

日韓捜査結果の食い違い

　狙撃事件について大阪府警の特別捜査本部が一二月二五日、これまでの捜査結果を発表したが、韓国側の起訴状等とかなり食い違う点もいくつか出ていた。

（香港旅行の目的）

韓国＝拳銃の購入、空港出入り時の武器搬入の可否、海外旅行の体験等のために行った。費用五〇万円は朝鮮総連生野西支部の全政治部長が出した。

日本＝香港滞在時からすでに韓国に渡り、朴大統領を殺害する意思があった。費用は母親から事業資金としてもらった五〇万円をあてた。

（赤不動病院での行動）

韓国＝狙撃計画に専念するため、韓青同から手を引き、金日成主体思想の勉強をする目的で入院。病院内で拳銃射撃の練習をした。

日本＝入院中に韓青同幹部に決起を呼びかける手紙を書いており、韓青同から離れるのが目的ではない。当時、同じ病室であった八人から事情を聴いたが、文が病室で特別勉強をしたふしはない。また病院の構造から拳銃の射撃練習をしたとは考えられなかった。

（渡韓費用の出所）

韓国＝七月二五日、文の自宅前の路上で全英男から資金八〇万円を受けとった。

日本＝韓国に出発する直前の八月一日、文は妻に「前田からもらった」と言い、一五万円の貯金通帳を渡している。この前後に「前田」から何回か文の自宅に電話があり、渡韓賢用は「前田」から出た可能性が強いとみられたが、それが誰かは分からなかった。

（尾崎稔との関係）

韓国＝一九七四年六月下旬、尾崎の自宅近くの喫茶店で尾崎夫婦と会い、稔の北朝鮮行きを断念してほしいと要請、受け入れられた。

日本＝尾崎稔に北朝鮮から招待があったのは事実だが、尾崎は七月四日に高松市役所に旅券取得に使う戸籍謄本を請求、七月一〇日には旅券用写具を撮影しており、韓国側が文と会ったとしている六月下旬以降も稔は訪朝の機会を待っていた。

（処刑前の手紙）

一二月上旬、ソウル拘置所の文から妻宛てに三通の手紙が届いた。いずれも極めて楽観的な内容で、特赦を信じ切っていた様子であった。「何も心配はありません。再び元気で再会しましょう」「私の反省と人間性回復の時間を下さい。きっと息子が大きくなる前に再会できるでしょう」「政府関係者の厚い配慮で生活しているので、大統領特赦等の特別措置が期待されそうな感じです」等と書いてあった。兄は「あれだけのことをしたのだから、私たちだって処刑は覚悟していたが、手紙の内容をみて驚いた。世光はだまされているのではないかと思ったが、悪い予感通りになってしまった。処刑も早すぎた」と肩を落とした。「文の法廷での供述も一審と二審とでは大きく違い、犯行を反省するようになった。何かの誘導があったのではあるまいか。そのあげくの処刑としたら、文の本心は分からず終いだ」との声が周辺からも出た。

（家族をかばった）

文は事件に家族を巻き込むことを極度に警戒したようだ。たとえば、香港旅行の費用は、母親から借りた金だったが、韓国側の調べには終始「全英男からもらった」と主張した。また一九七三年一一月、殺害計画を練って香港に旅行した際、兄に計画を一部打ち明け、断念するよう説得されたこと等も韓国側の捜査資料、起訴状にはない。

（真相をどこまで）

文が韓国捜査当局に故意に隠したと思われることは、他にも幾つかある。赤不動病院への人院についても韓国の調べには「全英男の命令」と供述したが、日本側の捜査では紹介者がいた。文の自宅をよく訪れていた「前田」なる人物についても韓国側捜査資料では抜け落ちていた。文は死刑を宣告された後も頑として口を割らなかったのか、疑問は残った。

3 残された人々

長兄の心情

処刑された文世光の長兄は、大阪府警が日本国内での捜査を終えた一二月二五日、共同通信記者と会見、「狙撃事件の色々な疑問から考えていくと、韓国側の対応に謎が多すぎる」と、家族として初めて事件に対する不信感を明らかにした。長兄の談話の内容は次の通り。

――事件当日の韓国側の対応について

「なぜ世光が大統領演説会場に入れたのか。また朴大統領はなぜ世光の逮捕後、すぐに演説を再開したのか。韓国側があらかじめ事件を知っていたからではないか」

――韓国捜査当局の発表について

「一九七三年一一月、世光が尾崎令子被告と香港に行ったときの旅費は、明らかに母が出したものなのに、韓国側は朝鮮総連からのものという。北朝鮮の万景峰号乗船の日も最初五月五日とし、後で四日に訂正したが、文の妻は五日とはっきり記憶している。その日は子供の日だったからだ。こうしたあいまいな発表を見ると、朝鮮総連より韓国側の対応の謎が多すぎる。また世光が韓国の裁判中に転向したりしているのは、韓国側が世光に生命を保証するようなことを言ったからではないか。世光の手紙が実家に届いたにもかかわらず、世光を利用するだけ利用し、大法院判決後わずか三日後に口封じのため処刑したのだと思う」

――日本国内での文の行動について

「世光の自宅に二度にわたり電話をかけてきた『朝鮮総連政治部長』の『マエダ』や、世光の入院していた赤不動病院について大阪府警は今後も追及していくようだが、『マエダ』については朝鮮総連の人物と電話だけでは判断できない。病院については、事件のあった八月一五日にすぐ世光の妻が電話したら、看護婦から『そんな人はいない』と言われている」

――今後について

「韓国裁判所の公判記録をよく読んで、事実の違いをはっきりさせ、世光の人間性や文書等を公表していきたい」

尾崎令子の公判

文世光の日本からの不法出国にからみ、免状等不実記載、同行使、出入国管理令違反のほう助罪で起訴された尾崎令子の第二回公判が、一九七五年二月二〇日午前一〇時から大阪地裁刑事四部で開かれた。冒頭、裁判長は初公判で検察側が行った証人申請をすべて却下した。続いて弁護側が証拠に採用された尾崎の供述調書の作成状況等を質問した。尾崎は弁護人の質問に「一九七四年六月、文の求めに応じ書類を渡したのは、サラリーマン金融に使用するという言葉を信じたためで、韓国に行くとは思わなかった。香港旅行の際は韓国へも行くつもりだったが、金がなくなって中止したほどで、渡韓の費用はないと思った」と従来の主張を繰り返し、事実審理を終えた。

この後の論告求刑で検察側は、「こうした被告人の弁護は不合理だ。香港旅行のいきさつから被告は、文が渡韓の強い希望を持っていたことは知っていながら夫の戸籍謄本等を渡しており、密出国のほう助罪に当たる。弁護人のほう助罪に該当しないという主張も当を得ない」と述べ、「被告の行為により朴大統領狙撃という重大な事件を起こして、日韓間の信頼、友好関係にひびが入った。この責任は軽いものとは言えず、許せない」と懲役六カ月を求刑した。

これに対し弁護側は、「文の韓国行きを、被告がまさか行くまいと思った」と故意ではなかった点を強調した。また、「戸籍謄本は文自身でも取り寄せられるし、文が戸籍謄本を入手してから一カ月もたって渡韓申請をしており、当初はサラ金を借りるためだったとも考えられる。被告の行為はほう助罪を構成しない」と述べた後、最後に「ほう助犯は犯罪の実行に密接に関連していたものに限られるべきだ。戸籍謄本を渡しただけでは、旅券も取れず、出国もできない。検察側は狙撃事件の重大さに目を奪われ、根拠も薄弱なのに起訴した。極めて政治的な起訴だ」と無罪を主張した。

裁判はこれで結審となり、一九七四年一二月一八日の初公判以来、わずか二回というスピード審理となった。

傍聴席には尾崎の家族や韓国の報道関係者のほか、抽選で傍聴券を手に入れた民団系の在日韓国人が詰めかけ、弁護側が「狙撃事件には多くの疑惑がある。朴政府はこの事件を危機乗り切り策として使った」と述べたことから激しいヤジと怒号が沸き起こり、審理が一時中断した。

一九七五年二月二〇日尾崎令子の夫である尾崎稔は公判後、令子と一月中旬に協議離婚したことを明らかにした。令子は旧姓を名乗ることになった。

ある失踪事件

朴韓国大統領狙撃事件から一年後、文の周辺にいた在日韓国人金融業者が事件後に失跡して消息を絶つ等いくつかの新事実が明らかになった。

消息不明になったのは、大阪市天王寺区で金融業を営んでいた尹《ユン》（三〇歳、仮名）という人物で、狙撃事件翌日の一六日から、妻子や金融業の事務所をそのままにして姿を現さなくなった。

尹は一九七一年頃大阪に来たが、約一年後、金融業を始めた。このころから文世光との接触が始まり、文世光が在日韓国青年同盟生野北支部副委員長をしていた時、同支部の韓国語教室の講師をし、韓国語の話せない文に教えたりしていた。文が残していたメモや手帳等からも、かなり親密な関係にあったことが判明していた。

この尹の失踪に文世光の知人らが疑惑を深めるのは、失跡一週間後に尹が事務所にかけてきた電話であった。関係者の話では「頼んでいた拳銃は用がなくなったので、ことわってほしい」という一方的な電話だったという。知人らの話によると、尹は一九七四年六月中旬、借金の取りたてに使っていた暴力団員に「拳銃と外国製の腕時計を都合してほしい」と頼んでいたといい、電話の拳銃はこれらしかった。当時、知人らは尹が拳銃を欲しがっていたのは、「債権の取りたて等の時、脅しに使うためではないか」と思っていたという。

だが、失踪から一年、この間外国人登録の切り替え手続きもしないまま行方の知れない尹の行動に、知人らは拳銃を入手したがっていたことや失跡が、狙撃事件とかかわっているのではないかとの疑惑を抱いた。

失跡後の足取りでこれまで分かっているのは、一九七四年九月末、静岡県にある妻の実家に「東京に行く」と立ち寄ったのが最後であった。大阪市阿倍野区の自宅マンションでは七四年一一月、次女が生まれたが顔もみせず、七五年二月の実母の法事にも帰ってこなかった。金融の事務所は七四年一〇月、尹の親類や知人で整理し閉鎖されたが、仕事の面でも失跡しなければならないような行きづまった状態ではなかったとのことであった。

文世光と尹を知る関係者たちは「今になってみると、尹が文に接触を求めてきたやり方も意図的だったように思える。だから失踪当初は、文に渡韓費用を貸したりしたので逃げたのではないかと思っていた。しかし、文世光に金を貸した書類等も事務所からは見つからず、日韓両国の捜査線上に尹の名はのぼらなかったようなので、なぜ失跡したのか今となっては謎としかいいようがない」と語った。

渡韓直前にメモ

「緊急の場合／赤不動病院／病院の電話番号／池田先生連絡／ネーム（川上勇治）」

狙撃事件から一年後、捜査当局が押収資料を家族に返したため、文世光が一九七四年八月六日の渡韓直前、このようなメモを妻に手渡していたことが確認された。

赤不動病院は、文が七四年二月一二日から一カ月間、「川上勇治」の偽名で謎の入院をした病院であった。メモから狙撃決行の渡韓の際の緊急連絡先に指定されていたことになる。

同病院は理事長が朝鮮総連系、院長が一時民団系という政治的には複雑な内情の病院であることが分かった。院長は韓国の肉親を訪ねるため、韓国人有力者筋を通じて数度渡韓していた。一九七二年に民団に加入したが、七五年二月に文世光入院の責任を問われて民団除名となった。捜査当局は文のカルテに「李《リ》先生紹介」との書き込みがあったという情報を得て、割り出しに努めた。病院の周辺には院長の友人、元アルバイトの二人の李という名前の医師（いずれも朝鮮総連系）がいた。

元アルバイトの李医師から事情を聴取したが、文との接触は確認できなかった。文世光メモの「池田先生」に該当する人物もつきとめられず、謎のままとなった。元アルバイトの李医師は八月上旬、新潟から北朝鮮に帰国した。

北の影、南の影

文世光が渡韓するまでは、作為的と思えるほど北朝鮮、朝鮮総連を暗示する影がちらついた。文の赤不動病院への入院の数日前、文の知人の一人は五〇年配の未知の男に関西のホテルに呼び出された。男は北朝鮮工作員らしいことをほのめかし、「韓国に潜入して反朴工作をやらないか。人手を二、三人貸す」ともちかけた。

文が渡韓する際も、「朝鮮総連の関東学院（埼玉県大宮市にあった中堅幹部養成所）に勉強に行く」と妻に語っていた。自宅の部屋には、金日成の写真や全集を残したままであった。ところが渡韓後は一転して、韓国当局の何らかの工作を憶測させる影が濃くなった。当日の会場警備の警官たちは、「入場証のない車でも通せと上司に指示された」「会場内にいた文をとがめたところ、大統領警護室員が『長官に会いにきた人だ』とかばった」等と証言した。

事件後、大阪でも在日韓国情報部筋が活発に動き、文の実兄や母親に「知っていることを全部話せ」「言う通りの声明をだせ」等の強い要求があった。

渡韓直前の文と電話連絡し「戦闘宣言」を書かせた謎の人物「前田」は、文の知人に韓国潜入をすすめた男と同一人物とみられた。

在日社会に影を落とす狙撃事件

狙撃事件から一年、日韓関係に大きな波紋を広げた事件も表面上は終息したが、文世光の家族をはじめ事件関係者には大きな後遺症が残り、在日コリアンの南北対立は一層深化した。狙撃事件が落とした影を追ってみる。

〈残された家族〉

狙撃事件とそれに続くスピード処刑と二重の衝撃を受けた妻は、ようやく冷静さを取り戻し、一年間の出来事を自分なりに見つめていた。妻は事件後、大阪市生野区の自宅を引き払い、実家近くのアパートに移った。一人息子との二人暮らしだが、生活はすっかり落ち着いていた。しかし妻の頭から離れないのは、「なぜ夫はあのような行為をしたのか」「真意は何だったのか」等の疑問であった。これを解くため事件前後の記憶を頼りに、文の行動等を思い出してはメモを作り始めた。

妻は今後の生活を考え、内職のかたわら週三回和文タイプの学校に通って技術習得に励んでいた。近く自活できる見通しも立ったとのことであった。

母親ら文の肉親も同胞からの冷たい視線、非難に耐え、一年を送ってきた。毎日のように文のことを思い出すという母親は、「なぜ処刑を急いだのでしょう。真相を十分解明してほしかった」と残念がり、「一日も早く文の遺書だけでも返してもらいたい」と願っていた。

(尾崎令子)

尾崎令子は事件後まもなく離婚、旧姓を名乗り、大阪市内の会社に勤めながら泉大津市のアパートで子供と二人暮らしであった。「世間で何と言われても結構です。生活だけしっかりやってますから」ときっぱり語った。執行猶予付の懲役三カ月が確定していた。

(韓青同)

韓青同は文世光が以前大阪府本部の活動家であったため、いち早く狙撃事件との関連性を追及され、民団等から反朴団体として激しい攻撃を受けた。

韓青同大阪府本部は一九七五年新委員長の下に、組織の強化と韓国民主化闘争に全力を注いでいた。韓国の詩人、金芝河《キムヂハ》が創作した「チノギ」公演がその一つであった。圧政に耐えかねた韓国農民が立ち上がる姿を描いた演劇は、全国一八カ所で公演され、二万人以上を動員、成功を収めた。韓青同は公演を通じ、メンバーの民族意識向上と日本人にも韓国の政情を知ってもらうことを目的として、公演によってその成果が十分上がっているとした。

しかし韓青同を取り巻く状況はなお厳しく、民団側は韓青同メンバーの家族に対して、活動をやめなければ旅券の発行を停止すると通告する等、組織の分断工作を強めていた。

〈朝鮮総連〉

朝鮮総連生野西支部の全英男政治部長は、「許しがたいでっち上げだ。この一年間の捜査でも、私と文を結ぶ証拠は何も出ていない。事件は朝鮮総連を陥れる全くの政治的謀略だ」と憤っていた。全政治部長は、事件後も生野西支部内の同胞に啓発と宣伝活動を続けていた。しかし、事件から一年経過しても正体不明の人物が身辺をうろつき回っていたことから、「第二のでっち上げ事件」が起きる可能性があると警戒していた。

〈民団〉

民団大阪府本部は、「文が犯行に走ったのは差別されて過激になり、心にスキができたのが原因」と分析した。事件後、再犯を防ぐため若年層への勝共理念教育と全国的な「新民団」作りに取り組んだ。支部ごとに一〇～一五人単位で班を組織し、班長を通じて本部の指令が末端にまで届くようにするのが狙いで、一九七五年一〇月までには再編できるとした。

また「誰にでも祖国を」と広く門戸を解放し、大阪だけでも朝鮮総連系の約六〇人に韓国を訪問させた。民団は、「〝第二の文〟を出さないためにも、生の韓国を見てもらう」と積極的に参加をアピールした。しかし韓青同に対しては、「黙殺するだけ」(民団大阪本部宣伝部長)と両者の溝は深まる一方で、一九七五年四月には団長名で北朝鮮の工作司令船とされる万景峰号の入港規制を法務省に申し入れる等、北朝鮮との対決姿勢を強めた。

4　狙撃事件、最初と最後

金大中拉致事件と狙撃事件

韓国元海軍参謀総長でアメリカに亡命した李竜雲《イヨンウン》は、陸英修夫人を殺したのは文世光でなく、朴正熙自身であると主張してこう語っている。

「いかに朴正熙が冷血動物であるにせよ、まさかおのれの妻を凶弾のえじきにさせるような陰謀をたくらむであろうか、とそこまでの断定に踏みきれない人もあるかと思います。しかし、まさかという人情の常識は、朴正熙の場合は通用しません。朴正熙が今回の狙撃事件を通して収得した利益は相当なものであったと言うことができましょう」

実際のところ、狙撃事件が起こる八月一五日の時点で、日本政府としては朴政権に断固たる態度をもって臨まなければ、一九七三年八月の金大中拉致に憤る国内世論をなだめることは難しかった。そうみてくると、朴政権側が日本側に「金東雲はシロ、捜査は打ち切る」と通告し、日本側が「それでは納得できない」と、こぶしを振り上げたときに狙撃事件が起こったというタイミングのよさ、金大中拉致事件の収拾をめぐり日本世論から反朴批判が高まっている時に朴政権は狙撃事件を利用して官製反日デモを組織してこれに対抗したこと、日本側に狙撃事件の背後捜査を強く要求することによって金東雲問題とセットにして相殺を図ったこと等、あまりにも舞台装置が整い過ぎていたきらいがあった。この意味から狙撃事件は、金大中拉致事件で追及を受けていた朴政権が、「江戸の敵《かたき》を長崎で討つ」の如く、カウンターパンチとして演出したミステリーという印象を与えていたのも事実であった。

金大中事件第二次政治決着と文世光

椎名訪韓により狙撃事件が沈静化するのと同時期、田中角栄首相の「金脈問題」が露呈し、一二月に田中首相は退陣を余儀なくされた。次期首相は「クリーンさ」をイメージした三木武夫であり、それを指名したのは他ならない椎名による「裁定」であった。

三木首相は就任直後の国会答弁で「両国民が納得していないという意味で金大中拉致事件は決着していない」と語り、翌一九七五年春には「金大中氏が日本に滞在を許されておって、それを日本の政府が保護する責任があるわけですね。それがああいうふうに強制的に拉致された。したがって金大中氏の人権という問題に対して非常な関心を私は持っておるのです。日本政府としては責任を果していない面があるわけです」（七五年三月四日、衆議院予算委員会）と述べて、金大中拉致事件が未解決問題であること、日本政府がその責任を果たしていない面があることを認める立場に立っているかのような印象を与えた。

金大中拉致事件の解決を掲げると同時に、三木首相は日韓関係の懸案を話し合う日韓定期閣僚会議の早期開催を目指していた。しかしそれを阻んでいたのが、他ならない金大中拉致事件そのものであった。事件そのものは、一九七三年に来日した金鍾泌《キムヂョンピル》首相との「第一次政治決着」で一応「解決したもの」として扱われていたが、実行犯の金東雲の身柄引き渡しや金大中が事実上軟禁状態であること等をめぐって日韓間でくすぶり続けていた。

こうした中、朴政権は対日工作を執拗に推進し、日韓友好強化を前面に押し出しながら、狙撃事件と結びつけて金大中拉致事件のなし崩し化を図っていった。金鍾泌首相はソウルでの日本人記者団との会見の席上で、「金大中拉致事件は外交的には既に決着がついており、問題をすっきりさせるためには、お互いに忘れることが必要だ」（七五年二月六日）とまで放言してはばからなかった。

金大中拉致事件をめぐり日韓間の駆け引きが行き詰まる状況で、日韓定期閣僚会議の開催とそれに先立つ宮沢喜一外相の訪韓が流産する恐れとなった。そうした切迫した情勢の七月二二日、韓国政府はソウルの日本大使館に対して金東雲問題に関する「口上書」を手渡した。しかし宮沢外相は「日韓外相会談が騒がしくない状況で行われるようにとの判断」から、その公表を会談終了後の七月二四目まで遅らせた。宮沢外相の感触でさえ、それは事前に発表すれば日韓外相会談を騒がしくさせる内容であったからであった。

こうした下準備を行って宮沢外相は、「韓国政府としての十分な配慮が表われているように思うので、予定通り韓国に行くことにした。この政府の判断は私が下した」と述べて、二三日に訪韓、金外相と予定通り会談した後に帰国して、二四日に次のような韓国政府の二つの「口上書」を発表した。

（金東雲に関する口上書）

一、金東雲については事件後とりあえずその職を解き、捜査を行ったが、思わしい結果が得られず、一九七四年八月一四日、捜査を一時中断した。

二、その後も密かに捜査を続行したが、容疑事実を立証するにたる確証を見出し得ず不起訴処分となった。
三、しかしながら本件捜査の結果判明した本人の東京における言動は、日本の警察当局の容疑を受ける等、国家公務員としてその資質を欠き、品位にもとるものと認め、公務員としての地位を喪失させた。

（朴大統領狙撃事件に関する口上書）

一、一九七四年の朴大統領狙撃事件について、日本政府は七四年九月、椎名特派大使を通じ捜査の結果に応じて法を犯したものは厳正に処罰するよう措置する方針である旨、また韓国政府の転覆を意図するテロ活動等について朝鮮総連等団体の構成員によると否とを問わず犯罪行為は取締りにより防止に最善を尽くす方針である旨、説明した。
二、朴大統領狙撃事件発生後、すでに一年近くを経過しており、日本政府が叙上の方針に従い、さらに捜査を行い必要な措置を講じるとともに、その結果を韓国政府に通報するよう要請したい。

つまりこの二つの「口上書」は、金大中拉致事件と朴大統領狙撃事件をからませて相討ちとしたのであって、これで金大中拉致事件は完全かつ最終的に幕引きとされた。警察庁の三井警備局長と大高外事課長は、この「口上書」に対して強い不満を表明したが、宮沢外相はこの「口上書」をもって、金大中拉致事件は決着したと明言した。日本政府は「第二の政治決着」によって、狙撃事件以降延期を重ねていた日韓定期閣僚会議の開催を九月に開催することを了承した。

　このことは狙撃事件当時の駐韓大使であった後宮が、「口上書」手交数カ月前から、「我が国の捜査陣は金東雲元書記の件でまだ強気だが、韓国側も文世光の背後関係究明を日本に要求している。両国は見合った関係にあるから、この問題を解決するにはどちらかが目をつぶるか、双方がドロを吐き出して謝るしかない」（一九七五年二月二八日、新聞記者団との会見席上）と語っていたし、日韓の執権者層ではこの線で妥協を図ることで了解しあっていたと思われた。

　さらに後宮は、「事件の性質は異なるとはいえ、朴大統領狙撃犯人の文世光の背後関係についての情報も、いまだ韓国側の要望を満足させるものが日本側から出されていない経緯があり、したがって外交案件の見地からみる時は、ここには一般外交交渉の常識としての『ギブ・アンド・テイク』の考え方が導入されざるを得ないのだ」と述べ、金大中事件と朴大統領狙撃事件の両方が事件の真相を解明しないまま、政治決着で終止符が打たれたと示唆した。

　ここで日韓両国を揺るがした二つの事件は、迷宮入りのまま完結させせられたのであった。

金大中と朴一族、その後

　金大中はその後も韓国での政治活動は制限され、一九八〇年の光州事件で内乱陰謀罪によって死刑判決を受け、生命の危機にまで追いやられた。金大中は釈放後、国外退去を命じられアメリカに出国し（一九八二年）、一九八五年には韓国に帰国し政界復帰を果たした。そして一九九八年、金大中は遂に大統領に就任し、歴史的な南北首脳会談を実現させたこと等を評価され、ノーベル平和賞を受賞する。

朴大統領は狙撃事件を理由に「北朝鮮の脅威」を喧伝し韓国内の民主化運動を抑え込もうとしたが、もはやその神通力は失われ、五年後の一九七九年一〇月二六日、腹心の部下であったKCIA部長の金載圭《キムヂェギュ》によって射殺される。陸夫人亡き後、朴大統領の私生活は乱れる一方で、女性を侍らせた宴席での凶行であった。

射殺の直接のきっかけは金KCIA部長と大統領警護室長の車智澈の対立であったとされたが、車は狙撃事件の責任をとって更迭された朴鐘圭の後任であった。朴大統領は金部長よりも車室長を信頼しており、車が実質「茶坊主政治」を行っていたことから、金部長の恨みを買っていた。

朴大統領が車を警護室長に起用しなければ、大統領射殺には至らなかったことも予想される。文世光が引き金を引いた銃弾が五年後に朴大統領を貫いたとすれば、歴史の皮肉としか言いようがない。

狙撃事件は朴大統領一家の生活も大きく変えることになった。長女の槿恵は留学先のパリから帰国し、母親の陸英修の役割であったファーストレディを代行するようになった。しかし、朴正熙射殺後はかつての側近から距離を置かれ、政治から遠ざけられてしまい、人間不信に陥ったこともあった。朴槿恵が韓国大統領になるのは、狙撃事件から三九年後である。

長男の志晩は陸軍に入隊し少尉まで昇進したが、麻薬におぼれ五回逮捕される等、自堕落な生活を送るようになる。次女の槿暎は育英財団の理事長を務めたが、詐欺罪で刑を受けたり、統一教会とのかかわりで非難される等、父親の威光を汚す行いを繰り返している。

朴正熙は妻の陸英修の葬儀後、親族に次のように話した。

「金大中拉致事件がなければ、妻は亡くならずにすんだ」

全ての始まりが金大中の拉致であり、その原因となったのは朴正熙の飽くなき権力欲であった。独裁者の悲劇は、独裁者自らの行いによってもたらされたのだ。

北朝鮮、狙撃事件の関与を認める

二〇〇二年五月、当時国会議員であり、現在は大統領の職にある朴元大統領の長女朴槿恵が北朝鮮を訪れた。出迎えた金正日《キムヂョンイル》総書記は、狙撃事件に北朝鮮の関与を認めた上で謝罪した。ただ彼は「自分は知らなかった」と自らの関与を否定した。

北朝鮮の最高責任者が狙撃事件への責任を認めたことで、北朝鮮の犯行であるとの結論がなされたわけであるが、事件を知る在日コリアンにとって、その後遺症は計り知れないほど深い。文世光が処刑されて以降、狙撃事件の真相は闇の中に埋もれたままである。

第9章　狙撃事件とはなんであったのか

1　南北の在日スパイ戦略

北朝鮮の対南戦略とテロ活動

北朝鮮の対韓国赤化戦略の基本は「二対一」の構図をつくりだすことにあった。まず、いわゆる北朝鮮の政権を「革命基地」と称して「一」とする。そして、韓国内に親北朝鮮政権（民主基地）を樹立して、これを「一」とする。その上でこの親北朝鮮政権と手を握り、北朝鮮から見た韓国内のいわゆる反動勢力「一」を「二対一」の構図で無力化させてから統一するというものであった。具体的な戦略として、韓国に左翼政権を樹立させ、それをコントロールするか、弱みを握って親北朝鮮政権に変質させた後、その政府と統一を話し合い、朝鮮半島にひとつの共産政権を樹立するという戦略であった。

しかし一九六〇年代に入ってから、北朝鮮の思惑とは異なる状況が生じ始めた。

北朝鮮は一九四八年の建国以来、ソ連や中国等の共産主義諸国からの援助により飛躍的な成長を遂げ、経済的な面で韓国をリードしていた。しかし、一九六五年の日韓基本条約締結以降、日本資本が韓国に進出することで韓国は「漢江の奇跡」と呼ばれた経済成長を達成し、南北の経済状況は逆転するようになった。こうした状態では「韓国内での民衆不満のうっ積による革命勃発」という北朝鮮の企図したシナリオが崩れるという危機感から、一気に韓国内に社会混乱を造成し、そのまま政府を転覆させる目的で、軍事的挑発を行った。

一九六八年一月、北朝鮮は韓国に武装ゲリラ部隊を派遣し、朴正煕の暗殺を企図した青瓦台襲撃未遂事件を引き起こした。北朝鮮はこれ以降、テロという手段によって韓国に揺さぶりをかけるようになるが、その一環として計画・実行されたのが、文世光による大統領狙撃事件であった。

朝鮮総連・民団の在日コリアン争奪戦

北朝鮮は自国政府主導による朝鮮半島の統一のため、韓国内へのスパイ派遣等の工作活動とともに、日本やアメリカに居住する韓国人や北朝鮮を支持する個人や団体への働きかけも積極的に展開した。

日本においては朝鮮半島の分断と軌を一にして、在日コリアンも南北それぞれどちらを支持するのか、色分けされるようになる。民団は韓国、朝鮮総連は北朝鮮とそれぞれ本国からの指導と指示を受けるようになり、それが各々の組織運動に反映されるようになった。当初は朝鮮総連が組織力においても経済力においても民団を圧倒していたが、一九六五年の日韓基本条約締結による「在日韓国人の協定永住権付与」によって、力関係は拮抗するようになる。

それまで在日コリアンの法的地位は不安定で、いつ本国へ強制送還されるか不安に付きまとわれていた。そんな境遇の在日コリアンにとって「永住権」という文言は魔法の響きであり、大挙して永住権を申請するようになった。しかし、この協定永住権は無条件の「永住」を保証するものではなく、場合によっては本国へ強制送還されるという相変わらずの不安定性が温存されていた。

協定永住獲権得には条件があり、国籍をそれまでの「朝鮮」から「韓国」に変更する必要があった。そしてそれは、北朝鮮・朝鮮総連からの離反を意味することになり、協定永住の大量申請に朝鮮総連は危機感を抱いた。日韓基本条約締結の前年である一九六四年の韓国籍と朝鮮籍の比率は四対六であったが、五年後にはそれが逆転し、結果的に協定永住権申請者は三五万人を数えるという民団側にとって大きな成果となった。

朝鮮総連は組織の再構築と勢力挽回を図るため、新たな戦略を打ち立てるようになる。それは従来の組織拡充方針ではなく、対立する民団組織そのものを乗っ取ろうとするものであった。

朝鮮総連の組織体系は北朝鮮からの指令による重要幹部の任命制であり、誰も反対できず、かつ服従することが義務とされた。一方、民団は曲がりなりにも団長選挙による民主的方法が取られ、それゆえ金権腐敗が横行していた。朝鮮総連が目を付けたのが団長選挙であり、民団組織内の反主流派で北朝鮮の路線に近い人物・グループが主導権を得れば、民団は朝鮮総連の意のままとなる。それは北朝鮮の対南戦略である「二対一」の構図にも合致しており、朝鮮総連が包摂の対象としたのが民団内の反主流派である有志懇（後の韓民統）、韓青同であった。

有志懇、韓青同は南北統一を志向し、民団主流派の「反共国是」とは一線を画していた。そうしたことから有志懇、韓青同は北朝鮮・朝鮮総連を敵ではなく、統一の対象として認識し、運動や理念に共通する面が少なくなかった。朝鮮総連が付け入ったのはまさにその共通性であり、両者は接近するようになっていく。それが一九七二年の南北共同声明を支持する朝鮮総連と民団反主流派による共同集会であり、主流派は妨害工作を執拗に行う等、民団内は混乱を極めるようになっていく。文世光が韓青同で活動したのはまさにその頃であり、文は民団反主流派の急先鋒として名を馳せていた。

しかし一九七四年七月、民団主流派が民団反主流派幹部を除名し、韓青同の傘下認定団体を取り消すと、朝鮮総連は民団工作の寄る辺を失い、民団乗っ取り作戦は失敗する。そうして北朝鮮・朝鮮総連は、新たな工作活動へと方針転換することになった。

北朝鮮の韓国スパイ潜入作戦

北朝鮮は韓国内にスパイを潜入させ、対南攪乱等の様々な工作活動を行わせた。しかし北朝鮮から直接軍事境界線を越えてスパイが潜入することは困難で、第三国を経由して韓国に入国するといった策をめぐらせた。しかし、それも韓国の厳重な入国管理とスパイ摘発により壊滅的な打撃を受け、容易に北朝鮮スパイが韓国内で暗躍する機会は訪れなかった。

北朝鮮が次の手に考えたのが、在日コリアンの子弟を韓国に入国させ、スパイ活動を行わせるというものであった。留学や親族訪問等の機会を利用して、北朝鮮の革命路線に同調する在日の青年層をリクルートし、韓国へと送り込んでいったのであった。また、韓国から商用や留学で日本にやってきた韓国人にも、在日の北朝鮮スパイ組織は巧みに接近していった。そして北朝鮮の思想に共感するよう洗脳し、韓国に戻った際、スパイとして活動するよう育成したのであった。

しかし、そうしたスパイ組織の活動は直ちに韓国の情報網に探知され、成功することはほとんどなかった。さらに、そうした在日青年によるスパイ活動は、韓国政府による「北朝鮮の脅威」という格好の宣伝材料となり、民主化運動弾圧の口実にされていった。

一九七〇年代初頭、このような北朝鮮スパイ網が複数日本において暗躍し、そのうちのいくつかは日本の警察によって摘発された。こうしたことから、北朝鮮による対韓国スパイ戦略は手詰まりとなり、起死回生のため新たな謀略に打って出ることが求められた。そんな矢先に起こったのが、大統領狙撃事件だったのである。

在日コリアン青年の一本釣り

韓青同という組織は、政治組織でも利潤を生み出す企業組織でもない、在日コリアンの青年であれば、誰でも加入できる緩やかな青年組織であった。もちろん専任で常勤活動する幹部については上部組織である民団から少ないながらも給料が支払われ、組織に貢献することが求められていた。しかし一般の在日コリアン青年は韓青同加入に際して、特別に誓約書を書かされるわけでもなく、自由に出入りしていた。そして一時的に韓青同に所属しても、仕事や家庭、その他の事情で組織から離れる青年も少なくなかった。

狙撃事件が起こる前、韓青同から離れたり、活動を休止した青年に、あるグループから声がかかった。それも一人二人ではなく、少なくない青年が、「今の韓国政府をどう思うのか」「南北の統一について、どう考えているのか」等の質問をされ、「秘密の活動に加わらないか」と勧誘された。

在日コリアン青年に声をかけたグループが北朝鮮の組織なのか、韓国の組織なのか、実態は不明であったが、おそらく文世光も声をかけられ、狙撃計画に加わったと思われる。

日本で暮らしながらも将来の展望が見えず、日々うっ積した不満を感じていた在日コリアン青年も数多く存在し、言葉巧みに「自らを取り巻く矛盾を解消するには、韓国の独裁政権を打倒する以外に方法はない」、「我々組織が君を全的に支援する」、「朴大統領を暗殺すれば、君は民族の英雄になれる」とおだてられれば、心を動かす者もなくはなかったであろう。一九〇九年、韓国統監であった伊藤博文を暗殺した安重根《アンヂュングン》は救国の英雄として、一〇〇年経ってなお韓国では崇められている。安重根のように、独裁者を打倒することで英雄として名を挙げられるといった功名心を巧みにくすぐりながら、テロリストに仕立てる策略を謀りめぐらせてもおかしくはなかった。

文世光は韓青同時代から活動の前面に立つ目立った存在であり、民団やKCIAから目を付けられていた。またKCIAが尾行するなど、文の動向は常にマークされていた。北朝鮮スパイを摘発していたKCIAが文を監視していたことから、ある意味で文は「泳がされていた」のである。朴大統領狙撃における日本での工作活動は、金正日が認めた通り北朝鮮の関与が明らかであるが、それはKCIAに筒抜けであったと思われる。それ故、ソウルで文世光は正体不明の人物と接触したり、観光気分で豪遊する等、派手に動き回ることが可能であった。そして狙撃の際、やすやすと国立劇場に入場でき、狙撃に至ったと推測される。後は、韓国政府が狙撃の責任を日本政府に問い質し、朝鮮総連弾圧の言質を取り付けるという一連の筋書きが、韓国政府の思惑通り進行していった。

事件の核心はいまだ不明な箇所が多いが、一番得する存在が黒幕であるというのが謀略劇のセオリーである。事件の結末から見ると、北朝鮮の工作活動を逆に利用した韓国側が一枚上手であったと考えられる。

2 朴正熙と文世光

朴正熙と日本

狙撃事件において、狙った文世光と狙われた朴正熙。二人は、一つのキーワードで結びつく。「日本」である。

朴正熙は一九一七年、朴成彬《パクソンビン》の五男として慶尚北道善山《キョンサンプクトソンサン》で生まれた。家は貧しい農家で、小学校まで歩いて一時間以上かかったが、どんなに寒い厳冬の吹雪の日でも絶対に遅刻しないことで有名であった。また朴正熙は幼少の頃から背丈は低く、学友からは「チビ朴」と呼ばれ、その後のあだ名も「三尺（約一一四センチ）」であった。

大邱《テグ》師範学校卒業後、聞慶《ムンギョン》小学校で教鞭を取ったが、一九三二年、日本の傀儡国家となった満州国につくられた満州軍官学校に入学した。自ら小指を切り、血書をしたためて嘆願書を書き、その熱意が買われての入学であった。満州軍官学校では「岡本実」と名乗り、成績優秀で卒業式では総代として答辞を読み、満州国皇帝溥儀から直々に銀時計を授与された。答辞で朴は「王道楽土を保衛し、大東亜共栄圏を確立するための聖戦において、桜の花のように散ることを謹んで誓います」

と声高らかに宣言した。

満州軍官学校卒業後、東京の陸軍士官学校に進学し、一九四四年四月の第五七期生の卒業式ではここでも日本人をおさえて答辞を朗読した。当時の陸士校長であり、真珠湾攻撃の際は第一航空艦隊司令長官であった南雲中将は朴について、「半島出身ではあるが、精神においては完全な日本人である。岡本生徒のように天皇陛下に対して奉り、忠誠心の厚い者は日本人にもまれである」と絶賛した。

陸軍士官学校卒業後は見習士官として関東軍に所属し、中尉として「高木政雄」と名乗った。朴大統領狙撃事件の際、檀上で朴正熙に覆いかぶさり身を挺して助けようとした丁一権もまた同じく、元日本軍の「中島一雄少佐」であった。

日本の敗戦後、朴正熙は中国から朝鮮へと帰国し、韓国軍の将校として軍務に就いた。その後朴は一九四八年、共産主義者の軍将校による反乱事件に連座し、死刑判決を受けた。しかし実兄である朴東熙《パクドンヒ》を含む反乱軍将兵の名簿及び計画の全容をアメリカ軍に提供したことで、ただ一人恩赦により再び軍に返り咲き、五・一六軍事クーデターで政権を握ることになった。

朴正熙は日本軍将校時代の習慣からか、韓国の国家元首として極めて公式的な場合を除いて、憚ることなく流暢な日本語を話した。韓国初代大統領李承晩《イスンマン》の時代、日本との外交交渉の席において首席代表は、日本語使用禁止が厳格に訓令されたこととは雲泥の差であった。

朴正熙が日本軍の将校であったことは、彼にとって日本という存在が二重の意味で影響を及ぼした。一つは、彼が日本に憧れ、日本軍人として生きる選択をしたということであった。彼は植民地統治下の朝鮮の貧しい農村で育ち、恵まれない境遇から抜け出す方途を日本軍の将校として生きることに見出した。すなわち日本軍における出世が朴正熙にとっての全てであり、身も心も大日本帝国軍人として尽くすことが唯一の道であった。

しかし朴正熙がいくら日本人将校であろうとしても、日本人から見れば彼は「朝鮮人」であり、日本軍人として真に受け入れられる存在ではなかった。朴は軍隊内では朝鮮人であることと身長が低かったことから露骨ないびりにさらされ、数多くのビンタを受けたことを述懐している。こうした軍隊での仕打ちが、日本軍人として任務を全うしようとする反面、朝鮮人であるという劣等感から抜け出せないことにつながり、この不条理が、朴の内面に複雑に作用することになった。朴が日本はアジアにおけるリーダー的存在であるという認識をすればするほど、朝鮮はその日本の風下に置かれ、朝鮮人としての自分はいくら努力しても報われないと自覚するに至ったのではないか。大統領になった朴正熙の日本に対する見方は、日本軍将校時代から「憧れ」と「劣等感」という二つの側面に支配され、それが対日政策にも微妙に影を落とすようになる。

狙撃事件後、謝罪に訪れた椎名悦三郎特使に対して激高した朴正熙の姿からは、彼の日本軍将校時代に積み重ねられてきたコンプレックスの爆発が感じられた。椎名は満州国時代はエリート官僚で、朴は中尉止まりの下士官にすぎなかった。訪韓後、椎名は「これほどまでに侮辱されたことはなかった」と漏らし、格下とみなしていた朴正熙からの仕打ちに身を震わせていた。

文世光と日本

一方、狙撃した文世光も、自分が韓国人であるという現実に直面する緊張感を、日本社会で常時強いられた。在日韓国人であることが、日々生きていく上であらゆる面から重圧のように文にのしかかっていた。もがけばもがくほど、その重圧は文世光の心の内面に食い込んでいく。それから逃れる術は、朴正煕と同様、日本人になりきるか、「重圧」そのものを打破していく他なかった。

しかし、日本人になりきるといっても文には韓国人として暮らす家族が存在し、当時は日本国籍に変更することも容易ではなかった。また、たとえ日本国籍を取得したからといって、直ちに「普通」の日本人になれるかといえばそうではなく、「新日本人」として、日本社会からも在日社会からも容易に受け入れられない現実が待ち受けていた。何よりも、文世光の行動からは「日本人になる」という選択は見つけることはできず、残された道は自らに覆いかぶさる「重圧」そのものを破壊すること以外にはなかった。その破壊の方法を文は当時吹き荒れていた「全共闘思想」に見い出し、それを生きる指針とすることで活路を切り開こうとしていたと考えられた。

二〇一五年、フランスのパリで同時多発テロ事件が発生し、多数の死傷者が出た。犯人は中東で台頭する「イスラム国」に属する、欧州で生まれ育った若者であった。彼らは中東に旅した後、急進的なイスラム教に入信し、テロリストとしてフランスに再入国した。犯人に共通するのは、欧州には居場所がないという疎外感であった。そうした若者を「イスラム国」の幹部は、「あなたが悪いのではなく、あなたを排除する欧州の社会そのものが悪いのだ」と洗脳し、リクルートしていった。

文世光と「イスラム国」のテロリストを単純比較することはできないが、いずれも何かを成就したいと希求しても社会からは受け入れられず、人生に展望を見い出せないという背景があった。こうした状況でテロという手段によって、自らを疎外する社会そのものを打ち壊そうという気風が生み出されていることは、時代や国が違っても変わっていない。

3 文世光と全共闘

全共闘の洗礼

文世光が高校生を過ごしていた一九六〇年代後半、ベトナム戦争が本格化し、反戦運動が盛り上がっていた。また東京国際空港新設をめぐる三里塚闘争も激化し、大学では全共闘（全学共闘会議）運動が活発化した。大学生の闘争に呼応して高校生も学校内でバリケード封鎖を行い、教師を突き上げる等過激な運動も展開された。

文世光も全共闘の洗礼を受け高校時代は学生運動に関わり、その過程で尾崎令子と知り合った。そして学生運動への参加が原因で、高校を中退することになった。文の政治活動のきっかけとなったのは在日韓国人であるという民族差別が大きいが、それだけでは闘争の場に立つという意思にはつながらない。差別から逃避するという選択肢がある限り、日本人に同化、あるいは韓国人という国籍を捨て去って日本人になる帰化の道を選ぶ在日コリアンも少なくなかった。自身を取り巻く状況を打破するには起爆剤が必要であり、文の場合は全共闘思想がそれに当てはまったと考えられる。

文世光が金日成の革命論を学んだのが、東アジア反日武装戦線から後に日本赤軍に合流し、公判中に超法規的措置で出獄、逃亡中の人物の活動拠点であったという証言からも、文と日本の新左翼運動とのつながりは見過ごせないものがあった。

当時、大学での不正腐敗や学費値上げに対して、大学別の在学生によって反対闘争が展開されていた。それが一九六八年に学生自治会の枠を越え、既存の左翼運動とは一線を画して結成されたのが全共闘であった。全共闘の当初のスローガンはバリケード封鎖による「大学解体」であったが、次第にその対象が闘争主体である学生自らへと変化した。すなわち闘争の行き着く先が、「内省的自己否定」の意識をつきつめることへと目的化されたのであった。

この「内省的自己否定」の主軸をなすものは、自己の日常的存在そのもの（学生であること、大学院生であること）が、体制の補完物以外のなにものでもないという認識であった。すなわち全共闘によれば、体制内に包摂された大学における学問・研究の成果は、ブルジョアジーの独占物・私有財産としてしか存在しえず、大学での学問・研究は結局のところブルジョア体制に「奉仕」するものでしかないという論拠であった。

在日韓国人であることの否定

この「内省的自己否定」は、在日韓国人である文世光に、差別される存在に甘んじて生きるのではなく、在日韓国人という自分自身の存在そのものを否定するという道しるべとなっていた。すなわち差別を温存させる日本社会を解体すると同時に、差別される在日韓国人であるという「自分」

をも否定することで、自己の主体性を確立させようとした。しかし、自己否定の先にあるものを、文世光は明確なビジョンとして描き切れなかった。

朴正熙を倒しさえすれば全てがうまくいき、在日としての自分も救われるという観念が文を支配していたが、それは全共闘のイデオロギーとして機能していたある種の倫理性と共通性を見い出すことができる。

全共闘イデオロギーは外見上、極めて倫理主義的な色彩の濃い純粋な思想運動に見える。全共闘イデオロギーはテロやリンチ等の暴力的破壊活動とは全く対照的に、深刻そうな面持で「自己否定」を深め徹底することを要求した。ここで言う倫理主義というのは、変革の問題を個々人の自己のありかたや生き方の問題にすりかえてしまう考え方であった。それであるが故に「われわれは連帯を求めて孤立を恐れない。力及ばずして倒れることを辞さないが力尽くさずしてくじけることを拒否する」（東大全共闘『砦の上にわれらの世界を』）と全共闘が「主体的決意」を示した時、それは汚濁にみちた社会の変革のために生命を賭ける殉教者の崇高な犠牲的精神を垣間見せた。すなわち闘争の結果よりも、闘争そのものに価値を見い出す刹那主義が全共闘イデオロギーの根底に流れていたのであった。

文世光の「戦闘宣言」からある種のヒロイズムと使命感が読み取れたことも、全共闘とは無関係と言い切ることはできず、影響を受けたのは間違いない。全共闘運動はその後、組織内部での内ゲバと過激暴力テロで世論から見放され衰退したのであるが、文世光はその教訓をくみ取ることはなかった。文の行動も世間からはテロ行為と一刀両断にされ、事件後の彼の評価も、文世光という存在の内面にまで掘り下げられることはなかった。

4 在日にとっての狙撃事件

なぜ大統領を狙撃したのか

狙撃事件には多々疑問があるが、最大の疑問は、なぜ在日韓国人の文世光が韓国へと渡り大統領の命を狙ったか、その理由である。

ある在日の識者は、新聞に次のように寄稿した。

在日韓国人二世である文世光青年は北と南の両方から見捨てられた孤独な狙撃犯となっているかに見える。文は韓国の実情を憂える愛国的青年として、南のファシズムを憎む在日二世として独自の判断で行動したとはいえるかもしれない。

狙撃事件が発生したとき、私はこの事件は起こるべくして起こったものであるとのべた。そしてこの事態の責任はあげて、朴個人独裁政権にあると指摘してきている。そうではなかろうか。こうした権力の出方が反撃の抵抗を準備させる土壌であった。そのひとつの方法として、韓国民である文世光青年が自らの判断で大統領狙撃を図り、大衆蜂起のきっかけをつくろうとしたのは心情的にも、論理的にも根拠のあることであった。

事件後、私はソウルの知人たちに会って、文世光青年の行為の反応を尋ねてみたところ、彼らは朴夫人の死については悼みながらも、異口同音に心情的な支持を示していた。文青年の行為は、はからずもそのようなソウルの少なからぬ人々の声を反映したものであったは確かだと思う。

私は文世光青年が何かのロボットやピエロ役を演じたのだと思いたくない。彼は自分を共産主義者だと法廷で言い切っているが、主観的にはその理念と民族を愛する一念にもとづいて行動したものと考えたい。おそらく彼は最後まで共産主義者としての信念を述べて、死んでいこうとするのではなかろうか。一方、朴政権は孤立無援の境遇にいるこの確信犯の未熟な側面につけこみ、あわよくば政治的挫折の言質を引き出そうとして最後まであらゆる手段を弄することだろう。これまでも朴政権は彼の自決をおそれてスポンジを張りめぐらした独房に閉じこめ、陸女史の死をも知らさずに、あらゆる巧妙な心理作戦を使ってきている。

いずれにせよ、私は心が重たい。文世光青年が日本で生まれて育った二世であるがゆえに気持ちの重くるしさは一層つのるばかりだ。分断・祖国の統一に向かって生きる私たち二世は彼のような悲劇をも体験しなくてはいけないのだろうか。今の私は、彼が最後の日まで誇り高くあってほしいと思うだけである。

文青年は法廷において「民族の近代史に立つとき、歴史は私に無罪を宣告するだろう、と確信している」と言い切った。その歴史の証言を生きている間に得られぬまま彼が処刑されていくところにわが民族の悲劇があり、政治の冷酷さがあるのかもしれない。

この一文は、文世光が転向する前に書かれたもので、後に文は韓国を礼賛する半面、北朝鮮や朝鮮総連を非難するようになる。文の生い立ちがそうであったように、在日コリアンは意識するしないにかかわらず「政治的存在」であって、それは今も継続している。日本社会から差別・疎外されているがゆえ、自身の境遇にある者は諦観し、またある者は運命を切り開くため日本社会へ怒りの声をぶつけようとする。在日という存在にこだわる過程で、自分は何者かと問い掛け、母国語を習ったり、自国の民族文化の素養を身に付けようとする。あるいはより政治的に自身を取り巻く社会情勢に目を向け、差別に苦しむ在日に何ら救いの手を差し伸べない韓国政府へ憤怒の烽火を上げるようになる。共産主義や全共闘思想はその一つの手段であって、全共闘なき後、北朝鮮という存在は文にとっては頼みの綱に思えたのかもしれなかった。

「民族の英雄」になれなかった文

文世光も、日本に住む限り自身の未来は明るいものではないと骨身にしみて感じていた。また、自らの運命を変えられるほどの才覚はないと達観していたのかもしれなかった。そうした桎梏を一気呵成に打ち破る方法がテロであると認識し、テロ活動を実践することで、人生を新たな段階へとステップアップできると信じ込んでいたのではないか。文の残した「戦闘宣言」から、そうした意図が読み取れる。

在日の矛盾を一心に背負った気概で独裁者に立ち向かい、自身の存在そのものを賭けて引き金を引く。その後に来るものは、自分が独裁者を打倒したという称賛と喝采であり、歴史に名を残す

「民族の英雄」そのものであった。

しかし銃弾は目標からは外れ、思いもよらなかった「国母の暗殺犯」というレッテルを張られるようになる。文の行動を支持するものは表面上誰一人おらず、気付けば「英雄」どころかテロリストとして韓国民の憤怒を一身に浴びせかけられていた。

文世光の大統領狙撃を単純な動機による拙劣な犯行と一笑に附すことは簡単であろう。しかし、文は在日に背負わされた負の境遇を彼なりに昇華させ、実践に移したと筆者は考える。文を犯行に駆り立てた心情の底辺には、どこまでも日本という「壁」が立ち塞がっていた。ある日本人教員は、狙撃事件について次のような意見を新聞に投稿した。

犯人は少なくとも親の時代から日本に住み、日本で生まれ、日本の学校教育を受け、実質的には日本人と同じであり、生まれて今日までこの犯人を育てて来たのは私達日本人なのではないか。

文世光の遺言には、「私が韓国で生まれていたら、こんな罪は犯さなかっただろう」という言葉があった。この言葉は文にとって、彼が生まれ育った日本社会とは何であったのかという問いにつながる。

韓国民の在日観

裁判では文の生い立ちや人となり、彼の思想形成の過程がほとんど明らかにされなかった。文は日本語で考え、日本語で語り、偽装した日本人の「旅券」を持って、日本の警察から盗んだ拳銃で狙撃を行った。けれども、韓国においても日本においても、狙撃事件の一般的な捉え方として、在日という視点が欠落して俯瞰されていたと思える。

韓国の新聞は社説で文世光について、「韓国人の血を引く」といった書き方をした。これは「在日韓国人は韓国人ではない」と言わんばかりの見方であった。韓国民の在日に対する見方は皮相的であり、韓国民とは関係の薄い日本に同化した存在として捉えられ、狙撃事件に対しても、「北朝鮮に操られた『半日本人』の犯行」として捉えられる傾向にあった。「朝鮮日報」八月二七日付の社説「韓国民の感情を直視せよ　沈痛な心情をもって日本に言う」では、次のように述べられていた。

犯人は、明らかに韓国人の血筋をもち、そして法的に韓国国籍をもつ韓国人であるが、彼は日本で生まれ、日本で育った。彼は日本社会で日本語によって日本の教育を受けて成長した。その思考と行動が血筋と国籍に関係なく、現実的にどのような性向のものであったかを、韓国国民は到底考えることができない。韓国国民の映像に悲しい経験を思い出させる要件は、ほかにもある。犯人は、日本の警察署が失った凶器を携帯し、日本人の協力で偽造した書類によって日本政府が発給した旅券をもって日本人として韓国に潜入し、犯行をあえてした。このような前後状況はさておいて、事件以後、韓国国民はなるべく冷静さを持ちつづけるように努めた。それは、日本と日本人たちの信義と礼儀と手続きを信頼していたからである。

韓国国民は記憶している。七八年前、日本人たちは彼らの手で王朝韓国の国母「閔妃《ミンヒ》」を殺害するという蛮行をはたらいておきながら一言の謝罪もなかった。いま日本を凝視する眼が垣根を越えようとする韓国国民の膨湃たる民族感情には、このよう々事実が生々しく残っている。我々は本当にこれ以上の不幸を望まないのに日本の傾向は過去を後悔することなく、とりわけ政治人の一部と言論の一部が韓日両国の国民感情に一層深い溝を掘る愚行を継続することで、新たな不幸を招いている。実に沈痛せざるをえない。もし日本が、韓国との不幸な事態の発展を収拾できないならば、それは両国間の不幸にとどまらず、全アジアにおける日本の不幸をみずから招く前程になるということを、我々は断言する。

社説では「その思考と行動が血筋と国籍に関係なく、現実的にどのような性向のものであったかを、韓国国民は到底考えることができない」との表記がなされることで、韓国民は在日韓国人の心情を全く省みていないことが明らかにされた。さらに、「犯人は、日本の警察署が失った凶器を携帯し、日本人の協力で偽造した書類によって日本政府が発給した旅券をもって日本人として韓国に潜入し、犯行をあえてした」と日本を強調することで、在日韓国人の存在を消し去ろうとする意図が見てとれた。社説の結びは日本の狙撃事件責任を植民地支配以前までさかのぼって追及することで、日本の対韓政策を改めるよう主張した。

韓国民にとって在日は遠い存在であり、日本帝国主義による植民地支配によって在日社会が形成されたという歴史もほとんど振り返られることはなかった。当時の韓国民にとって在日とは、「パチンコ屋で儲けていい暮らしをしていながら、韓国語すらろくに出来ない、民族意識の欠如した存在」といった程度の認識にすぎなかった。

日本社会からは差別・阻害され、本国からは忘れられた存在として扱われてきた在日。それが狙撃事件を生み出した土壌であることは、遂に省みられることはなかった。

文世光の魂

狙撃事件について、在日社会では語ること自体がタブーであった。

特に反朴運動を行っていた韓青同や韓民統は文世光がかつて所属していた組織であったことから、組織防衛のため狙撃事件とは無関係であることを再三繰り返し、文とのつながりを断ち切った。そして狙撃事件以降、組織内部で事件を語ることは憚られるようになる。狙撃事件は「朴政権内部の自作自演」という主張を貫きながら、「文世光が起こした狙撃事件のおかげで、韓国の民主化は五年遅れた」等の言葉が冷ややかにささやかれた。

結局、在日社会においても事件に至るまでの文世光の動機や背景は顧みられることなく、ただ大統領暗殺を企図したテロリストの跳ね上がり行為といった程度で、文の評価は今に至っている。

狙撃事件から四〇年以上を経過した現在、韓国大統領は朴正煕の長女である朴槿恵がその任に就いていることを思えば、ただならぬ因縁を感じてしまう。四〇年もの時間を経て在日を取り巻く環境も変化を見せ、以前ほどには露骨な差別を感じなくなった。狙撃事件そのものが過去の歴史となり、とりわけ事件以降に生まれたほとんどの世代は事件そのものを知らないでいる。在日を、社会全体を巻き込んだ暗い過去を今さら伝える必要もないと思う一方、狙撃事件とは何であったのかを在日の視点から残す作業も必要であると感じるし、それが文世光の魂の浄化につながればと思う次第である。

ところで、文の処刑直後から奇妙な噂が在日社会に伝播した。文が今なお生きており、アメリカ等の第三国で暮らしているというものであった。荒唐無稽といえばそれまでだが、狙撃事件そのものが謎のまま幕引きされたことから、文の処刑自体が茶番という見方がある故なのかもしれない。

文世光について知る人物が、事件後彼について次のように語った。

朴正熙大統領夫人を射殺した文世光が、実はですね、あの事件が起る数カ月前まで、実は私がミナミでやっておりました「S」という酒場のですね、懇客やったわけなんですね。

そして文世光が香港にピストルを入手しに旅行したとき同行した尾崎という女も、私の酒場の懇客やったわけなんですね。それは二人が一緒のところを見たことはないんですけども、別々にですね、私にとったらいいお客で、文世光なんか私はもうてんで頭からばかにしておりましてね、もういまどき真ん中ちゅうのは阿呆か狂気のどっちかやいうふうなかたちで、もうせせら笑われまして、もうなに言うてんねやというふうなかたちでですね、怒鳴りあいした仲なんです。

突然姿が見えんようになったらああいうことやったわけなんですけども、真実は、実はですね、事件の全貌というのはよく見れば分かるわけなんですけども、よく見ることこそが怖いわけなんですね。でも、怖いけれどもしっかり見極めなですね、悔しい、あの利用されて死んでいくというふうなかたち、それが在日であるからこそ幻の国家の状況をですね、ほんとに、あのうなんて言うんですか、たとえば文世光はそのときにね、祖国のために命を捨てようと思ったかもわかりません。

狙撃事件について筆者なりに追跡してみた次第であるが、謎は残されたままであった。ただ、一人の在日韓国人青年が自らの存在を賭けて、巨大な「敵」に立ち向かったという事実だけは歴史に残った。文世光と同時代を生きた在日コリアンが目と耳をいかに塞ごうとも、彼が生きた証しはこれからも存在し続ける。永遠に。

終章　終わりなき始まり

少し前、大阪市生野区の文世光の自宅があった場所にほど近い会館で、韓国から来た青年らによる舞台公演があり、筆者も出かけることにした。会場の受付で、一人の女性から声をかけられた。

「ウイ（祐二）さん、久しぶり」

そして女性は隣にいた人に、こう話した。

「ハンチョン（韓青）兵庫におった人で、昔一緒に活動したことがあって……」

「ハンチョン」という語は、筆者を数十年前にタイムスリップさせるノスタルジックな響きとして、今も耳に残る。

筆者は大学生の時に韓国系の民族サークルに所属し、卒業後は在日韓国青年同盟（韓青同）に参加するようになった。朝鮮総連系の民族学校に行けば、朝鮮語や朝鮮半島の歴史を学び、民族的な自覚も育まれるようになる。しかし筆者のように民族教育を受けず、日本の学校で、日本社会で育った在日コリアンは、民族的に覚醒することが容易ではない。多くは日本社会による差別状況の中で劣等感を持ち、自分自身を否定的にとらえる民族観を有するようになる。あるいは日本社会に同化し、日本国籍に変更し、「日本人」として生きることを選択する。

韓青同は、民族意識を持ちきれない在日コリアン青年に対して、自身の境遇に前向きになるよう、ともに学び悩みを共有する場であった。筆者も学生時代の民族サークルから韓青同を通じて、朝鮮半島の歴史や文化を学び、コリアンであることのアイデンティティを培うことができた。そして韓青同で自身を取り巻く状況を知れば知るほど、朝鮮半島の分断と日本社会における疎外感に直面するようになっていた。そんな中、韓国現代史を学習する過程で知ることになったのが、文世光による朴正煕狙撃事件であった。

狙撃事件の犯人が韓青同出身者であることから、当時を知る先輩に事件について聞いてみたが、一様に答えをはぐらかされた。何か見えない圧力のようなものを感じ、深入りしてはいけないタブーで覆われた闇の世界を垣間見た思いであった。

狙撃事件当時、筆者は小学生でありほとんど記憶していないが、その後の反日デモについては連日テレビで報道されていたことから覚えていた。ソウルでの反日デモを見るたびに、しっぺ返しに日本でも韓国人排斥デモが起こるのではと子供ながらに心配していた。それだけ狙撃事件は在日コリアンに衝撃を与え、当時高校生であったある在日の少女は、文世光の処刑の日の出来事を日記にこう記している。

「けさ、文世光が処刑された。なんか、むしょうに悲しい。あの人に会ってみたかった。それにしてもなぜこんなに早く処刑するのか、なぜこんなに厳しい処置を取るのか、みせしめのためか、敵が大きすぎて……」

狙撃事件発生から現在まで、文世光の評価はテロリストの一語で済まされる。しかし文世光の内面に近づけば近づくほど、筆者自身、彼と同一の価値観を持っていたことに気付かされる。文は金大中を拉致した韓国の独裁政権を憎んだ。筆者も、光州事件で市民のデモに軍隊を投入し、後に大統領となる全斗煥に怒りの感情を持った。それは殺意に近いものであり、文世光と同質のものであったと言っても過言ではない。程度の差はあれ、在日コリアン青年は朝鮮半島の政治情勢と日本における差別状況に直面する存在であった。

韓青同の活動では、在日コリアンを取り巻く状況を変えようと、街頭での署名活動や平和的なデモ等の地道な運動を繰り広げていくのであるが、それを「軟弱」と捉える青年がいてもおかしくはなかった。文世光もその一人で、彼は自身の存在を賭けて、在日を差別する元凶としての警察の拳銃を武器に、在日と本国民衆を苦しめる韓国の独裁者に対して、立ち向かっていった。しかし巨大な軍事国家を前にしての個人の抗いは、あまりにも無力で、引き金のその先の銃弾は独裁者に命中することはなく、文世光は国母を殺害したテロリストとして処刑台の露と消えた。少女が記したように、「敵が大きすぎた」のである。

文世光はテロリストとして歴史にその名を刻まれたが、素顔はごく普通の在日青年で、死刑を宣告されれば転向し、命乞いをする弱い存在であった。だからこそ当時高校生であった少女は「会ってみたい」と感じたのであり、その思想の遍歴は在日コリアン青年に共通する軌跡を辿っている。しかし、大統領を狙撃するテロはあまりにも常軌を逸しており、韓青同関係者は一様に彼との無関係を装った。

「文世光でなければよかったのに……」

それが韓青同関係者の本音であったというのが筆者の結論であり、朴正煕は暗殺されても仕方のない独裁者というのが、当時の在日コリアン青年にみられた率直な考えだと推測する。

文世光自身は、英雄主義に酔い、「革命戦士」として名を残したかったのであろう。しかし現実は非情で、母国である韓国政府は文世光に死刑を宣告し、文を煽った北朝鮮は無関心の態度に終始した。後に北朝鮮は狙撃事件を実行したとして謝罪したが、その相手は朴正煕の長女で現大統領の朴槿恵であった。狙撃事件から今に至るまで、北朝鮮は文世光に対して配慮を見せたことはない。文世光は体よく使われ、見捨てられたのであった。

韓国大統領狙撃事件から四二年、今なお南北は対立し、同族相争う構図に変化はない。文世光の放った弾丸は、目標を見失った弾痕となって、朝鮮半島を彷徨っているようだ。その声なき叫びは、響くことなく、かき消されることなく、今も闇夜を漂っている。

おわりに

これまで朴大統領狙撃事件を扱った本や文章は、少ないながらも、あるにはあった。しかし、そのうちのどれもが断片的に事件を切り取って論じたものであったり、文世光を単なるテロリストとして扱ったものばかりであった。

文世光は狙撃事件を起こすまでは、職を転々とした将来に希望を持てない、大阪在住の名もない在日コリアン青年であった。その文世光の内面に切り込んで事件を論じた文章を筆者はいまだ目にしたことがなく、それが本書を執筆するきっかけとなった。

文世光は、筆者より一回り以上年齢が上であったが、狙撃事件が発生した一九七〇年代、筆者は小学生であり、幼いながらも当時の世相は記憶にあった。また、文世光が事件の引き金を引いた年齢に筆者が届いたのは一九八〇年代半ばであり、在日コリアンを取り巻く環境についてはそう大きな変化はなかった。何よりも文世光が所属した韓青同に筆者は籍を置くことになり、在日コリアンとしての「民族的覚醒」も多少の差はあれ、同じように受けてきた。そうした文との共通点から大統領狙撃に至った動機を知りたいことから、筆を取った次第である。

狙撃事件から四〇年以上を経過し、在日コリアンに対する差別もずいぶん解消されたと感じる。しかし、昨今のヘイトスピーチは在日コリアンを主要なターゲットにしており、安心して暮らせるほど日本社会は変化していないように感じる。また、韓国は民主化されたとはいえ、朝鮮半島は分断されたままで、日本においても北を支持するのか、南を支持するのかという色分けは、依然残されたままである。

朴大統領狙撃事件は、在日コリアンにとって大きな衝撃であった。その衝撃が強烈であったが故、事件をタブーとして扱い、語ること、検証する作業を封印してきた。いまさら事件を掘り返しても何の益にもならないというそしりもあろうが、事件を直視することで、在日コリアンという存在に在日コリアンである筆者が問い続けるという姿勢を、これからも持ち続けていきたいと考える。

本書の執筆には、筆者の兄弟の協力があったことをこの場で付け加えたい。兄の高龍弘《コヨンホン》には狙撃事件の概要について教えてもらい、弟の高弘《コホン》からは活動家としての助言をもらうことができた。また校正は、お忙しい中、原田徳子さんにお願いし、今回もその恩恵にあずかることになった。

最後に、刊行にあたっては、図書出版花伝社の平田勝社長の御厚意と担当の佐藤恭介氏の御尽力を賜った。紙面をお借りして、感謝の意を表したい。

二〇一六年八月

高祐二

参考文献

『全報告　金大中拉致事件』金大中氏拉致事件真相調査委員会編、ほるぷ出版、一九八七年
「文世光の挫折」李恢成著（『イムジン江をめざすとき』角川書店、一九七五年）
『日韓　独裁と人権』猪狩章著、情報科学社、一九七五年
『韓国を震撼させた十日間』趙甲済著、ジック出版局、一九八七年
『韓国現代史メモ』古野喜政著、幻想社、一九八一年
『差別と監視の中で』柳大遠著、徳間書店、一九八二年
『権力と陰謀』金炯旭著、合同出版、一九八〇年
『韓統連二十年の歩み』在日韓国民主統一連合編、一九九三年
『謀略の断面　シリーズ日韓問題5』晩聲社、一九七八年
『金正日と金大中　野心と野望』趙甲済著、講談社＋α新書、二〇〇〇年
『近代日本と朝鮮』中塚明著、三省堂新書、一九六九年
『全共闘思想とその周辺』高田求編、新日本新書、一九六九年
『私には浅田先生がいた』康玲子、三一書房、二〇〇八年
『朝鮮人　二三号』朝鮮人社、一九八五年三月

「ドキュメント金大中氏拉致事件」（『世界』一九七四年一〇月号）
『統一評論　一三六号』一九七六年九月
「滅びゆく者の賭け」李志英著（『統一評論　一一八号』一九七五年一月）
「青瓦台大奥秘抄」林淳一著（『統一評論　一三五号』一九七六年八月）
「対談　朝鮮と日本の演劇文化」（『統一評論　一三五号』一九七六年八月）
「青瓦台秘抄」林淳一著（『統一評論　一三七号』一九七六年一〇月）
「異説・金大中拉致事件の真相」（『統一評論　一九五号』一九八一年八月）
「総合雑誌『統一評論』の発行」田勝著（『コリア評論　一七八号』一九七六年一〇月）
「北朝鮮日本人拉致組織洛東江の二十年」張龍雲著（『文藝春秋』一九九七年一月号）
「日本人拉致は50年代から」（『読売ウイークリー』二〇〇八年一一月一六日号）
「ソウル――東京3年の密談」朴実著（『アジア公論』一九八四年一一月号）
「反共反日デモをどう見るか」（『朝鮮研究　一四〇号』一九七四年）
その他に、「朝日新聞」「神戸新聞」「読売新聞」「サンケイ新聞」「韓国新聞」等を参考にした。

高祐二（コ・ウイ）
1966年生まれ。甲南大学経済学部卒。兵庫県在住。在日韓国学生同盟兵庫県本部副委員長、在日韓国青年同盟兵庫県本部委員長を歴任。兵庫朝鮮関係研究会会員、(一社)神戸コリア教育文化センター理事。理学療法士、病院勤務。
著作に、『韓流ブームの源流』（社会評論社）、『在日コリアンの戦後史』『大災害と在日コリアン』（明石書店）。共著に、『兵庫のなかの朝鮮』『近代の朝鮮と兵庫』『在日韓国・朝鮮人の歴史と現在』（明石書店）、『兵庫の大震災と在日韓国・朝鮮人』（社会評論社）がある。

われ、大統領を撃てり——在日韓国人青年・文世光と朴正熙狙撃事件

2016年10月25日　初版第1刷発行

著者 ——高 祐 二
発行者 —平田　勝
発行 ——花伝社
発売 ——共栄書房
〒101-0065　東京都千代田区西神田2-5-11出版輸送ビル2F
電話　03-3263-3813
FAX　03-3239-8272
E-mail　kadensha@muf.biglobe.ne.jp
URL　http://kadensha.net
振替 ——00140-6-59661
装幀 ——黒瀬章夫（ナカグログラフ）
印刷・製本— 中央精版印刷株式会社

ISBN978-4-7634-0796-2 C0036